Poesía de Cancionero

Letras Hispánicas

Poesía de Cancionero

Edición de Álvaro Alonso

SEGUNDA EDICIÓN

CATEDRA

LETRAS HISPANICAS

Ilustración de cubierta: Arturo Martín

© Ediciones Cátedra, S. A., 1991
Telémaco, 43. 28027 Madrid
Depósito legal: M. 32.586-1991
ISBN: 84-376-0614-4
Printed in Spain
Impreso en Anzos, S. A. - Fuenlabrada (Madrid)

Reservados todos los derechos. De conformidad con lo dispuesto
en el art. 534-bis del Código Penal vigente, podrán ser castigados
con penas de multa y privación de libertad quienes reprodujeren
o plagiaren, en todo o en parte, una obra literaria, artística
o científica fijada en cualquier tipo de soporte
sin la preceptiva autorización.

Introducción

Los cancioneros

La inmensa mayoría de los textos poéticos del siglo XV han llegado hasta nosotros en cancioneros colectivos[1], que incluyen obras de naturaleza y procedencia muy dispar. Son más raros los cancioneros dedicados a un solo autor, o los que —como el de Ramón de Llavia[2] con la poesía religioso-didáctica— recopilan composiciones de un único tipo.

Algunas de esas antologías se han conservado en forma manuscrita, en tanto que otras fueron impresas ya en los siglos XV y XVI. Llama la atención el hecho de que los primeros cancioneros impresos no aprovecharon los códices ya existentes, sino que fueron recopilados *ex profeso* para las prensas. Prueba, probablemente, de que esas antologías anteriores permanecieron en bibliotecas particulares y tuvieron, por consiguiente, una difusión relativamente limitada[3].

---

[1] Para el estudio de los cancioneros disponemos ahora de dos obras fundamentales: el *Catálogo-índice* de Brian Dutton, y la obra de Jacqueline Steunou y Lothar Knapp, *Bibliografía de los cancioneros castellanos del siglo XV y repertorio de sus géneros poéticos*, 2 vols., París, Centre Nationale de la Recherche Scientifique, 1975-1978. El estudio básico para la lírica cancioneril sigue siendo el de Pierre Le Gentil, *La poésie lyrique espagnole et portugaise à la fin du Moyen Âge*, 2 vols., Rennes, Plihon, 1949-1953. Hay reimpresión en Ginebra-París, Slatkine, 1981. Una síntesis de los problemas básicos, así como de la bibliografía reciente, puede verse en la addenda de Antonio Prieto a Ángel Valbuena Prat, *Historia de la literatura española*, I, Barcelona Gustavo Gili, 1981, págs. 301-316, 388-395 y 448-454. Cfr. también, Francisco López Estrada, *Introducción a la literatura medieval española*, 5.ª ed., Madrid, Gredos, 1983; Alberto Blacua, *La poesía del siglo XV*, Madrid, La Muralla, 1975.

[2] Hay edición moderna, *Cancionero de Ramón de Llavia,* ed. Rafael Benítez Claros, Madrid, Sociedad de Bibliófilos Españoles, 1945.

[3] Sobre todos estos aspectos debe consultarse la introducción de Antonio Rodríguez Moñino a *CG 1511,* págs. 7-15.

Las relaciones entre los distintos cancioneros son difíciles de precisar, y sólo muy parcialmente han empezado a resolverse las dificultades. Así, por ejemplo, el de *Stúñiga*, el de la *Marciana* y el de la *Casanetense* presentan tales semejanzas que es preciso postular un modelo común perdido, del que derivan esos tres textos de una manera más o menos directa[4]. Pero, en general, la poesía cancioneril sigue presentando graves problemas textuales y de autoría: una misma composición puede figurar en varios cancioneros, con variantes de importancia, o atribuida a poetas distintos. Por otra parte, no sabemos nada, o casi nada, de muchos de esos autores, que siguen siendo para nosotros simples nombres.

De la cincuentena de cancioneros conservados, algunos destacan por su mayor extensión, o por la importancia de los poetas antologados. Una de las primeras recopilaciones es la realizada por Juan Alfonso de Baena, que refleja las orientaciones de la poesía en Castilla durante las décadas finales del siglo XIV, y las primeras del siguiente. Baena ha procedido aquí como los antiguos cancioneros provenzales[5]: éstos solían incluir textos en prosa, las *vidas* y *razos,* que ofrecen datos biográficos de los poetas, o explican las circunstancias en que se escribió una obra. Los epígrafes de *Baena* juegan un papel semejante, además de ofrecer un esbozo de teoría y crítica literarias[6]. Por lo que toca a los poetas mismos, hay que señalar en ellos, sobre todo en los más jóvenes, una marcada inclinación a las cuestiones teológicas, morales y hasta metafísicas, menos abundantes en colecciones posteriores.

Algo más tardíos son tres cancioneros, cuya elaboración

---

[4] Alberto Várvaro propone el siguiente stemma, «indudable» en opinión de Nicasio Salvador Miguel *(PC,* págs. 40-45):

Stúñiga   Marciana   Casanetense

[5] Alan Deyermond, «Baena, Santillana, Resende and the silent century of Portuguese court poetry», *BHS,* LIX (1982), págs. 198-210, en especial páginas 204-205. Para la fecha del cancionero, cfr. Alberto Blecua, "Perdióse un quaderno...": sobre los *Cancioneros de Baena», AEM,* IX (1974-1979), págs. 229-266.

[6] Cfr. la introducción de Nepaulsingh, págs. XXXVI-LXVII.

debe de corresponder a los años centrales del siglo: el de *Stúñiga*, el de *Palacio* y el de *Herberay des Essarts*. El primero fue realizado en Nápoles hacia 1460-1463, pero la mayoría de sus composiciones pertenecen a una etapa inmediatamente anterior y reflejan, por tanto, el ambiente y los gustos de la corte italiana de Alfonso V el Magnánimo[7]. El amor es, con mucho, el motivo dominante, aunque se incluyen también composiciones de carácter político, satírico o festivo. Son más escasos los poemas morales, y faltan por completo las disputas filosóficas de *Baena*.

El contemporáneo *Cancionero de Herberay des Essarts* parece obedecer a las modas literarias de la corte navarra[8], mientras que el *Cancionero de Palacio (c.* 1440)[9] sigue más fielmente las directrices poéticas de Castilla y Aragón en los años de su elaboración.

Para épocas posteriores, el texto más importante, es, sin duda, el *Cancionero general* de Hernando del Castillo, cuya primera edición apareció en Valencia en 1511. Castillo se propuso recoger los poemas distribuyéndolos en nueve apartados diferentes, que a veces atienden a criterios formales, y otras, temáticos: canciones, romances, obras de burlas provocantes a risa. Pero ese proyecto apenas si se respeta, y con frecuencia los poemas aparecen agrupados por autores, o en desorden[10]. Algunos de los poetas antologados, como Rodríguez del Padrón o el Marqués de Santillana, pertenecen a épocas anteriores, aunque en general el cancionero funciona como un verdadero compendio de la producción literaria del reinado de los Reyes Católicos.

Convendrá tener bien presente que buena parte de la lírica del xv se concibió para ser cantada, y no sólo recitada o leída[11]. En algunos casos, como el de Villasandino o Juan del

---

[7] *PC*, págs. 29-37.

[8] *CHEss*, págs. IX-XI.

[9] Brian Dutton, «Spanish fifteenth-century *cancioneros:* a general survey to 1465», *KRQ*, XXVI (1979), págs. 445-460.

[10] *CG 1511*, págs. 16 y ss.

[11] Cfr. *Cancionero de la Catedral de Segovia. Textos poéticos castellanos*, ed. Joaquín González Cuenca, Ciudad Real, Museo de Ciudad Real, 1980, págs. 5-10 y 30-35, con bibliografía y discografía. Una buena introducción puede verse también en Jones-Lee, págs. 33-60.

Encina, el poeta musicaba sus propias composiciones; en otros, letra y música corresponden a artistas diferentes. Ninguna de las recopilaciones mencionadas hasta ahora recoge ese acompañamiento, pero conservamos varios cancioneros musicales de finales del siglo y comienzos del siguiente. El más importante es el *Musical de Palacio*, elaborado entre 1505 y 1520 mediante una serie de inclusiones sucesivas, que alteran la coherencia con que fue realizada la redacción primitiva[12]. Incluye obras de poetas y compositores pertenecientes a la segunda mitad del Cuatrocientos, especialmente a sus años finales, así como a los primeros del siglo XVI.

CONCEPCIÓN DE LA POESÍA

La poesía recogida en los cancioneros surgió de manera prioritaria en el marco de las cortes. Componer versos o apreciarlos se convirtió en un adorno suplementario, y los señores se entregaron a ese juego exquisito y difícil, que cuadraba bien con sus aspiraciones a una vida refinada[13]. Es posible que circunstancias históricas muy precisas hayan intensificado esa tendencia: a lo largo del siglo se asiste a una crisis política de la aristocracia, que habrá buscado en las letras una suerte de compensación a su efectiva pérdida de poder[14].

Por supuesto, no faltan intentos de transformar la poesía en una actividad más grave, convirtiéndola en vehículo de contenidos morales, o dignificándola, como en el caso de Juan de Mena, mediante el uso de un lenguaje fuertemente latinizado,

---

[12] *CMP*, I, págs. 7-24.

[13] Sobre la situación cultural de la nobleza, cfr. Jole Scudieri Ruggieri, *Cavalleria e cortesia nella vita e nella cultura di Spagna*, Módena, S. T. E. M.-Mucchi, 1980.

[14] Roger Boase, *The troubadour revival. A study of social change and traditionalism in late medieval Spain*, Londres, Routledge and Kegan Paul, 1978. Hay traducción castellana, *El resurgimiento de los trovadores. Un estudio del cambio social y el tradicionalismo en el final de la Edad Media en España*, Madrid, Pegaso, 1981. Sobre la naturaleza y los límites de esa decadencia, cfr. Luis Suárez Fernández, *Nobleza y monarquía. Puntos de vista sobre la historia política castellana del siglo XV*, 2.ª ed. corregida y aumentada, Valladolid, Universidad de Valladolid, 1975.

cargado de referencias mitológicas y eruditas. Ese proyecto tropezaba, al menos, con un doble obstáculo[15]:

a) Una postura religiosa, o simplemente moral, que miraba con recelo a la cultura clásica. Así, Fernán Pérez de Guzmán opone la obra de Virgilio, de «poca e pobre substancia», a la de Séneca:

> De filósofos e auctores
> uno fue Séneca hispano;
> . . . .
> España nunca da flores,
> mas fruto útil e sano[16].

Algunos años después, en 1468, Rodrigo Sánchez de Arévalo critica los *studia humanitatis* y, muy en especial, la retórica, que, según él, sólo vale para reemplazar sabiduría por elocuencia[17].

Para muchos las letras profanas únicamente son admisibles como instrumento puesto al servicio de la vida cristiana, tal y como reconoce el propio Juan de Mena en una especie de palinodia al *Laberinto de Fortuna*[18].

b) Una mentalidad aristocrática, para la que resulta inadmisible toda dedicación demasiado absorbente a las letras[19].

---

[15] Nicholas G. Round, «Renaissance culture and its opponents in fifteenth-century Castile», *MLR,* LVII (1962), págs. 204-215; Karl Kohut, «El humanismo castellano del siglo xv. Replanteamiento de la problemática», *Actas del Séptimo Congreso de la Asociación Internacional de Hispanistas,* II, Roma, Bulzoni, 1982, págs. 639-647. Del mismo autor, «La posición de la literatura en los sistemas científicos del siglo xv», *IR,* 7 (1978), págs. 67-87.

[16] «Del poeta es regla recta», en *FD,* I, pág. 711b, núm. 308.

[17] Karl Kohut, «Sánchez de Arévalo (1404-1470) frente al humanismo italiano», *Actas del Sexto Congreso Internacional de Hispanistas,* Toronto, Universidad de Toronto, 1980, págs. 431-434.

[18] Joaquín Gimeno Casalduero, «San Jerónimo y el rechazo y la aceptación de la poesía en la Castilla de finales del siglo xv», en su libro *La creación literaria de la Edad Media y del Renacimiento. (Su forma y su significado),* Madrid, José Porrúa, 1977, págs. 45-65.

[19] Peter E. Russell, «Las armas contra las letras: para una definición del humanismo español del siglo xv», en su libro *Temas de «La Celestina» y otros estudios. Del «Cid» al «Quijote»,* Barcelona, Ariel, 1978, págs. 207-239.

En un texto bien conocido de la crónica de Pero Niño, el preceptor aconseja a su joven discípulo:

> El que ha de aprender e usar arte de cavallería, non combiene despender luengo tiempo en escuela de letras; cúmplevos lo que ya d'ello savedes[20].

Pese a que la situación va cambiando a lo largo del siglo, todavía a comienzos del siguiente el noble Pedro Manuel de Urrea siente la necesidad de justificar su excesivo empeño en la literatura, «porque los cavalleros han de hazer un mote o una cosa breve, que se diga no hay más que ser»[21].

En relación con las ideas sobre la dignidad y la función de la poesía está el problema de su origen. Para algunos, la poesía es una técnica que puede aprenderse como cualquier otra; para otros, la inspiración es un don divino, cuya ausencia no pueden suplir el esfuerzo o el estudio. En esa segunda doctrina habrá que ver quizá una influencia de los espirituales franciscanos, enemigos de toda forma de especulación, y más concretamente de la escolástica. De esa forma, la doctrina poética no puede disociarse de otras formas de espiritualidad más amplias, que rebasen el marco de lo puramente literario[22]. Ambos puntos de vista no son, sin embargo, inconciliables, y el propio prólogo de *Baena* intenta un punto de equilibrio entre inspiración y ciencia[23].

---

[20] Lo recoge Karl Kohut, «La teoría de la poesía cortesana en el *Prólogo* de Juan Alfonso de Baena», *Actas del Coloquio hispano-alemán Ramón Menéndez Pidal*, Tübingen, Max Niemeyer, 1982, pág. 133.

[21] Pedro Manuel Ximénez de Urrea, *Cancionero*, ed. Martín Villar, Zaragoza, Diputación de Zaragoza, 1878, pág. 7.

[22] Charles F. Fraker, *Studies on the «Cancionero de Baena»*, Chapel Hill, The University of North Carolina Press, 1966, págs. 63-90. Polemizan con él Wolf-Dieter Lange y Karl Kohut («La teoría...», art. cit., págs. 120-137), quien resume el estado de la discusión.

[23] Karl Kohut, «La teoría...», art. cit., pág. 131.

La concepción del amor

El amor es el motivo más frecuente en la lírica castellana del Cuatrocientos, que hereda, de forma más o menos indirecta, la concepción desarrollada por los poetas provenzales a finales del siglo XI y comienzos del XII[24]. Pero esa filiación no debe ocultar las peculiaridades de la poesía cancioneril, que surge en un ámbito político y cultural muy distinto al de las cortes del Sur de Francia.

Uno de los conceptos clave en la lírica cortesana es el de galardón o recompensa que el enamorado espera por sus servicios. A veces, el poeta considera suficiente el hecho mismo de amar, o de sufrir y morir por la dama; otras, se advierte un deseo, o una petición más o menos implícita de ser aceptado por la amada (núm. 54, vv. 4-5; núm. 70, vv. 23-27; núm. 147, vv. 24-25; núm. 151, v. 10).

La naturaleza de esa retribución sigue siendo objeto de polémica. Durante algún tiempo, la crítica tendió a destacar los aspectos platónicos de la poesía provenzal, omitiendo —incluso en la propia edición de los versos— las referencias sexuales o decididamente obscenas. Hoy parece claro que la *fin' amors* de los provenzales, al menos en algunos trovadores, no excluye la consumación del acto sexual. Como explica un texto del siglo XIII, el enamorado debe pasar por cuatro grados o escalones: el último, el de *drutz,* lo alcanza justamente cuando logra que la dama lo acepte en su lecho («e·l colg ab se sotz cobertor»)[25].

Esa modificación de los puntos de vista sobre el amor cortés ha obligado a reconsiderar las ideas generalmente admiti-

---

[24] Otis H. Green, «Courtly love in the Spanish *cancioneros*», *PMLA*, LXIV (1949), págs. 247-301. Puede verse una adaptación en su libro *España y la tradición occidental. El espíritu castellano en la literatura desde «El Cid» hasta Calderón*, I, Madrid, Gredos, 1969, págs. 94 y ss., donde presta menos atención a la lírica cuatrocentista.

[25] Martín de Riquer, *Los trovadores. Historia literaria y textos*, I, Barcelona, Planeta, 1975, págs. 90-93. Entre los puntos de partida de la nueva valoración habrá de recordar, entre otros, el libro de Moshé Lazar, *Amour courtois et fin'amours dans la littérature du XIIe siècle*, París, Klincksieck, 1964.

das sobre la lírica cancioneril. Sobre todo, los estudios fundamentales de Keith Whinnom proponen una lectura nueva de los cancioneros, atribuyendo un segundo sentido sexual a muchos de sus términos clave[26].

Whinnom observa, por ejemplo, que los dibujos del *Cancionero de Palacio* muestran a parejas desnudas, o a animales copulando, lo que parece inexplicable si los versos se entienden como expresión de un amor platónico. Por otro lado, no faltan poemas que expresan claramente un deseo sexual. El más explícito es quizá uno de Caltraviessa, quien pide a la dama «que vos viesse yo desnuda»[27]. De forma menos transparente, Rodrigo Dávalos pregunta a Luis Salazar si es mayor tormento

> aquello que más amáis
> que no lo podáis haver,
> y ser querido;
> o que por vos lo tengáis,
> no siendo contento, y ser
> aborrescido[28].

Está claro que el galán considera insatisfactorio el mero «ser querido», aunque naturalmente esa exigencia siga siendo fundamental.

Además, es posible encontrar textos en castellano o en otras lenguas, donde buena parte del léxico cancioneril tiene un sentido manifiestamente obsceno. Así ocurre con los términos *morir, muerte,* que en los madrigales italianos, por ejemplo, equivalen a «experimentar la culminación sexual»; valor con el que aparecen también en composiciones castellanas[29].

Lo propio de la poesía cortesana del xv es una ambigüedad buscada, por la cual los términos, sin perder su sentido más inocente, insinúan una sugerencia de tipo erótico (aunque sea

---

[26] Bastará mencionar «Hacia una interpretación y apreciación de las canciones del *Cancionero general*, *Fil,* XIII (1968-1969), págs. 361-381; Diego de San Pedro, *Obras completas, II. Cárcel de amor,* ed. Keith Whinnom, Madrid, Castalia, 1971, págs. 1-35; *La poesía amatoria de la época de los Reyes Católicos,* Durham, University of Durham, 1981, especialmente págs. 21-46.

[27] Keith Whinnom, *La poesía amatoria...,* ob. cit., pág. 29.

[28] «Digno de todo loor», en *CG 1511,* f. 154v.c.

[29] Keith Whinnom, *La poesía amatoria...,* ob. cit., pág. 36.

para acabar desmintiéndola). Buena muestra de ese procedimiento es el poema de Florencia Pinar que comienza «D'estas aves su nación» (núm. 138). El elemento clave son aquí las perdices mencionadas en el epígrafe, y aludidas en el gerundio *perdiendo* del v. 11: animales tan lascivos, según los bestiarios de la Edad Media, que la hembra queda preñada sólo del olor del macho[30].

Frente a esa manera de leer la poesía amatoria del xv, Royston O. Jones aconseja la mayor cautela, y recuerda que «todo se presta a una interpretación erótica si se echa el lector a buscarla con suficiente empeño»[31]. Para él, sólo caso por caso, y mediante un cuidadoso análisis del contexto y la estructura, será posible establecer el grado de interpretación sexual que tolera cada poema.

Se comprende fácilmente que un amor de esa naturaleza tenía que chocar con las exigencias de la moral cristiana, muy vivas todavía en Castilla. Dos estudios importantes de Antony Van Beysterveldt[32] y José M. Aguirre[33] han descrito los pormenores de ese conflicto, y las soluciones que intentaron resolverlo. Para Aguirre, el amante cortés, colocado entre dos códigos distintos, «resuelve el dilema renunciando al galardón —no al deseo del mismo—, o, simplemente, reconociendo que éste es "imposible"»[34]. Tal es la situación básica de los cancioneros, resultado de un compromiso entre la tradición provenzal y la moral ascética: admitir el deseo, pero evitar, o declarar inalcanzable, su satisfacción.

Por consiguiente, entre la dama y el galán se interpone siempre un obstáculo, que puede consistir:

a) en la propia negativa de la dama, que suele aparecer ca-

---

[30] Alan Deyermond, «Spain's first women writers», *Women in Hispanic literature. Icons and fallen idols,* ed. Beth Miller, Berkeley, University of California Press, 1983, págs. 27-52, especialmente págs. 44-52.

[31] Jones-Lee, pág. 28.

[32] Antony Van Beysterveldt, *La poesía amatoria del siglo XV y el teatro profano de Juan del Encina,* Madrid, Ínsula, 1972.

[33] José M. Aguirre, «Reflexiones para la construcción de un modelo de la poesía castellana del amor cortés», *RF,* XCIII (1981), págs. 54-81.

[34] *Ídem, íd.,* pág. 67.

racterizada según el modelo de la *belle dame sans merci*, y a la que se dirigen en vano las súplicas del galán;

b) en la separación o la ausencia, incansablemente cantadas en los poemas *a una partida*, que suelen dar pie a los más ingeniosos juegos conceptuales (cfr. núms. 27, 61, 118, 126, etcétera);

c) en la propia voluntad del galán, que no desea dar cumplimiento a sus deseos. Un poema muy expresivo del *Cancionero Musical de la Colombina* aconseja al enamorado que no quiera hacer «de su señora, cautiva»:

> sino cuando más se halla
> encendido por servilla,
> con sus manos adoralla,
> pero nunca recebilla;
> porqu'el concluir desfaze
> lo qu'el desear abiva,
> en tal manera que faze
> de su señora cativa[35].

Esos versos ilustran un amor al obstáculo que no se debe a razones de tipo moral. Sin duda, tiene razón Aguirre cuando observa que la mentalidad ascética debió de ejercer una presión sobre los poetas; pero su negativa a alcanzar el galardón obedece también a motivos psicológicos, que no se relacionan con la religión, y sí sólo son la propia naturaleza del deseo.

En cambio, no aparecen casi nunca otros obstáculos, como los *lauzengiers* de la poesía provenzal, o los rivales amorosos. De hecho, los celos son un sentimiento poco frecuente.

El papel que juega la razón en todo ese proceso es ambiguo. En principio, es ella quien reconoce los méritos de la dama y pone en marcha el sentimiento. El amor cancioneril es lo contrario del «amor mintroso» del Arcipreste de Hita (*c.* 158-165), ya que nunca hace parecer blanco lo negro, ni embellece el objeto ante los ojos del amante. Se orienta simplemente ha-

---

[35] «No consiento ni me plaze», en *Cancionero Musical de la Colombina (Siglo XV)*, ed. Higinio Anglés, Barcelona, CSIC, 1971, págs. 50-51, núm. 43.

cia las perfecciones reales de la dama, sin atribuirle *a posteriori* excelencias imaginarias[36].

Además, ese carácter inicialmente racional del sentimiento lo opone al gran mito de Tristán, enamorado por azar al ingerir un filtro mágico:

> Ca sin brevaje amoroso
> como ya fue don Tristán,
> gentil señora, sabrán
> que vuestro gesto hermoso
> me conquistó por tal vía
> que Dios nunca me dé bien,
> si siento en el mundo quién
> más de grado serviría[37].

Quien se enamora por efecto de un conjuro puede amar lo más bajo o lo más ridículo, como ilustra el caso de Titania. Nunca ocurre eso con el amante cortés, porque el sentimiento depende en él de la razón y no de la magia.

Pero al mismo tiempo, la pasión está reñida con toda prudencia y toda cordura, porque es «afición y no razón, / un bulto de hermosura / que los ojos entristece»[38]. Esa pérdida de la sensatez es incluso la piedra de toque del amor verdadero,

> Entonces se puede obrar discrición
> cuando amor es ficto, vaníloco, pigro,
> mas el verdadero non teme peligro,
> nin quiere castigos de buena razón[39].

---

[36] Con frecuencia, el amor aparece como resultado de un influjo astral, pero incluso en esos casos se enfatizan las perfecciones objetivas de la amada.

[37] Juan de Dueñas, «Vi, señora, una carta», en *FD*, II, pág. 202a-b, número 443. Esos versos están inspirados en un pasaje del *Cligès* de Chrétien de Troyes, recogido también por Heinrich von Veldeke [cfr. Carlos García Gual, «Amores de Lanzarote y de la reina Ginebra. (Consideraciones sobre el amor cortés)», *ROcc*, 15-16 (1982), págs. 115-132, especialmente págs. 126-127).

[38] Los versos son de Tapia y los recoge Otis H. Green, *España...*, I, ob. cit., pág. 110.

[39] Juan de Mena, *Laberinto de Fortuna*, ed. Louise Vasvari Fainberg, Madrid, Alhambra, 1976, vv. 113a-d. Sobre el doble papel de la razón, cfr. Otis H. Green, «Courtly love...», art. cit., págs. 293 y ss., y José M. Aguirre, «Reflexiones...», art. cit.

El galán y la dama

Son varios los textos históricos que muestran a los poetas de cancionero combatiendo en honor de sus damas. Así, Suero de Quiñones hace voto de llevar una argolla al cuello, en señal de su cautiverio amoroso, hasta que se quiebren quinientas lanzas en el Paso Honroso, cerca del puente de Órbigo[40]. En la misma ocasión, después de distinguirse por su valor, Lope de Stúñiga explica que no quiere justar sino en combates peligrosos, donde pueda obtener honor en servicio de su amada «aunque non tanto como la virtud suya es merescedora»[41].

Pero aquí la realidad es más brillante que la literatura. Todo eso corresponde a la biografía de los poetas, y permanece fuera de los versos de los cancioneros. En los poemas mismos, la proeza guerrera está ausente, o queda simplemente sugerida. Frente al caballero, que se lanza a la aventura para ganar la aprobación de la dama, el galán se caracteriza por su pasividad, limitándose prácticamente al lamento o la súplica. Condenado a un amor sin correspondencia, vive en una tristeza a la que todavía Equícola se referirá como casi proverbial: «Sempre è gioioso l'amante franzese, sempre appare miserabile lo spangnuolo»[42]. Pero de ese sufrimiento el enamorado espera obtener fama, o simplemente una satisfacción paradójica, ya que una vida sin amor no merece la pena vivirse (por ejemplo, núm. 39; núm. 56, vv. 75-76; núm. 127; núm. 129; núm. 136). La antítesis será entonces la forma ideal de expresar un sentimiento que, por su misma naturaleza, es placer y pesar, alegría y dolor.

Las demás cualidades que deben acompañar al galán se desprenden fácilmente de los textos; la lealtad inalterable, la timidez, la obediencia, la humildad ante la dama. Términos como *servir, servicio, servidumbre* —o más enérgicamente *cárcel* o *cauti-*

---

[40] Recoge la anécdota Martín de Riquer, *Caballeros andantes españoles,* Madrid, Espasa-Calpe, 1967, pág. 16.

[41] Jeanne Battesti-Pelegrin, *Lope de Stúñiga. Recherches sur la poésie espagnole au XVème siècle,* I, Aix-en-Provence, Université de Provence, 1982, pág. 141.

[42] La cita en Otis H. Green, «Courtly love...», art. cit., pág. 269.

vo— salen continuamente al paso para expresar la sumisión absoluta del poeta. En algunos casos, se advierte una actitud de rebeldía, y el enamorado maldice el encuentro con la dama, o le desea los mismos sufrimientos por los que él atraviesa (números 108 y 111)[43]. Por otra parte, un estricto código cortés, o simplemente el temor, le impiden revelar la pasión, que se exaspera en ese silencio forzado (cfr. núm. 7, vv. 7-8 y 25-40; núm. 21, vv. 21-28; núm. 48; núm. 71; núm. 136, vv. 9-10; etcétera).

La mujer aparece como un ser superior, inalcanzable en su indiferencia o su crueldad. Está dotada de todas las perfecciones físicas y morales, que el poeta encarece mediante una serie de recursos más o menos tópicos: el elogio imposible (número 30, vv. 51-56; núm. 31; núm. 70, vv. 1-4; núm. 106, vv. 28-33; núm. 121; etc.), la dama como obra maestra de Dios (núm. 30; núm. 31, vv. 16-20; núm. 121)[44], la hipérbole sacroprofana[45]. De todas esas cualidades, la belleza es la que se menciona con más frecuencia, y la que se presenta como causa inmediata del amor (núm. 70, v. 13; núm. 75, vv. 5-8; número 76; núm. 91).

Por otro lado, es raro que la dama aparezca explícitamente como una mujer casada, aunque los textos casi nunca obligan tampoco a la deducción contraria: la mayoría admite la duda que deliberadamente fomenta Cartagena, quien se negó a contestar sobre la identidad de su amiga, «si era dueña o donzella»[46]. En algunos casos, la composición va dirigida a la propia mujer del poeta. De esa forma la poesía cancioneril se aparta de los trovadores provenzales, cuyo amor era esencialmente adúltero.

---

[43] Pierre Le Gentil, *La poésie...*, I, ob. cit., págs. 115 y ss.; María Rosa Lida de Malkiel, «Juan Rodríguez del Padrón: influencia», en su libro *Estudios sobre la literatura española del siglo XV*, Madrid, José Porrúa, 1977, págs. 92 y ss. Previamente había aparecido en forma de artículo en *NRFH*, VIII (1954), págs. 1-38.

[44] María Rosa Lida de Malkiel, «La dama como obra maestra de Dios», *RPhil*, XXVIII (1974-1975), págs. 267-324; ahora con ampliaciones en sus *Estudios...*, ob. cit., págs. 179-290.

[45] María Rosa Lida de Malkiel, «La hipérbole sagrada en la poesía castellana del siglo XV», *RFH*, VIII (1946), págs. 121-130, ahora en sus *Estudios...*, ob. cit., págs. 291-309.

[46] «Esta que queréis saber», en *CG 1511*, f. 85v.c.

La religión de amor

La utilización del lenguaje religioso para expresar el amor profano no es nueva en la lírica de los cancioneros, pero adquiere en ella un mayor atrevimiento y una mayor variedad[47]. El poeta adora a la dama (núm. 86); compadece a los ángeles que no pueden gozar de su presencia (núm. 31, vv. 40-45); relaciona su propio sufrimiento con la Pasión de Cristo (núm. 23; núm. 96; núm. 142); o describe la muerte de amor como un verdadero martirio. A esas expresiones más o menos impías habrá que añadir las misas (núm. 56), los decálogos o los siete gozos de amor[48]: el lector de la Edad Media vivía en una «intimidad con lo sagrado» que haría esas manifestaciones mucho más tolerables de lo que parecen en la actualidad[49]. La misma Isabel la Católica fue objeto de elogios semejantes, escritos por Antón de Montoro, Tapia o Cartagena (núm. 122)[50].

No obstante, son frecuentes también las críticas a esos poemas, tras los que se advierte una exaltación inadmisible de lo humano. El testimonio más conocido es, sin duda, el de *La Celestina*, escrita contra los locos enamorados que «a sus amigas llaman y dicen ser su Dios». También fray Íñigo de Mendoza truena contra esa práctica, y de forma más concreta, Francisco Vaca reprocha a Montoro una de sus blasfemas comparaciones hiperbólicas:

> ¡Oh traidor! ¿Y cómo osastes,
> que la Reina assí igualastes
> con la hija de Sant'Ana?[51].

---

[47] E. Michael Gerli, «La "religión de amor" y el antifeminismo en las letras castellanas del siglo xv», *HR*, 49 (1981), págs. 65-86.

[48] Para otras manifestaciones de ese fenómeno, cfr. el artículo citado en la nota anterior, págs. 70 y ss.

[49] María Rosa Lida de Malkiel, «La hipérbole sagrada...», art. cit.

[50] R. O. Jones, «Isabel la Católica y el amor cortés», *RLit*, XXI (1962), páginas 55-64.

[51] Tomo las citas de E. Michael Gerli, «La "religión de amor"...», art. cit., págs. 78-84.

El origen de esas expresiones sigue siendo objeto de discusión. Le Gentil pensaba en una posible conexión con la poesía goliardesca, pero como él mismo advirtió, las parodias litúrgicas de los goliardos tienen un carácter cómico que falta en los textos españoles del Cuatrocientos[52]. Más probable parece la relación con un ambiente de época, que encuentra manifestaciones parecidas en Flandes y Borgoña[53].

Junto a ese enlace con la tradición occidental habrá que considerar también la influencia del elemento semítico: Márquez Villanueva ha señalado paralelos con la poesía árabe de los siglos anteriores[54], y varios críticos atribuyen a los conversos un papel decisivo en el auge de la moda. Es esta la cuestión más debatida, relacionada, como veremos, con un problema de amplitud mucho mayor.

El conceptismo

Basta una lectura superficial de los cancioneros para advertir su tendencia a la expresión condensada e ingeniosa[55]. Pueden señalarse varios recursos fundamentales: el equívoco (cfr. simplemente núm. 155), el poliptoton (por ejemplo, núm. 126) y la antítesis. Esta última se acomoda perfectamente al carácter contradictorio de la pasión, tal y como la entiende la lírica cortesana; pero su uso puede haberse visto reforzado por la influencia de Petrarca y de la «cançó d'opòsits» del catalán Jordi de Sant Jordi[56]. El poeta enfrenta el placer y el dolor, la razón y la pasión, la vida y la muerte, y sobre esas antítesis básicas

---

[52] Pierre Le Gentil, *La poésie...*, I, ob. cit., pág. 203.
[53] J. Huizinga, *El otoño de la Edad Media. Estudios sobre las formas de la vida y del espíritu durante los siglos XIV y XV en Francia y en los Países Bajos*, 2.ª ed., Madrid, Revista de Occidente, 1945, págs. 176-177 y 224 y ss.
[54] Francisco Márquez Villanueva, *Investigaciones sobre Juan Álvarez Gato. Contribución al conocimiento de la literatura castellana del siglo XV*, 2.ª ed. ampliada, Madrid, Real Academia Española, 1974, pág. 238.
[55] Keith Whinnom, *La poesía amatoria...*, ob. cit., págs. 47-62.
[56] Rafael Lapesa, «Poesía de cancionero y poesía italianizante», en su libro *De la Edad Media a nuestros días. Estudios de historia literaria*, Madrid, Gredos, 1982, págs. 145-171, especialmente pág. 151.

realiza una serie de variaciones en las que despliega todo su virtuosismo: la muerte es preferible a la vida del enamorado (núm. 32; núm. 69; núm. 125; núm. 135; etc.), pero impediría seguir sirviendo a la dama (núm. 146, vv. 13-16). Por otra parte, ¿cómo podría morir quien vive sin vida, porque el sufrimiento se la ha quitado (núm. 133)?; ¿y cómo no llevar luto por el galán, que vive ya como muerto (núm. 44)?

La poesía de los cancioneros es, por tanto, una poesía intelectual, a la que algunos críticos no han dudado en calificar de metafísica[57]. Salvo casos excepcionales —o cuando posee un claro valor alegórico— la naturaleza exterior está ausente, y la misma belleza de la mujer es objeto de encarecimiento, pero rara vez de descripción. Cuando el poeta habla de la dama como obra maestra de Dios, o incluso cuando la compara con estrellas o piedras preciosas, el lector obtiene la idea de una perfección absoluta, pero no una descripción, por estilizada que sea. La situación sólo varía algo en las composiciones dirigidas a una mora (núm. 6; núm. 155; núm. 156), o en las serranillas; por lo demás, las menciones a las manos de cristal, los cabellos de oro o los pechos de alabastro son realmente excepcionales.

Por el contrario, son frecuentes los elementos costumbristas, en un sentido muy amplio del término. Probablemente es esa orientación la que considera Lapesa cuando habla de la lírica cuatrocentista como de una creación artística muy varia, «graciosa y ligera, llana y realista, abstracta y densa según los casos [...]»[58]. Pero incluso en esos poemas de formulación «llana y realista» habrá que tener muy presente el valor simbólico de los objetos y de sus cualidades: bastará pensar en las perdices de Florencia Pinar, o en la complicada simbología de los colores (núms. 136 y 137, por ejemplo).

---

[57] María Rosa Lida de Malkiel, *Juan de Mena, poeta del Prerrenaçimiento español*, México, El Colegio de México, 1950, pág. 87; Keith Whinnom, *La poesía amatoria...*, ob. cit., pág. 18; José M. Aguirre. «Reflexiones...», art. cit., págs. 79 y ss.

[58] Rafael Lapesa, «Poesía de cancionero...», en *De la Edad Media...*, ob. cit., pág. 152.

IMÁGENES

La poesía de los cancioneros tiende a establecer una red de asociaciones imaginativas —ya sean metáforas, alegorías o comparaciones— entre el amor y otros campos de la actividad humana. Me he referido ya a la religión, pero también la guerra es una esfera privilegiada: el poeta se concibe a sí mismo como defensor de un castillo, víctima de los asaltos del amor (núm. 120), o de la belleza y la mesura de la dama[59], o de cualquier otro personaje alegórico. En su defensa deberían ayudarle la Razón y los Sentidos, pero una y otros pueden traicionarlo, y sobre todo los ojos están siempre dispuestos a abrir las puertas al enemigo[60]. Pero el planteamiento puede invertirse, y entonces es la dama la que aparece como una fortaleza inexpugnable, contra la que se dirigen en vano los asaltos del caballero:

> Torre de la niña, y darte,
> si no, dart'he yo combate.
>
> Mi linda torre es de suerte,
> con lo que en ella se ha hecho,
> qu'estando en mayor estrecho
> entonces está más fuerte[61].

En otros casos, se hace referencia a las armas alegóricas del amor (por ejemplo, núm. 1, vv. 21-28); o al combate con el dolor (núm. 52); o a la herida recibida de la dama o el dios (núm. 14; núm. 39; núm. 81; núm. 164, v. 24).

Otras asociaciones se repiten con frecuencia: abundan, por ejemplo, las cadenas y las cárceles alegóricas (núm. 61, 147, 160 161); o las naos de amor, con sus tablas de lealtad y sus velas de pensamiento; o los hospitales y farmacopeas amorosas, que proponen infinidad de remedios alegóricos contra la

---

[59] Pierre Le Gentil, *La poésie...*, I, ob. cit., págs. 180 y ss.
[60] Para una formulación semejante, cfr. núm. 82.
[61] *CMP*, pág. 431b, núm. 341. Cfr. núm. 111, vv. 50-51.

enfermedad del galán[62]. En este caso la metáfora puede tomarse casi al pie de la letra, ya que para los médicos medievales el amor es una dolencia real, una forma de trastorno mental, como señala el *Lilium medicinae,* o una modalidad de la melancolía[63].

LOS GÉNEROS

Dos son los géneros más importantes en la poesía amorosa del siglo XV: la canción y el decir[64]. Las canciones son poemas de forma fija, destinados al canto e integrados básicamente por los siguientes elementos:

a) Una cabeza de cuatro versos o más, que expresan el motivo central de la composición. Ésta puede considerarse, por tanto, como la glosa o desarrollo de esa parte inicial.
b) Una parte medial, o variación, que suele ser una redondilla, con rimas diferentes a las de la cabeza.
c) Una parte final o vuelta, que retoma las rimas —y con frecuencia palabras o sintagmas enteros— de los versos iniciales[65].

El poema puede prolongarse añadiendo otra u otras variaciones, con rimas diferentes a la primera, y con su correspondiente vuelta.

El decir, en cambio, está destinado a la lectura, y consta de un número indeterminado de estrofas o coplas. De una estrofa a otra varían las rimas, pero no el esquema al que obedecen.

A esas dos formas métricas corresponden también dos plan-

---

[62] Pierre Le Gentil, *La poésie...,* I, ob. cit., págs. 187 y ss.
[63] Sobre ese punto, cfr. el prólogo de Whinnom a Diego de San Pedro, *Obras completas, II...,* ob. cit., págs. 13-14. Allí se remite a los textos clásicos sobre la cuestión, como el de Bruno Nardi, «L'amore e i medici medievali», *Studi in onore di Angelo Monteverdi,* Módena, 1959, págs. 517-542.
[64] Pierre Le Gentil, *La poésie...,* I, ob. cit., págs. 228 y ss. Canción y decir alternan también en la poesía religiosa. La literatura moral, en cambio, se inclina decididamente por las formas no cantadas.
[65] Este esquema es el más frecuente en los poetas de los años finales del siglo. En la primera mitad, aun ateniéndose a esa forma básica, la canción presenta una mayor flexibilidad.

teamientos diferentes desde el punto de vista del contenido. La canción suele utilizarse para expresar un sentimiento de forma breve e intensa; el decir, en cambio, permite un análisis más demorado de las emociones. No es raro que los decires posean un carácter narrativo, y entonces el poeta es testigo del triunfo del Amor, o se enfrenta a sus ejércitos, o desciende al infierno, donde asiste al tormento de los más famosos amadores.

Junto a esos géneros mayores hay que recordar otros que se acomodan bien a la condensación expresiva, propia de la lírica cancioneril. Los motes, por ejemplo, son poemas de un solo verso, en los que se expresa sintéticamente un sentimiento o un proyecto de vida. Algunos son anónimos, otros corresponden a poetas famosos; y aunque lo normal es que figuren en los cancioneros acompañados de sus glosas (núm. 86, 129, 142, 145) circularon también de forma independiente[66].

Otro tipo de composiciones, también muy breves, son las invenciones o letras de invención, que los caballeros solían sacar en sus armas, o bordadas en sus ropas. La cimera del galán, por ejemplo, puede representar una noria (núm. 85), o un unicornio, o un puente levadizo, o el infierno (núm. 141), y los versos explican o complementan el sentido de esos adornos.

Tal vez ningún otro tipo de poemas refleja mejor el carácter cortesano de la lírica del Cuatrocientos. Francisco Rico señala muy oportunamente que en los siglos finales de la Edad Media son imprecisas las fronteras entre la libre creación artística y las artes funcionales; y recuerda cómo todavía en 1475 Botticelli se encarga de los estandartes de una *giostra* celebrada en Florencia[67]. Las invenciones participan también de ese carácter de arte aplicado, cuyo destino es el de funcionar en un marco festival más amplio: el divorcio entre literatura y vida, favorecido por el libro y la práctica de la lectura solitaria, es ajeno a estas composiciones y, quizá, a toda la poesía cortesana[68].

---

[66] Keith Whinnom, *La poesía amatoria...*, ob. cit., págs. 57 y ss.

[67] Francisco Rico, «Un penacho de penas. Sobre tres invenciones del *Cancionero general*», *RJahr*, XVII (1966), págs. 274-184.

[68] Algo más extensas son las *esparsas*, estrofas aisladas y de forma muy variada.

LAS SERRANILLAS

En algunos cancioneros las serranillas aparecen bajo la rúbrica *canción;* y, en efecto, se trata de composiciones destinadas al canto, de organización métrica idéntica a la que hemos visto en el apartado anterior. Pero a diferencia de las canciones propiamente dichas, las serranillas son poemas narrativos, lo que las aproxima más bien a los decires:

	P. narrativa	P. lírica
P. cantada	Serranilla o canción	Canción
P. recitada	Decir	Decir

Al menos tres líneas diferentes convergen en este tipo de poemas[69]:

a)   La de las pastorelas francesas y provenzales[70].
b)   La de las pastorales gallegoportuguesas.
c)   La de una tradición peninsular, de origen probablemente folklórico. Existieron, en efecto, cantarcillos populares que trataban temas de viaje, y en los cuales el caminante pedía ayuda para pasar por los lugares más difíciles. En algunas ocasiones ese personaje cuyo auxilio se solicita es, precisamente, una serrana:

> Di, serrana, por tu fe,
> si nasciste en esta tierra,
> ¿por dó pasaré la sierra?

---

[69] Sobre la historia de la serrana y sus características, cfr. Rafael Lapesa, *La obra del Marqués de Santillana*, Madrid, Ínsula, 1957, págs. 46 y ss., así como su artículo «"Las Serranillas" del Marqués de Santillana», en el colectivo *El comentario de textos, 4. La poesía medieval*, Madrid, Castalia, 1983, págs. 243-276. También, Ramón Menéndez Pidal, «La primitiva poesía lírica española», recogido en su libro *Estudios literarios*, 5.ª ed., Madrid, Espasa-Calpe, 1944, págs. 197-264, especialmente págs. 215-227; Luciana Stegagno Picchio, «Per una storia della *serrana* peninsulare: la *serrana* di Sintra», *CN*, XXVI (1966), págs. 105-128; Pérez Priego, I, págs. 15-22.

[70] Le Gentil enfatiza, por supuesto, el peso de esa influencia, *La poésie...*, I, ob. cit., págs. 521 y ss.

O de forma más angustiosa: «Paséisme ahora allá, serrana, / que no muera yo en esta montaña»[71].

Ese origen múltiple explicaría probablemente los dos planteamientos fundamentales de la serranilla cuatrocentista. A la pastorela transpirenaica corresponderían las figuras y las situaciones más idealizadas; la tradición peninsular, en cambio, habrá dejado como herencia la figura de la mujer montaraz y agresiva, presente en el Arcipreste de Hita, y heredada por poetas del xv, como Carvajal. Claro está que entre ambos extremos caben muchos grados intermedios, de tal forma que una figura tan estilizada como la serrana de Bedmar (núm. 34) se mueve en un marco perfectamente realista, donde el vergel de la tradición literaria ha sido sustituido por los allozos y los olivos.

El esquema del relato es muy sencillo, y siempre idéntico en lo fundamental. Lo normal es que el caballero dialogue con la serrana, que a veces rechaza y otras acepta sus propuestas amorosas. No obstante, puede faltar el diálogo, y entonces el elemento narrativo se reduce al simple encuentro, a la visión más o menos fugaz de la muchacha (núm. 45, núm. 64). Probablemente habrá que ver aquí una influencia de la lírica gallegoportuguesa, en la que es frecuente que el caballero se limite a escuchar el canto de la pastora, sin dirigirse directamente a ella[72]. El género, sin embargo, permite planteamientos originales y desenlaces sorprendentes: en Pedro de Escavias será la pastora quien quede despechada por la negativa del caballero[73].

La poesía religiosa

A lo largo de la primera mitad del siglo xv y buena parte de la segunda, la poesía religiosa en Castilla prolonga la tradición

---

[71] Cita ambos textos Ramón Menéndez Pidal, «La primitiva...», en *Estudios literarios,* ob. cit., pág. 223.
[72] Ramón Menéndez Pidal, «La primitiva...», en sus *Estudios literarios,* ob. cit., págs. 226-227.
[73] María Hernández Esteban, «Pastorela, ballata, serrana», *Dicenda,* 3 (1984), págs. 73-96.

hagiográfica y mariana de los siglos anteriores: loores de la Virgen, gozos y dolores de Nuestra Señora, poemas en alabanza de los santos. Pero aproximadamente desde 1470 comienzan a escribirse una serie de textos, centrados en la figura de Cristo y en los episodios más sobresalientes de su vida: la *Vita Christi*, de fray Íñigo de Mendoza; la *Pasión trovada*, de Diego de San Pedro; las *Coplas*, de fray Ambrosio Montesino; las *Trovas de la gloriosa Pasión*, del Comendador Román. Más tarde, el *Retablo de la vida de Cristo*, de Juan de Padilla.

La aparición de esos temas no es causal, ni obedece a razones estrictamente literarias. Se trata, más bien, del reflejo de una espiritualidad renovada, definida justamente por su atención a la humanidad de Cristo, su recelo ante la escolástica y su énfasis en los aspectos más intimistas y emotivos de la religión[74] (núms. 102-105, 144, 170):

> este libro —dirá Montesino de su propia obra— es para emblandecer durezas antiguas de coraçones [...]. Es libro que provoca a lágrimas e a todo menosprecio del mundo. Es libro de consolaciones entrañables e secretas [...][75].

Pero precisamente por la misma extensión del fenómeno, no es fácil precisar qué fuentes concretas pueden haber influido en los autores castellanos. Sin duda, la *devotio moderna* de los países del norte europeo, así como la obra de Ludolfo de Sajonia, generada en ese movimiento, debieron de ejercer un notable atractivo. Pero su influjo se deja sentir, sobre todo, en los años iniciales del siglo XVI, no antes; afecta a Padilla, por ejemplo, pero es mucho más problemático referido a fray Íñigo de Mendoza. Sin duda, las *Coplas de Vita Christi* presentan, ya desde el mismo título, semejanzas con la *Vita Christi* de Ludol-

---

[74] Cfr. el prólogo de Keith Whinnom a Diego de San Pedro, *Obras completas, III. Poesías*, ed. Keith Whinnom y Dorothy S. Severin, Madrid, Castalia, 1979, págs. 15 y ss. De forma más general, Albert Hyma, *The christian Reinaissance. A history of the «Devotio Moderna»*, Hamdem, Archon Books, 1965.

[75] Comenta el pasaje Ana María Álvarez Pellitero, *La obra lingüística y literaria de fray Ambrosio Montesino*, Valladolid, Universidad de Valladolid, 1976, pág. 30.

fo, pero tales parecidos se explican fácilmente por el trasfondo cultural común a ambos escritores[76].

Mucho más intensa parece la influencia de los reformados franciscanos, y en especial de los predicadores de la Orden. Se explican así algunas características de estos poemas: sus cualidades dramáticas, la inclusión de pasajes violentamente satíricos, la utilización de *exempla* y comparaciones pintorescas[77]. Hay en la poesía del momento un deseo evidente de aproximar la religión a las experiencias cotidianas, y así Montesino hablará de braseros y cortinas en uno de sus poemas navideños (núm. 104), y San Pedro recuerda cómo la Virgen daba de comer a Judas:

> como sierva te sirvió
> y no como tu señora.
> ¡Cuántas vezes te guisó
> de comer y te lo dio
> de su mal no sabidora![78].

Las comparaciones apelan también a un ambiente familiar para los lectores: los golpes del látigo sobre la espalda de Cristo suenan «como los de las canales / cuando sobre losas llueve», y las súbitas apariciones y desapariciones del Salvador recuerdan el arte del prestidigitador:

> andava el Señor sin fallas
> visitando a sus hermanos
> como jugador de manos
> cuando pasa las agallas[79].

El decoro se resiente quizá con este procedimiento, pero gracias a él se asegura la atención del lector, y su participación imaginativa en el relato.

No es casual que a los años finales del siglo corresponda

---

[76] Keith Whinnom, «The supposed sources of inspiration of Spanish fifteenth century narrative religious verse», *Sym*, XVII (1963), págs. 268-291.

[77] Keith Whinnom, «El origen de las comparaciones religiosas del Siglo de Oro: Mendoza, Montesino y Román», *RFE*, XLVI (1963), págs. 263-285.

[78] Recoge la cita Keith Whinnom, «The supposed...», art. cit., pág. 277.

[79] Keith Whinnom, «El origen...», art. cit., pág. 272 y pág. 269.

también el auge de los *contrafacta,* o versiones a lo divino de cantares populares. Se han señalado varios antecedentes medievales para esa práctica poética: Eugenio Asensio constata su existencia en la corte de Alfonso X[80], y Dámaso Alonso interpreta la canción de «Eya velar», recogida por Berceo, como el *contrafactum* de un canto militar[81]. Más recientemente, John Crosbie ha analizado desde ese punto de vista el *Llibre vermell* del Monasterio de Montserrat[82], en el que se recogen diez textos religiosos adaptados a melodías populares. Se trata, por consiguiente, de *contrafacta* meramente musicales, pero Crosbie piensa que hay sólo un paso desde la adaptación devota de la música a la de la letra. El carácter oral del fenómeno explicaría que haya dejado tan pocas huellas en los textos anteriores a 1400. Por el contrario, Bruce W. Wardropper niega a la Edad Media no sólo la existencia de versiones a lo divino, sino incluso de una lírica religiosa popular[83].

En cualquier caso la moda se impone en la segunda mitad del xv: Gómez Manrique, fray Íñigo de Mendoza, Montesino, Álvarez Gato (núm. 102, núm. 103, núm. 105). Dos son las razones que explican ese éxito[84]. La primera es de carácter técnico: con el triunfo de la polifonía, la música culta adquiere tal complejidad que el arte religioso popular tiene que expresarse a través de las melodías de la calle. Ocurre, por tanto, lo que ya hemos visto a propósito del *Llibre vermell,* aunque probablemente a mayor escala: los poemas religiosos empiezan a interpretarse al son de una canción popular preexistente y, más tarde, no sólo la melodía, sino también la letra profana, se acomoda a la nueva intención piadosa. La segunda razón es de naturaleza ideológica. Como ya hemos visto, las nuevas corrientes espirituales buscaban la aproximación al pueblo de los con-

---

[80] Cfr. su reseña al primer volumen del libro de Le Gentil, *RFE,* XXXIV (1950), págs. 286-304, especialmente págs. 298 y ss.

[81] Recoge y matiza esa opinión Bruce W. Wardropper, *Historia de la poesía lírica a lo divino en la Cristiandad Occidental,* Madrid, Revista de Occidente, 1958, págs. 94-95.

[82] John Crosbie, «Medieval *contrafacta:* a Spanish anomaly reconsidered», *MLR,* LXXVIII (1983), págs. 61-67.

[83] Bruce W. Wardropper, *Historia...,* ob. cit., págs. 92-96.

[84] Francisco Márquez Villanueva, *Investigaciones...,* ob. cit., págs. 253-256.

tenidos religiosos, y la adopción de una música conocida por todos favorecía, sin duda, ese propósito.

La poesía moral

El motivo más frecuente en la poesía moral del Cuatrocientos es la condena de los bienes materiales, o el desprecio hacia ellos (núm. 78, por ejemplo). Los poemas acumulan una objeción tras otra, pero las más importantes pueden reducirse a tres ideas fundamentales:

a)   Las posiciones sociales más altas son las más expuestas a toda clase de peligros y, por consiguiente, las menos deseables (núm. 18, vv. 129-136). Se trata de argumentos ajenos a la religión, e incluso a la moral en un sentido estricto; prescinden de las nociones de virtud y de pecado, y recomiendan la medianía por un cálculo epicúreo de placeres y peligros.

b)   La riqueza y el poder incitan al mal, y constituyen así un obstáculo para la salvación del alma:

> quién adornado de joyas e riquezas que no lo ame consumir e gastar en vanagloria e deleite particular e viciosso [...]? E quién proveído o constituido en dignidad, linaje o señoría que no lo exercite en tiranía e sobervia sin freno?[85].

De esa forma, el cristianismo conduce a las mismas conclusiones que el epicureísmo, aunque por caminos bien distintos, de índole ética y religiosa.

c)   Pero, sobre todo, cualquier bien limitado en el tiempo no es realmente digno de ese nombre, y constituye casi una contradicción en los términos:

> Toda cosa terminada
> non deve ser dicha buena;

---

[85] M. Jesús Díez Garretas, *La obra literaria de Fernando de la Torre,* Valladolid, Universidad de Valladolid, 1983, pág. 135. De forma menos explícita, véase núm. 18, vv. 113-116.

> impropio rima y consuena
> felicidad limitada[86].

Convendrá señalar la diferencia entre esa doctrina y la que considera insatisfactorios a los bienes materiales por su misma naturaleza, y con independencia de su duración:

> E cuanto el alma es mejor que el cuerpo tanto estos bienes [espirituales] son mejores que las riquezas [...][87].

No obstante, los cancioneros enfatizan mucho más el primer aspecto, y llegan incluso a reconocer un valor al dinero, con la simple condición de que pudiera disfrutarse eternamente[88]. En tales casos, el horizonte de los deseos sigue siendo puramente terreno; no hay una ruptura radical con el mundo, ni una aspiración a una realidad de orden superior. Se trata de un ascetismo paradójico, que rechaza los bienes materiales sólo porque no puede poseerlos indefinidamente: los poemas se detienen entonces en los «grandes desengañadores» que imponen un límite a ese disfrute del mundo: el tiempo, la Fortuna y la Muerte[89].

Dentro de la poesía funeral (núm. 38, núm. 65, núm. 87) existen dos líneas, teóricamente diferentes, aunque no siempre discernibles en la práctica. Por un lado, interesan la figura concreta del difunto y sus virtudes; por otro, el acontecimiento se toma como punto de partida para consideraciones generales sobre la muerte[90]: la elegía y el panegírico alternan así con los planteamientos propiamente morales (núm. 87). Varios motivos reaparecen continuamente en esos textos: el *ubi*

---

[86] «Amigo sabio y discreto», vv. 281a-d, en *FD*, I, pág. 607a, núm. 268.
[87] Juan García de Castrojeriz, *Glosa castellana al «Regimiento de príncipes» de Egidio Romano*, I, ed. Juan Beneyto Pérez, Madrid, Instituto de Estudios Políticos, 1947, pág. 319.
[88] M. Jesús Díez Garretas, *La obra...*, ob. cit., pág. 128.
[89] Pedro Salinas, *Jorge Manrique, o tradición y originalidad*, 2.ª ed., Barcelona, Seix-Barral, 1981, págs. 160 y ss.
[90] *Ídem, íd.*, págs. 66-68 y pág. 162 y ss. Repite esa distinción el libro de Eduardo Camacho Guizado, *La elegía funeral en la poesía española*, Madrid, Gredos, 1969, págs. 66 y ss.

sunt; la igualdad de todos los hombres ante el sepulcro; la tendencia a poner las reflexiones en boca del propio difunto, con objeto de hacerlas más persuasivas o más amedrantadoras[91]. Los poemas vacilan entre el lamento sin consuelo y la aceptación cristiana, entendiendo la muerte como un simple tránsito hacia el Más Allá. Incluso en una obra tan sombría como la *Danza General*[92] no faltan personajes —el ermitaño y el monje— que expresan ese punto de vista más confiado, más próximo a los primeros siglos de la Edad Media.

Junto a la Muerte, la Fortuna ocupa también un lugar prioritario en los cancioneros[93], donde el motivo aparece asociado con varios problemas morales y teológicos. A veces, la fortuna se identifica con el influjo astral[94], y se plantean entonces los problemas del libre albedrío y la autonomía de la persona. Otras, se hace preciso armonizar a la diosa del azar con la idea cristiana de un orden universal, absoluto y sin resquicios, y aparece entonces una «Fortuna de tejas arriba», identificable con la Providencia o sometida a ella. Pero, al mismo tiempo, pervive la concepción tradicional de una «Fortuna de tejas abajo», caprichosa o decididamente maligna[95]. En tales casos, los poemas se alejan insensiblemente de la ortodoxia estricta, y su-

---

[91] Eduardo Camacho Guizado, *La elegía...*, ob. cit., págs. 82 y ss. Para el *ubi sunt,* Margherita Morreale, «Apuntes para el estudio de la trayectoria que desde el *¿ubi sunt?* lleva hasta el "¿qué le fueron sino...?" de Jorge Manrique», *Th,* XXX (1975), págs. 471-519.

[92] Margherita Morreale, «Para una antología de literatura castellana medieval: la *Danza de la Muerte*», *Annali del Corso di Lingue e Letterature Straniere presso l'Universita di Bari,* VI (1963). Para una introducción, cfr. Alan Deyermond, «El ambiente social e intelectual de la *Danza de la Muerte*», *Actas del III Congreso Internacional de Hispanistas,* México, El Colegio de México, 1970, págs. 267-276.

[93] Juan de Dios Mendoza Negrillo, *Fortuna y Providencia en la literatura castellana del siglo XV,* Madrid, Real Academia Española, 1973; Erna R. Berndt, *Amor, muerte y fortuna en «La Celestina»,* Madrid, Gredos, 1963. Una exposición más somera puede verse en María Rosa Lida de Malkiel, *Juan de Mena...,* ob. cit., páginas 20-30.

[94] Charles F. Fraker, *Studies...,* ob. cit., especialmente págs. 91-116 («Astrology in the *Cancionero de Baena»).*

[95] Otis H. Green, «Sobre las dos Fortunas: de tejas arriba y de tejas abajo», *Studia Philologica. Homenaje a Dámaso Alonso,* II, Madrid, Gredos, 1961, páginas 143-154. El propio Green se ocupa más ampliamente del tema en *España...,* II, ob. cit., págs. 239-376.

gieren una visión dualista y casi maniquea: existe un principio del bien, Dios o su Providencia, enfrentado a un principio del mal, la Fortuna.

Contra ella, los poetas proponen toda clase de remedios o de consuelos, en una línea próxima al estoicismo, al menos en apariencia: el sabio busca refugio en la virtud, y desdeña en su nombre los demás bienes materiales. Pero, a diferencia del Pórtico, que se contenta con ese argumento y no busca otros, los textos castellanos prometen una recompensa terrenal o sobrenatural para el comportamiento recto. Según la famosa caracterización de Wilamowitz, los estoicos tuvieron fe y caridad, pero les faltó la esperanza[96], que es, justamente, el consuelo decisivo en los cancioneros. *El Laberinto* de Mena y *La Comedieta de Ponza,* anuncian un futuro mejor para los reinos peninsulares, e incluso el más pagano de esos poemas, el *Bías contra Fortuna,* termina con la promesa del Paraíso. De esa forma la virtud ha dejado de valer por sí misma y se ha convertido en un instrumento para el éxito, mundano o transmundano, con lo que, más allá de las semejanzas parciales, se pierde la enseñanza central de la Stoa.

La forma que adopta el mensaje moral varía mucho de un poema a otro. A veces, el autor habla directamente con el lector, o se dirige al mundo, reprochándole su falsedad y despidiéndose de sus bienes (núm. 26). En otros casos, prefiere adoptar la forma del debate (como en el *Bías),* o construir un relato alegórico más o menos complejo, que sirva de soporte al contenido doctrinal.

La poesía política y satírica

La frontera entre la poesía moral y la política no siempre es fácil de establecer. *El Laberinto* de Mena, por ejemplo, plantea el misterio de la Providencia y del mal en el mundo, pero al mismo tiempo propone un ideal político de pacificación inte-

---

[96] La observación de Wilamowitz se refiere a Marco Aurelio, pero podría generalizarse a toda la escuela (cfr. la introducción de Carlos García Gual a Marco Aurelio, *Meditaciones,* Madrid, Gredos, 1977, págs. 20-22).

rior y lucha contra los musulmanes. De forma más personalista, el *Doctrinal de privados* (núm. 41) es una venganza de su autor contra don Álvaro de Luna, pero también una reflexión ética sobre el poder y sus peligros.

La misma indeterminación en los límites se da con respecto a la poesía satírica, que ocupa un lugar importante en los cancioneros del xv[97]. Varias circunstancias históricas explican ese auge: la debilidad de los reyes, la crisis del sistema feudal, la corrupción en las costumbres, la integración de la minoría conversa en la sociedad cristiana. La sátira política adquiere una notable violencia en obras como las anónimas *Coplas de la panadera*[98], donde se pasa revista a los nobles que combatieron en la batalla de Olmedo, y se critican su cobardía y su arrogancia. Las más tardías *Coplas de Mingo Revulgo* (1464, véase núm. 88), así como las anónimas del *Provincial* (1465-1474)[99], critican el desorden del reino y los excesos de la nobleza mediante una transparente ficción alegórica. En las primeras, el pastor Mingo Revulgo se queja ante Gil Arribato de la negligencia de Candaulo, es decir, del propio Enrique IV, que permite a los lobos atacar impunemente los ganados. Se trata de mostrar así la prepotencia de los nobles contra el pueblo, aunque tampoco éste queda libre de toda responsabilidad:

> Si tú fueses sabidor
> y entendieses la verdad,
> veríes que por tu ruindad
> has havido mal pastor[100].

En las *Coplas del Provincial,* un superior de la Orden hace una visita de inspección a un monasterio —la propia Castilla— y descubre allí la corrupción de los frailes y las monjas. El poema contiene numerosas alusiones antisemitas, pero lo que se

---

[97] Kenneth R. Scholberg, *Sátira e invectiva en la España medieval,* Madrid, Gredos, 1971; Julio Rodríguez Puértolas, *Poesía de protesta en la Edad Media castellana,* Madrid, Gredos, 1968; del mismo autor puede verse ahora la antología *PCS.*

[98] Aparecen incluidas en *PCS,* págs. 127 y ss. Cfr. Nilda Guglielmi, «Los elementos satíricos de las *Coplas de la panadera*», *Fil,* XIV (1970), págs. 49-104.

[99] Han sido editadas por Marcella Ciceri en *CN,* XXXV (1975), páginas 39-210, y recogidas también en *PCS,* págs. 233 y ss.

[100] Cfr. núm. 88, vv. 199-202.

denuncia de manera más directa y más procaz es la corrupción sexual de los grandes personajes del reino. La misma figura del soberano, tradicionalmente respetada, es objeto de crítica violenta, como lo será en otros poemas de esa misma época de Enrique IV (núm. 101), aunque, como en los reinados anteriores, los privados siguen siendo el blanco preferido de todos los ataques.

Junto a esa sátira, centrada en los acontecimientos y las figuras de trascendencia política, existe otra dirigida contra particulares o, más genéricamente, contra ciertos grupos y defectos. Como ya en la lírica gallegoportuguesa, son frecuentes, por ejemplo, los intercambios de insultos entre poetas, que se echan en cara toda clase de defectos, desde la embriaguez (núm. 93) hasta el plagio (núm. 94).

Los clérigos, los judíos (núm. 58) y las mujeres son también objeto de críticas frecuentes. No obstante, la línea misógina de un Torrellas tiene en la poesía cancioneril una importancia relativa, y suele presentarse en forma de ataque a personas concretas, y no al género femenino en su conjunto[101]. Por otra parte, es frecuente que la intención crítica desaparezca casi por completo, y quede reducida a simple pretexto para lo puramente jocoso o festivo: las consideraciones morales y los deseos de reforma ceden así su lugar a la comicidad por la comicidad misma.

PREGUNTAS Y RESPUESTAS

Las preguntas y respuestas, tan frecuentes en los cancioneros castellanos del xv, se relacionan de forma más o menos indirecta con dos géneros de la poesía provenzal[102]: la *tensó*, y el *joc partit* o *partimen*. La *tensó* es una disputa entre dos trovadores, cada uno de los cuales defiende el punto de vista que le pa-

---

[101] Scholberg, págs. 269 y ss. Para el tema de la misoginia en la época, J. Ornstein, «La misoginia y el profeminismo en la literatura castellana», *RFH*, II (1941), págs. 219-232.

[102] John G. Cummins, «The survival in the Spanish *cancioneros* of the form and themes of Provençal and old French poetic debates», *BHS*, XLII (1965), págs. 9-17.

rece más verdadero o más adecuado a sus gustos. A cada uno de ellos le corresponde una estrofa del poema, y el segundo está obligado a mantener el esquema métrico, la rima y la melodía, marcadas por el primero. En el *joc partit,* las reglas son aún más rigurosas, ya que el poeta que inicia la discusión presenta dos alternativas, y se compromete a defender la que no escoja su rival[103].

Los cancioneros cuatrocentristas siguen esos dos modelos, pero introducen una diferencia importante: las réplicas y contrarréplicas se alternan como poemas independientes, y no ya como estrofas sucesivas de una misma composición. Se mantiene, no obstante, la obligatoriedad de conservar en la respuesta las mismas rimas de la pregunta, si bien no siempre los poetas acatan esa convención. El debate puede prolongarse a lo largo de varias obras, y en él pueden intervenir más de dos interlocutores.

Los temas de las preguntas y respuestas son muy diversos, y van desde el acertijo a las cuestiones más difíciles de metafísica y teología. La casuística amorosa (núm. 77) ocupa, naturalmente, un lugar destacado, y da origen a las formulaciones más pintorescas: un escudero navega con dos doncellas, una a la que ama, y otra que lo quiere «con amor bien verdadero, / muy más firme que colupna». Estalla una tempestad, y una voz le aconseja arrojar al agua una de ellas; ¿a cuál escogerá? La contestación es que «a la donzella fermosa / qu'él amava en perfección / ... / aquélla deve guardar / y la otra condepnar / a cualquier tribulación»[104].

Habitualmente, la pregunta propiamente dicha va acompañada de fórmulas de saludo y despedida, de alabanzas al interlocutor y confesiones de la propia ignorancia, de acuerdo con los tópicos de la *captatio benevolentiae.* También es normal que sean designados uno o varios jueces, con objeto de que diriman la disputa y señalen un vencedor[105]:

---

[103] Martín de Riquer, *Los trovadores...,* ob. cit., págs. 65-70.
[104] Carrete-Cantera, págs. 146-151, núms. 41 y 42.
[105] Esa costumbre, que estaba ya en los poetas provenzales, es rara en la lírica gallegoportuguesa, pero no en la catalana, a la que habrá que atribuir un papel importante en la transmisión del género a Castilla (John G. Cummins, «The

> Seredes los jueses d'aquestos pleiteses,
> oyendo sus metros en essa grant villa[106].

Habrá que pensar, por tanto, en una difusión oral del género («oyendo sus metros») o, quizá mejor —según se deduce de otros testimonios—, en una forma mixta de presentación. Los poetas intercambiarían sus obras por escrito, y sólo cuando el debate adquiriera la suficiente extensión o interés tendría lugar la recitación ante la corte y el rey. O quizá el primer interlocutor leía públicamente su desafío, y los demás lo transcribían, para responderle también públicamente. Lo normal es que se fijara un plazo para la respuesta, y la improvisación no parece haber sido frecuente. En todo caso, el debate tenía algo de enfrentamiento deportivo y, por supuesto, de espectáculo, como recuerda un reto de Baena a Villasandino: «quiero con busco jugar a las cañas»[107].

Finalmente, hay que señalar que muchos de esos intercambios no comienzan con una pregunta explícita: se trata, más bien, de poemas satíricos, a los que el aludido contesta con más o menos violencia (núms. 2-3).

Elementos populares en los cancioneros

Desde mediados del siglo xv en adelante se advierte en los círculos cortesanos un interés cada vez mayor hacia lo popular. Los cancioneros de *Stúñiga* y *Herberay des Essarts* recogen auténticas cancioncillas viejas o, en todo caso, poemas popularizantes que reelaboran conocidos motivos tradicionales, tales como el de la malmaridada (núm. 68), la niña precoz, o la muchacha que lava en la fuente (núm. 66)[108].

---

survival...», art. cit., págs. 9-11). Sobre el tema puede verse el artículo del mismo autor, «Methods and conventions in the 15 th-century poetic debate», *HR*, XXXI (1963), págs. 307-323.

[106] John G. Cummins, «Methods...», art. cit., pág. 316.
[107] *Ídem, íd.*, págs. 308.
[108] Antonio Sánchez Romeralo, *El villancico. (Estudios sobre la lírica popular en los siglos XV y XVI)*, Madrid, Gredos, 1969, págs. 34-42. Sobre todos estos problemas puede verse también Margit Frenk Alatorre, *Estudios sobre lírica antigua*, Madrid, Castalia, 1978. Existen algunas excelentes antologías: Dámaso

Pero la nueva tendencia se manifiesta, sobre todo, en el triunfo del villancico. La palabra aparece documentada ya en la *Carta proemio* del Marqués de Santillana, y en un primer momento existen ciertas vacilaciones, tanto en la forma como en el sentido del término. Se habla de *villancico, villancete* o *villancillo*, y no siempre para designar una determinada disposición métrica, sino el tono o, simplemente, la ambientación rústica del poema. Así, una serranilla de Carvajal (núm. 59) figura bajo la rúbrica *villancete,* sin que exista ninguna razón lingüística o métrica que justifique ese nombre[109].

Pero ya en los años finales del siglo, la palabra tiene un significado mucho más preciso: el villancico, que se define por sus características formales más que temáticas, consta generalmente de los siguientes elementos:

a) Una cabeza de dos o tres versos. Ese rasgo lo singulariza frente a la canción que, según veíamos, presenta habitualmente una parte inicial algo más extensa.
b) Una mudanza de cuatro versos, con rima diferente a los anteriores.
c) Un verso de enlace con la mudanza.
d) La vuelta, que rima con los versos iniciales, retomando palabras o sintagmas enteros.

Al igual que en la canción, el poema puede alargarse añadiendo una o varias mudanzas, con su enlace y su vuelta correspondientes.

En los poemas de esta naturaleza que recogen los cancioneros son posibles, básicamente, tres situaciones. En primer lugar, el poeta cortesano puede tomar un cantarcillo popular como cabeza, y glosarlo en los versos siguientes de acuerdo con las convenciones de la lírica culta (núm. 165, por ejemplo). Pero, con frecuencia, tanto la cabeza como la glosa son

---

Alonso y José M. Blecua, *Antología de la poesía española. Poesía de tipo tradicional,* Madrid, Gredos, 1956; José M. Alín, *El cancionero español tipo tradicional,* Madrid, Taurus, 1968; Margit Frenk Alatorre, *Lírica española de tipo popular: Edad Media y Renacimiento,* Madrid, Cátedra, 1977.
[109] Antonio Sánchez Romeralo, *El villancico...,* ob. cit., págs. 34 y ss.

creación cortesana. En tales casos, no siempre es fácil diferenciar estos villancicos cultos de los anteriores[110]: los versos iniciales suelen remedar el tono popular, y aunque a veces el pastiche salta a la vista, otras, es difícil o imposible de descubrir. Sin duda, en algunos casos pueden aportarse indicios de la tradicionalidad folklórica de ciertos cantares: así, por ejemplo, su supervivencia actual en el pueblo. Se trata de una de las pruebas más seguras, pero tampoco concluyentes, ya que bien pudiera ocurrir que lo que hoy es folklórico haya sido canción culta en su origen, incorporada luego a la tradición oral. Otros indicios pueden resultar de mayor o menor utilidad: para empezar, el estilo mismo de los poemas; pero también su inclusión en las recopilaciones realizadas con criterios científicos ya en los siglos XVI y XVII (Mal Lara, Correas, etc.), o la existencia de fuentes inconexas. Así, en el *Cancionero Musical de Palacio* se recogen varias composiciones que no vuelven a ponerse por escrito hasta el siglo XVII, como la tan concida

> Entra mayo y sale abril:
> ¡tan garridico le vi venir!

Podría pensarse que el texto del Seiscientos recogió la composición del *Cancionero Musical*, pero esa relación directa parece poco probable. La semejanza debe de obedecer más bien a que uno y otro acuden a una fuente común, es decir, en este caso, a la tradición popular.

No obstante, el número de poemas dudosos sigue siendo muy elevado, por lo que algunos críticos prefieren hablar de poesía de tipo tradicional[111]: con ello hacen referencia simplemente a las características formales, sin pronunciarse sobre la efectiva vitalidad folklórica de los poemas, casi siempre problemática.

---

[110] Margit Frenk Alatorre, «La autenticidad folklórica de la antigua lírica "popular"», en sus *Estudios...*, ob. cit., págs. 115-136. Previamente había aparecido en el *Anuario de letras*, VII (1968-1969), págs. 150-169.

[111] José M. Alín, «Poesía de tipo tradicional. Cinco canciones comentadas», en el colectivo *El comentario de textos, 4...*, ob. cit., págs. 339-374, pág. 341.

Una tercera posibilidad es que tanto la cabeza como la glosa sean populares[112]. Se trata de una situación poco frecuente en las compilaciones poéticas, pero no en los cancioneros musicales, ya que a los músicos «no les preocupaba el decoro de las palabras que acompañaban a la melodía, y a menudo no esperaron a que les pusieran su vestimenta cortesana». Nos encontramos aquí con un problema parecido al que veíamos antes: ¿cómo estar seguros de que esas glosas «de tipo folklórico» no son creación de los propios músicos cultos?; ¿cómo decidir en qué casos se limitaron a recoger y en cuáles otros actuaron como creadores o adaptadores? De cualquier forma, la glosa de tipo popular se diferencia de la cortesana por su vocabulario, su disposición métrica, y su relación con la cabeza: en la culta, la estrofa inicial es muchas veces un pretexto para que el poeta exhiba su virtuosismo en los versos siguientes; en la popular, no se pretende sino continuar el cantar inicial, respetando ·' tono y su tema.

Paralelo al del villancico es el auge del romance. Los cancioneros más importantes, desde *Stúñiga* en adelante, recogen numerosas composiciones de ese tipo, hasta el punto de que el *Cancionero general* de 1511 les dedica uno de sus apartados. Es raro, sin embargo, que figuren por sí solos, y lo normal es que vayan acompañados por una glosa (núm. 161), o una desfecha de estilo cortesano. Por otra parte, los cancioneros nos han transmitido también romances cuya autoría corresponde a poetas de nombre conocido. Así, por ejemplo, los dos de Carvajal que figuran en el *Cancionero de Stúñiga*, y que son los primeros de esa naturaleza que han llegado hasta nosotros[113].

---

[112] Margit Frenk Alatorre, «Glosas de tipo popular en la antigua lírica», *NRFH*, XII (1958), págs. 301-334, ahora en sus *Estudios...*, ob. cit., páginas 267-308, pág. 272.

[113] Sobre la presencia de los romances en los cancioneros, cfr. simplemente el resumen de Giuseppe Di Stefano en su edición de *El romancero*, Madrid, Narcea, 1973, especialmente págs. 15-23, y págs. 54-60.

Elementos semíticos en los cancioneros

Después de las violentas persecuciones de 1391, muchos judíos abandonaron la antigua ley de Moisés, e intentaron incorporarse, con mayor o menor sinceridad, a la comunidad cristiana[114]. Esos cristianos nuevos reciben también el nombre de conversos, y su papel en la cultura española es, como se sabe, uno de los aspectos más discutidos en la historiografía de los últimos años. Desde que Américo Castro[115] llamó la atención sobre la importancia de ese grupo —y, en general, del elemento semítico— la polémica prácticamente no se ha interrumpido, y sigue abierta en sus aspectos fundamentales[116].

Para lo que aquí interesa habrá que señalar de entrada el elevado número de escritores conversos que figuran en las páginas de los cancioneros: Álvarez Gato, Cota, Montoro y varios más son, indudablemente, descendientes de judíos, y aun podrían añadirse otros casos dudosos, como el de Juan de Mena.

Pero esa observación no es suficiente, ya que deja sin responder la pregunta esencial: ¿es diferente la literatura de los cristianos nuevos de la cultivada por los viejos? Dicho de otra forma, ¿existe una «peculiaridad literaria» de los conversos?[117]. Para Castro es indudable la existencia de tales características específicas, justificadas por el *vivir amargo* de los judíos españo-

---

[114] La persecución no parece haber sido la única causa de esas conversiones. De hecho, en el momento de producirse el estallido antisemita, la fe de las comunidades hebreas se hallaba ya debilitada por corrientes epicúreas y racionalistas, de corte averroísta (cfr. Francisco Márquez Villanueva, «The converso problem: an assessment», *Collected studies in honour Américo Castro's eightieth year,* Oxford, Licombe Lodge, 1965, págs. 317-333, especialmente págs. 326-327.

[115] La bibliografía sobre Américo Castro y su pensamiento es muy extensa. Puede verse una buena introducción en Guillerno Araya, *El pensamiento de Américo Castro. Estructura intercastiza de la historia de España,* Madrid, Alianza, 1983.

[116] Resume los aspectos más destacados de la polémica Márquez Villanueva, en el artículo citado en la nota 114. También Antonio Domínguez Ortiz, «Historical research on Spanish conversos in the last 15 years», *Collected studies...,* ob. cit., págs. 63-82.

[117] Para el planteamiento de la cuestión, Antonio Domínguez Ortiz, *Los judeoconversos en España y América,* Madrid, Istmo, 1971, especialmente en su capítulo 10.

les: el pesimismo, el espíritu crítico, la insumisión a las convenciones, la búsqueda de un cristianismo renovado. Sólo la marginación del grupo puede explicar la amargura de Fernando de Rojas, por citar el ejemplo más conocido, o la de Rodrigo Cota[118]. De esa forma, los conversos serían responsables de un cambio de rumbo en la literatura castellana, caracterizada, desde *El Cid* al Arcipreste, por las actitudes contrarias de optimismo y serenidad ante el mundo[119].

Algunos aspectos concretos han sido objeto de atención especial: así, María Rosa Lida relaciona a los conversos con el auge de la hipérbole sagrada[120]; Avalle-Arce explica el mesianismo político de Cartagena por su ascendencia judía[121], y Scholberg se detiene en la importancia del nuevo grupo para la sátira del Cuatrocientos[122]. Con mayor cautela, Fraker estudia la herencia filosófica y teológica del judaísmo en algunos autores del *Cancionero de Baena*, descendiendo a cuestiones muy específicas, casi microscópicas, en algunos casos[123].

Esos estudios precisan, y a veces corrigen, las intuiciones de Américo Castro, demasiado vulnerables por su misma generalidad, como ya mostró Eugenio Asensio en un artículo famoso[124]. Abandonados los planteamientos puramente raciales, las

---

[118] Cfr. simplemente Américo Castro, *La realidad histórica de España*, México, Porrúa, 1954, págs. 533 y ss.

[119] *Idem, íd.*, pág. 534.

[120] María Rosa Lida de Malkiel, «La hipérbole...», en sus *Estudios...*, ob. cit., págs. 305-307. Se opone a ella R. O. Jones, «Isabel la Católica...», art. cit.

[121] Juan Bautista Avalle-Arce, «Tres poetas del *Cancionero general* (I): Cartagena», en su libro *Temas hispánicos medievales. Literatura e historia*, Madrid, Gredos, 1974, págs. 280-315, especialmente págs. 310 y ss. Previamente en *BRAE*, XLVII (1967), págs. 287-310. Adelanta algunas objeciones Francisco Cantera Burgos, «El poeta Cartagena del *Cancionero general* y sus ascendientes los Franco», *Sef*, XXVIII (1968), págs. 3-39.

[122] Scholberg, págs. 303 y ss.

[123] Charles F. Fraker, *Studies...*, ob. cit., especialmente el capítulo «Judaism in the *Cancionero de Baena*». Un ejemplo bastará para mostrar el tipo de cuestiones en las que se detiene Fraker. A la pregunta sobre los predestinados que formula Talavera, Garci Álvarez de Alarcón da una respuesta inconcebible en un cristiano, pero explicable en un lector de Avicena: Dios no conoce los particulares y sí sólo los géneros y las especies, de tal manera que ignora quién ha de salvarse y quién no.

[124] Eugenio Asensio, «La peculiaridad literaria de los conversos», *AEM*, IV

investigaciones parecen centrarse ahora en dos hechos fundamentales. El primero es de naturaleza social: los conversos fueron una minoría culturalmente importante, pero hostilizada y en permanente peligro, lo que indudablemente debe reflejarse en sus obras. El segundo es de índole cultural, ya que provenir del judaísmo equivalía a heredar un conjunto de ideas y de doctrinas que los poetas no podían olvidar[125].

El verso de arte mayor y su poética

Dos son los versos que dominan la producción poética de los cancioneros: el octosílabo, común a otras lenguas romances y de larga historia posterior, y el verso de arte mayor, que desaparece prácticamente a comienzos del siglo XVI. Sus orígenes siguen siendo oscuros, ya que las teorías que lo vinculan a la lírica gallegoportuguesa se apoyan en testimonios dudosos o en errores de cronología. Así, la cantiga de Juyão Bolseiro, «Donna e senhora de grande vallia», pertenece al siglo XV; es, por tanto, imitación y no precedente del arte mayor castellano[126]. Más probable parece la relación con el verso épico francés[127], aunque queden sin explicar las fluctuaciones del verso castellano.

En efecto, lo específico del arte mayor no es su medida —que oscila entre las diez y las catorce sílabas, con tendencia reguladora a las doce—, sino su esquema acentual fijo. Cada hemistiquio debe incluir dos ictus, separados por dos sílabas átonas, es decir, debe contener la combinación silábico-acentual ´− − − ´:

(1967) págs. 327-351, recogido en su libro *La España imaginada de Américo Castro*, Barcelona, El Albir, 1976, págs. 85-117.

[125] Francisco Márquez Villanueva, *Investigaciones...*, ob. cit., págs. 43 y ss.

[126] Giuseppe Tavani, «Sull'attribuzione a Juyão Bolseyro di *Donna e senhora de grande vallia* (Consideraziones sulle origini dell' "arte mayor"», en su libro *Poesia del Duecento nella Penisola Iberica. Problemi della lirica galegoportoghese*, Roma, Ateneo, 1969, págs. 183-217. El texto había aparecido en *CN*, XXV (1965), páginas 15-33. Para un resumen de las teorías anteriores, cfr. Tomás Navarro Tomás, *Métrica española. Reseña histórica y descriptiva*, 4.ª ed., Madrid-Barcelona, Guadarrama-Labor, 1974.

[127] Es la teoría de Le Gentil, recogida por Tavani en su *Poesia...*, ob. cit.

Ese esquema tan rígido convierte al verso de arte mayor en «escenario de extraordinarias violencias ejercidas sobre la prosodia, el léxico y la gramática»[128]. En un hemistiquio como «tus fírmezas pócas», el modelo de verso obliga a una acentuación anómala, con objeto de mantener la separación de dos átonas entre los dos tiempos rítmicamente marcados. Al mismo propósito obedecen muchos otros fenómenos observables en los textos: así, el hipérbaton, que permite acomodar las unidades sintagmáticas a las exigencias rítmicas; el uso anárquico de artículos y preposiciones; la alternancia de formas distintas de una misma palabra: *princessa* o *principessa, novel* o *novelo, Jordán* o *Jordano,* según la conveniencia del verso.

De esa manera, el arte mayor crea una distancia —que los autores de la época vieron como la esencia misma de lo poético— entre «su» idioma y la norma lingüística: para la estética del momento, cualquier material queda convertido en poesía una vez sometido a esa manipulación distanciadora. Cuando Boscán señala que los metros italianos sonaban como prosa a muchos oídos, está describiendo de manera muy precisa la reacción de lectores educados en la vieja estética: la armonía entre norma métrica y norma lingüística, propia de las nuevas formas, debía de resultar «poco marcada» frente a la violenta torsión impuesta por el verso de arte mayor.

Evolución de los cancioneros

En 1350 el conde de Barcelos expresa el deseo de enviar «o meu *Livro das Cantigas»* al rey Alfonso XI de Castilla[129]. El gesto tiene un valor casi emblemático; cierra la época de es-

---

[128] Fernando Lázaro Carreter, «La poética del arte mayor castellano», *Studia Hispanica in honorem R. Lapesa,* I, Madrid, Cátedra-Seminario Menéndez Pidal y Gredos, 1972, págs. 343-378. Reimpreso en su libro *Estudios de poética (La obra en sí),* Madrid, Taurus, 1976, págs. 75-111; la cita en pág. 77.
[129] Alan Deyermond, «Baena, Santillana, Resende...», art. cit.

plendor de la lírica gallegoportuguesa y expresa el desplazamiento del centro de gravedad poético a la corte castellana.

Se explica de esa forma que los primeros poetas incluidos por Baena en su recopilación sigan vinculados a la tradición de los cancioneiros, incluso desde el punto de vista lingüístico: Macías, Villasandino, el Arcediano de Toro escriben muchas de sus obras en gallego, o en un castellano cargado de galleguismos[130]. Es cierto que esos escritores se apartan en algunos aspectos importantes de la tradición lírica que los precede, pero es posible también que tales diferencias resultaran menos profundas si conociéramos mejor lo ocurrido en los años inmediatamente anteriores. Así, la novedad más llamativa en *Baena* es la desaparición de las cantigas de amigo, tan frecuentes en la poesía gallegoportuguesa. Sin embargo, parece que el género había entrado en decadencia ya a comienzos del XIV, de manera que los poetas castellanos no harían sino prolongar una moda iniciada en la propia corte del rey don Dionís[131]. Otras innovaciones pueden explicarse por una influencia más directa de la lírica provenzal: por ejemplo, el uso del *senhal* o nombre fingido tras el que se oculta la verdadera identidad de la amada; convención casi desconocida en el oeste peninsular, y muy arraigada, en cambio, en los trovadores de Provenza y Cataluña[132].

A ese primer grupo de poetas sucede una segunda generación, la de los nacidos aproximadamente entre 1370 y 1385, a la que pertenecen Imperial, Sánchez Talavera o Pérez de Guzmán[133]. Todos ellos se sienten atraídos por los temas morales y teológicos, así como por las referencias librescas, los alardes de erudición y los desfiles de personajes famosos. La figura más sobresaliente, verdadero cabeza de fila de la generación, es el genovés Francisco Imperial, a quien se debe la introducción del decir amoroso de carácter narrativo, así como de la

---

[130] Rafael Lapesa, «La lengua de la poesía lírica desde Macías hasta Villasandino», *RPhil*, VII (1953-1954), págs. 51-59.

[131] Alan Deyermond, «Baena, Santillana, Resende...», art. cit., pág. 204. Para un replanteamiento de algunos problemas esenciales de la lírica gallegoportuguesa, cfr. Giuseppe Tavani, *Poesia...*, ob. cit.

[132] Rafael Lapesa, *La obra literaria...*, ob. cit., págs. 23-25.

[133] *Idem, id.*, pág. 32.

poesía dantesca. Sin duda, los hábitos lingüísticos y literarios del adaptador limitan la acomodación del modelo italiano. ¿Cómo adaptar, por ejemplo, la unidad impar del terceto en la estrofa castellana de ocho versos? Los poetas se verán obligados a prescindir de ese ritmo ternario, o a respetarlo al precio de llenar el cuarto verso con un elemento suplementario (glosa, conclusión o amplificación). Pero aun dentro de esos límites, la influencia de la *Comedia* es profunda, y afecta no sólo a los temas, sino también a las imágenes, la métrica y la sintaxis[134]. Junto al alegorismo dantesco habrá que tomar en consideración el francés, que llega a través de obras como el *Roman de la rose* y sus derivaciones[135]. No obstante, hacer de Imperial el cabeza de una escuela francesa, como pretenden Post y Le Gentil[136], parece enfatizar demasiado una influencia indudable, pero acaso menos intensa de lo que en principio podría parecer: el prestigio de Francia, la boga de sus costumbres y de sus valores, no autorizan a suponer sin más una penetración paralela de su literatura. La existencia de una tradición peninsular, la poligénesis o la influencia italiana permiten explicar muchos fenómenos, sin necesidad de suponer un modelo transpirenaico para toda semejanza más o menos imprecisa[137].

La orientación iniciada por Imperial alcanza su madurez gracias al Marqués de Santillana, en cuya obra convergen las más diversas tradiciones culturales: los poetas latinos, los *Trionfi* de Petrarca, Machaut, Ausias March o Jordi de Sant Jordi. Su papel es decisivo en la creación de géneros nuevos y en la consagración de los ya existentes: a él se debe la boga del planto alegórico, así como la de los infiernos y triunfos de

---

[134] Margherita Morreale, «El *Dezir a las siete virtudes* de Francisco Imperial. Lectura e imitación prerrenacentista de la *Divina Comedia*», *Lengua, literatura, folklore. Estudios dedicados a Rodolfo Oroz*, Santiago, Universidad de Chile, 1967, págs. 307-381.

[135] F. E. Luquiens, «The *Roman de la rose* and Castilian literature», *RF*, XX (1907), págs. 284-320.

[136] Pierre Le Gentil, *La poésie...*, ob. cit., pág. 253; Chandler R. Post, *Mediaeval Spanish allegory*, Westport (Connecticut), Greenwood Press, 1974, páginas 147-182 (es reimpresión de la ed. de Cambridge, Harvard University Press, 1915).

[137] Cfr. algunos ejemplos en la reseña de Eugenio Asensio mencionada en la nota 80.

amor, tan frecuentes en la segunda mitad del siglo. Más en general, Santillana da plena madurez a los procedimientos alegóricos, e intensifica las referencias mitológicas o librescas iniciadas en los años anteriores. En ese camino su significación en la poesía de la época sólo puede ser comparada a la de Juan de Mena. La obra de Mena, y sobre todo el *Laberinto de Fortuna*, supone el intento más serio de elevar el castellano a la altura poética del latín, mediante la erudición, las referencias clásicas, y los cultismos léxicos y sintácticos. Excesiva para el gusto moderno, esa latinización obedecía, sin embargo, a aspiraciones profundas de la época, y ejerció una influencia duradera en los poetas posteriores.

A mediados del siglo quedan fijadas algunas de las orientaciones y los temas más característicos de la poesía cuatrocentista, pero en las décadas siguientes se producen todavía varias modificaciones importantes. Me he referido ya al giro que sufre la poesía religiosa en los años 70-80, o a la progresiva penetración de elementos populares en la lírica cortesana. Esa ampliación de horizontes va acompañada, sin embargo, de una restricción temática y métrica que ha sido cuidadosamente analizada por Whinnom[138]. Basándose en las canciones del *Cancionero general* de 1511, Whinnom observa que la gran mayoría obedece a un esquema único de doce versos octosilábicos, abba cddc abba. De esa forma, se pierde la riqueza de posibilidades que ofrecía la canción en la primera mitad de siglo, y desaparecen, por ejemplo, los poemas con más de una mudanza, o los que presentan una cabeza de 5 ó 6 versos.

Por otro lado, el poeta se constriñe voluntariamente a la utilización de un léxico limitado que pone a prueba toda su pericia técnica. De los 297 sustantivos que aparecen en los poemas analizados, 25 dan razón de más de la mitad de los casos, concretamente 882 sobre 1630. La mayor frecuencia corresponde a *vida,* que aparece en 98 ocasiones, *mal* (80), *dolor* (74), *muerte* (58), *amor* (52), *pena* (52). El carácter abstracto de esos términos —referidos a estados emocionales o potencias del alma— es un claro indicio de cómo la poesía fin de siglo extre-

---

[138] Keith Whinnom, «Hacia una interpretación...», art. cit.

ma el intelectualismo cancioneril al que me he referido ya en páginas anteriores.

Evolución de la lengua

La lengua de los cancioneros refleja bien las vacilaciones que caracterizan al castellano del siglo xv. Así, la *f-*, la *h* aspirada o la omisión de una y otra, alternan todavía en comienzo de palabra; la confusión entre *b/v* no es aún general, y es inseguro el timbre de las vocales átonas *(vevir* frente a *vivir; sofrir* frente a *sufrir)*[139]. Las vacilaciones ortográficas entre *z/c*, *s/ss* y *g-j/x* obedecen a un efectivo ensordecimiento de los sonidos sonoros correspondientes. En el paradigma verbal, los imperfectos en *-ía* compiten con las formas en *-ie,* las terminaciones en *-ades, -edes* con *áis, -éis* (o incluso *-ás, -és: tenedes, tenéis, tenés).* Aún no han quedado arrinconadas las formas *só, vo, do;* ni los gerundios del tipo *seyendo* o *veyendo.* También en la sintaxis se mantienen construcciones destinadas a desaparecer, así todavía Santillana escribe «la su vida», o «los mis mantos», frente a «mi razón».

No obstante, a lo largo del siglo la situación tiende a regularizarse, y sobre todo en los últimos años el idioma sufre uno de los cambios de rumbo más profundos de su evolución. El *Diálogo de la lengua* da cuenta ya de ese triunfo de las soluciones modernas frente a las medievales, al tiempo que ilustra otro fenómeno importante: el descrédito de la violenta latinización de mediados de siglo. He hecho ya referencia a los esfuerzos de Mena y de Santillana, que se tradujeron en la adopción masiva de cultismos. Algunos, como *delicias, pontífice, prosapia* o *rumor* han arraigado definitivamente en castellano, en tanto que otros tuvieron una vida más efímera. La sintaxis también intenta aproximarse lo más posible al latín: se utiliza el participio de presente, en lugar de una oración de relativo, de un gerundio, o de cualquier otro giro equivalente; se calca la construcción de infinitivo dependiente de un verbo principal y se imita

---

[139] Cfr. simplemente Rafael Lapesa, *Historia de la lengua española*, 9.ª ed., Madrid, Gredos, 1985, págs. 272 y ss., a quien me atengo en lo que sigue.

el ablativo absoluto[140]. Intentando dar a la frase castellana la misma ordenación que la latina, Juan de Mena escribe «a la moderna, bolviéndome rueda». Pero ya Nebrija le reprocha esa inversión, argumentando que no es lícito «pervertir la buena orden», «por guardar la gramática de la lengua latina»[141]. De hecho, el humanismo de la época de los Reyes Católicos supuso un freno a ese tipo de tendencias, y la reivindicación de un estilo más natural.

Junto al latín, ejercen también el francés y el italiano su influencia, fácilmente explicable por el prestigio de una y otra cultura en Castilla. Entre los italianismos bastará recordar algunos tan importantes en la lírica de cancioneros como *fortuna*, 'tempestad', *viso*, 'rostro', o *soneto*. El francés deja términos como *cosaute*, *coser*, *faraute*, *paje*, además de los imprescindibles en toda la lírica cancioneril: *galán* y *dama*, que desplazan al más tradicional *dueña*.

Pervivencia de los cancioneros

La epístola de Boscán a la Duquesa de Soma señala el comienzo de una renovación en la poesía española, pero sería erróneo ver en ella el acta de defunción de la lírica cancioneril. Después de 1511, y hasta 1573, el *Cancionero general* se edita aún ocho veces, con recortes y añadidos de importancia, y es objeto de numerosas refundiciones: en él se basan la *Guirlanda esmaltada*, el *Cancionero de obras de burlas*, el *Vergel de amores*, y varios textos más que manipulan, con mayor o menor acierto, la recopilación de Hernando del Castillo[142]. Eso quiere decir que la poesía cancioneril se mantiene viva a lo largo de los Siglos de Oro, y que su presencia se deja sentir no sólo en un Castillejo, sino también en obras como la égloga I de Garcila-

---

[140] Íñigo López de Mendoza, *Bías contra Fortuna*, ob. cit., págs. 58-59.
[141] Cfr. Francisco Rico, «Sylvae XXVI-XXX», en *Estudios sobre el Siglo de Oro. Homenaje al profesor Francisco Ynduráin*, Madrid, Editora Nacional, 1984, pág. 388.
[142] Antonio Rodríguez-Moñino, *Poesía y cancioneros (Siglo XVI) [...]*, Madrid, RAE, 1968, págs. 39-63.

so[143]. Poesía tradicional y poesía italianizante no pueden concebirse como dos corrientes paralelas, sin puntos de contacto o de intersección; Garcilaso rindió tributo a las viejas convenciones cuatrocentistas, pero también Acuña, Cetina[144], fray Luis de León[145] o, más tarde, Quevedo[146].

No sólo la poesía; también la prosa y el teatro recogen, acomodándola, la herencia de los cancioneros. Kassier[147], por ejemplo, mostró cómo *La Celestina* proyecta a un plano real las metáforas de la lírica cuatrocentista: la muerte de amor se convierte en muerte real para los personajes; el huerto alegórico del *Roman de la rose* encuentra su correlato en el jardín de Melibea; la caza de amor, en el halcón perdido por Calisto. La novela sentimental, las obras de Encina, la *Galatea* o el teatro de Lope muestran también la huella de los cancioneros[148], leídos con una admiración de la que da testimonio todavía el *Panegírico de la poesía* de 1627:

> El comendador Román escrivió muy bien, Soria muy dulce, don Diego Carrillo muy afectuoso [...] Fueron muy buenos Hernando Mexía, Diego de San Pedro [...] y milagroso y de grandes pensamientos, y afectuoso, en esplicarlos, Garci Sánchez de Badajoz[149].

---

[143] Rafael Lapesa, *La trayectoria poética de Garcilaso*, 2.ª ed., Madrid, Revista de Occidente, 1968, pág. 57.

[144] Sobre el problema en general, cfr. José M. Blecua, «La corriente popular y tradicional en nuestra poesía», *Íns*, 80 (1952), recogido en *Sobre poesía de la Edad de Oro*, Madrid, Gredos, 1970, págs. 11-24; Rafael Lapesa, «Poesía de cancionero y poesía italianizante», art. cit.; Antonio Prieto, *La poesía española del siglo XVI, I. Andáis tras mis escritos*, Madrid, Cátedra, 1984.

[145] Fernando Lázaro Carreter, «Los sonetos de fray Luis de León», *Mélanges à la memoire de Jean Sarrailh*, París, 1966, págs. 29-40.

[146] Otis H. Green, *Courtly love in Quevedo*, Boulder, University of Colorado Press, 1952. Hay traducción española, *El amor cortés en Quevedo*, Zaragoza, 1955.

[147] Theodore L. Kassier, «Cancionero poetry and the *Celestina*: from metaphor to reality», *Hispa*, 56 (1976), págs. 1-28.

[148] Un buen resumen puede verse en Otis H. Green, *España...*, I, ob. cit., págs. 195-305.

[149] Citado por Gallagher, pág. 25.

Bibliografía

PRINCIPALES CANCIONEROS

BAENA, *Cancionero de Juan Alfonso de Baena,* 3 vols., ed. José María Azáceta, Madrid, CSIC, 1966.
BRITISH, Hugo A. Rennert, «Der spanische Cancionero des British Museums (ms. add. 10431)», *RF,* III (1899), págs. 1-176.
GENERAL, *Cancionero general,* Valencia, 1511. Reproducción facsímil por Antonio Rodríguez-Moñino, Madrid, Real Academia Española, 1958. Los poemas incluidos en las ediciones posteriores pueden verse en *Suplemento al Cancionero general,* ed. Antonio Rodríguez-Moñino, Valencia, Castalia, 1959.
HERBERAY, *Le Chansonnier espagnol d'Herberay des Essarts,* ed. Charles V. Aubrun, Burdeos, Fèret et fils, 1951.
MUSICAL DE PALACIO, *Cancionero Musical de Palacio,* 2 vols., ed. José Romeu Figueras, Barcelona, CSIC, 1965.
PALACIO, *El cancionero de Palacio (Manuscrito núm. 594),* ed. Francisca Vendrell de Millás, Barcelona, CSIC, 1945.
ROMA, *El cancionero de Roma,* 2 vols., ed. M. Canal Gómez, Florencia, Sansoni, 1932.
STÚÑIGA, *Cancionero de Estúñiga,* ed. paleográfica Manuel y Elena Alvar, Zaragoza, Institución Fernando el Católico, 1981.

ANTOLOGÍAS Y ESTUDIOS

AGUIRRE, José M., ed., Hernando del Castillo, *Cancionero general. Antología temática del amor cortés,* Salamanca, Anaya, 1971.
— «Reflexiones para la construcción de un modelo de la poesía castellana del amor cortés», *RF,* CLIII (1981), págs. 54-81.
ALVAR, Manuel, ed., *Poesía española medieval,* Barcelona, Planeta, 1969.

Asensio, Eugenio, «La peculiaridad literaria de los conversos», *AEM*, IV (1967), págs. 327-331; recogido en su libro *La España imaginada de Américo Castro*, Barcelona, El Albir, 1967, págs. 85-117.

Azáceta, José María, ed., *Poesía cancioneril*, Barcelona, Plaza y Janés, 1984.

Battesti-Pelegrin, Jeanne, «La poésie *cancioneril*, ou l'anti-autobiographie», *L'autobiographie dans le Monde Hispanique. Actes du Colloque International de la Baumeles-Aix*, Aix-en-Provence, Publications de l'Université d'Aix-en-Provence, 1980.

— *Lope de Stúñiga. Recherches sur la poésie espagnole au XVème siècle*, 3 vols., Aix-en-Provence, Université de Provence, 1982.

Black, Robert G., «Poetic taste at the Aragonese court in Naples», *Florilegium Hispanicum. Medieval and Golden Age. Studies presented to Dorothy Clotelle Clarke*, Madison, The Hispanic Seminary of Medieval Studies, 1983, págs. 165-178.

Blecua, Alberto, *La poesía del siglo XV*, Madrid, La Muralla, 1975.

— «"Perdióse un quaderno...": sobre los *Cancioneros de Baena*», *AEM*, IX (1974-79), págs. 229-306.

Blüher, Karl A., *Seneca in Spanien. Untersuchungen zur Geschichte der Seneca-Rezeption in Spanien vom 13. bis 17. Jahrhundert*, Munich, Franke Verlag, 1969. (Hay traducción española, *Séneca en España. Investigaciones sobre la recepción de Séneca en España desde el siglo XIII hasta el siglo XVII*, Madrid, Gredos, 1983).

Boase, Roger, *The troubadour revival. A study of social change and traditionalism in late medieval Spain*, Londres, Routledge and Kegan Paul, 1978.

Caravaggi, Giovanni, «Villasandino et les derniers troubadours de Castille», *Mélanges offerts à Rita Lejeune*, I, Gembloux, Duculot, 1969, págs. 395-421.

Crosbie, John, «Medieval *contrafacta:* a Spanish anomaly reconsidered», *MLR*, LXXVIII (1983), págs. 61-67.

Cummins, John G., «The survival in the Spanish *cancioneros* of the form and themes of Provençal and old French poetic debates», *BHS*, XLII (1965), págs. 9-17.

— «Methods and conventions in the 15th centuy poetic debate», *HR*, XXXI (1963), págs. 307-323.

Darbord, Michel, *La poésie religieuse espagnole des Rois Catholiques à Philippe II*, París, Centre de Recherches de l'Institut d'Études Hispaniques, 1965.

Deyermond, Alan, «Baena, Santillana, Resende and the silent century of Portuguese court poetry», *BHS*, LIX (1982), págs. 198-210.

Dutton, Brian, «Spanish fifteenth-century *cancioneros:* a general survey to 1465», *KRQ*, XXVI (1979), págs. 445-460.

— *Catálogo-índice de la poesía cancioneril del siglo XV,* Madison, The Hispanic Seminary of Medieval Studies, 1982.

FARINELLI, Arturo, *Italia e Spagna,* 2 vols., Turín, Fratelli Bocca, 1929.

FOULCHÉ DELBOSC, Raymond, *Cancionero castellano del siglo XV,* 2 vols., Madrid, Bailly-Baillière, 1912-1915 (NBAE, 19 y 22).

FRAKER, Charles F., *Studies on the «Cancionero de Baena»,* Chapel Hill, The University of North Carolina Press, 1966.

GERLI, E. Michael, «Leriano's libation: notes on the *cancionero* lyric, ars moriendi, and the probable debt to Boccaccio», *MLN,* XCVI (1981), págs. 414-420.

— «La "religión de amor" y el antifeminismo en las letras castellanas del siglo XV», *HR,* 49 (1981), págs. 65-86.

GREEN, Otis H., «Courtly love in the Spanish cancioneros», *PMLA,* LXIV (1949), págs. 247-301; adaptado en su libro *Spain and the western tradition: the Castilian mind in literature from «El Cid» to Calderón,* I, Madison, University of Wisconsin Press, 1963 (Hay traducción española, *España y la tradición occidental. El espíritu castellano en la literatura desde «El Cid» hasta Calderón,* I, Madrid, Gredos, 1969, págs. 94 y ss.).

JONES, R. O., «Isabel la Católica y el amor cortés», *RLit,* XXI (1962), págs. 55-64.

KOHUT, Karl, «La posición de la literatura en los sistemas científicos del siglo XV», *IR,* 7 (1978), págs. 67-87.

— «El humanismo castellano del siglo XV. Replanteamiento de la problemática», *Actas del Séptimo Congreso de la Asociación Internacional de Hispanistas,* II, Roma, Bulzoni, 1982, págs. 639-647.

— «La teoría de la poesía cortesana en el *Prólogo* de Juan Alfonso de Baena», *Actas del Coloquio hispano-alemán Ramón Menéndez Pidal,* Tübingen, Max Niemeyer, 1982, págs. 120-137.

LANG, Henry R., «Las formas estróficas y términos métricos del *Cancionero de Baena»,* *Estudios eruditos in memoriam de Adolfo Bonilla y San Martín,* I, Madrid, Vda. e hijos de J. Ratés, 1927, págs. 482-523.

LAPESA, Rafael, «La lengua de la poesía lírica desde Macías hasta Villasandino», *RPhil,* VII (1953-1954), págs. 51-59.

— *La obra literaria del Marqués de Santillana,* Madrid, Ínsula, 1957.

LÁZARO CARRETER, Fernando, «La poesía del arte mayor castellano», *Studia hispanica in honorem R. Lapesa,* I, Madrid, Cátedra-Seminario Menéndez Pidal-Gredos, 1972, págs. 343-378; recogido en su libro *Estudios de poética (La obra en sí),* Madrid, Taurus, 1976, páginas 75-111.

LE GENTIL, Pierre, *La poésie lyrique espagnole et portugaise à la fin du Moyen Âge,* 2 vols., Rennes, Plihon, 1949-1953. Hay reimpresión, Ginebra-París, Slatkine, 1981.

Lida de Malkiel, María Rosa, «La hipérbole sagrada en la poesía castellana del siglo xv», *RFH*, VIII (1946), págs. 121-130; recogido en su libro *Estudios sobre la literatura española del siglo XV*, Madrid, José Porrúa, 1977, págs. 291-309.

— *Juan de Mena, poeta del Prerrenacimiento español*, México, El Colegio de México, 1950.

— «La dama como obra maestra de Dios», *RPhil*, XXVIII (1974-1975), págs. 267-324; recogido con adiciones en *Estudios...*

López Estrada, Francisco, *Introducción a la literatura medieval española*, Madrid, Gredos, 1952 (5.ª ed. revisada, 1983).

Luquiens, F. E., «The *Roman de la Rose* and Castilian literature», *RF*, XX (1907), págs. 284-320.

Márquez Villanueva, Francisco, *Investigaciones sobre Juan Álvarez Gato. Contribución al conocimiento de la literatura castellana del siglo XV*, Madrid, Real Academia Española, 1960 (2.ª ed. ampliada, 1974).

Menéndez Pelayo, Marcelino, *Antología de poetas líricos castellanos*, en la *Edición nacional de las obras completas de Menéndez Pelayo*, dirigida por Miguel Artigas, Ángel González Palencia y Rafael de Balbín Lucas, ed. Emilio Sánchez Reyes, Santander, CSIC, 1940. (La *Antología...* en los vols. XVIII y ss.)

Morreale, Margherita, «Apuntes bibliográficos para el estudio del tema "Dante en España hasta el siglo xvii"», *Annali del Corso di Lingue e Letterature straniere dell' Universitá di Bari*, VIII (1967).

— «Apuntes para el estudio de la trayectoria que desde el *¿ubi sunt?* lleva hasta el "¿qué le fueron sino...?" de Jorge Manrique», *Th*, XXX (1975), págs. 471-519.

Post, Chandler R., *Mediaeval Spanish allegory*, Cambridge, Harvard University Press, 1915. Hay reimpresión, Westport (Connecticut), Greenwood Press, 1974.

Rico, Francisco, *«Un penacho de penas*. Sobre tres invenciones del *Cancionero general*», *RJahr*, XVII (1966), págs. 274-284.

Rodríguez Puértolas, Julio, *Poesía de protesta en la Edad Media castellana*, Madrid, Gredos, 1968.

— ed., *Poesía crítica y satírica del siglo XV*, Madrid, Castalia, 1981.

Rose, S. E., «Anti-semitism in the *cancioneros* of the fifteenth century. The accusation of sexual indiscretions», *Hispa*, XXVI (1983).

Round, Nicholas G., «Garci Sánchez de Badajoz and the revaluation of *cancionero* poetry», *FMLS*, VI (1970), págs. 178-187.

Russell, Peter E., «Las armas contra las letras: para una definición del humanismo español del siglo xv», en su libro *Temas de «La Celestina» y otros estudios. Del «Cid» al «Quijote»*, Barcelona, Ariel, 1978, págs. 207-239.

Salinas, Pedro, *Jorge Manrique, o tradición y orginalidad*, Buenos Aires,

Sudamericana, 1947. Hay reedición, Barcelona, Seix Barral, 1981.
SALVADOR MIGUEL, Nicasio, *La poesía cancioneril. El Cancionero de Estúñiga*, Madrid, Alhambra, 1977.
SÁNCHEZ ROMERALO, Antonio, *El villancico (Estudios sobre la lírica popular de los siglos XV y XVI)*, Madrid, Gredos, 1969.
SANVISENTI, Bernardo, *I primi influssi di Danti, del Petrarca e del Boccaccio sulla litteratura spagnuola*, Milán, Hoepli, 1902.
SAUGNIEUX, Joël, *Les danses macabres de France et d'Espagne et leurs prolongements littéraires*, París, Les belles lettres, 1972.
SCHOLBERG, Kenneth R., *Sátira e invectiva en la España medieval*, Madrid, Gredos, 1971.
STEUNOU, Jacqueline, y KNAPP, Lothar, *Bibliografía de los cancioneros castellanos del siglo XV y repertorio de sus géneros poéticos*, 2 vols., París, Centre Nationale de la Recherche Scientifique, 1975-1978.
VAN BEYSTERVELDT, Antony, *La poesía amatoria del siglo XV y el teatro profano de Juan del Encina*, Madrid, Ínsula, 1972.
WARDROPPER, Bruce W., *Historia de la poesía lírica a lo divino en la Cristiandad Occidental*, Madrid, Revista de Occidente, 1958.
WHINNOM, Keith, «El origen de las comparaciones religiosas del Siglo de Oro: Mendoza, Montesino y Román», *RFE*, XLVI (1963), páginas 263-285.
— «The supposed sources of inspiration of Spanish fifteenth-century narrative religious verse», *Sym*, XVII (1963), págs. 268-291.
— «Hacia una interpretación y apreciación de las canciones del *Cancionero general*», *Fil*, XIII (1968-1969), págs. 361-381.
— *La poesía amatoria de la época de los Reyes Católicos*, Durham, University of Durham, 1981.
YNDURÁIN, Domingo, «Los poetas mayores del xv (Santillana, Mena, Manrique)», *Historia de la literatura española, planeada y coordinada por José María Díez Borque, I, Edad Media*, Madrid, Taurus, 1980, páginas 461-503. Va seguido de una bibliografía crítica, realizada por Isabel Visedo y Abraham Martín-Maestro (págs. 504-511).

Siglas y abreviaturas

Anónimo
: Comentario anónimo a las *Coplas de Mingo Revulgo*, recogido en Ciceri.

Antología
: Marcelino Menéndez Pelayo, *Antología de poetas líricos castellanos*, en la *Edición nacional de las obras completas de Menéndez Pelayo*, dirigida por Miguel Artigas, Ángel González Palencia y Rafael de Balbín Lucas, ed. Emilio Sánchez Reyes, Santander, CSIC, 1940-en curso de publicación.

Artiles
: Juan Álvarez Gato, *Obras completas de Juan Álvarez Gato*, ed. Jenaro Artiles, Madrid, CIAP, 1928.

Battesti-Pelegrin
: Jeanne Battesti-Pelegrin, *Lope de Stúñiga. Recherches sur la poésie espagnole du XVème siècle*, 3 vols., Aix-en-Provence, Université de Provence, 1982.

Carrete-Cantera
: Antón de Montoro, *Cancionero*, ed. Francisco Cantera Burgos y Carlos Carrete Parrondo, Madrid, Editora Nacional, 1984.

CB
: *Cancionero de Juan Alfonso de Baena*, 3 vols., ed. José María Azáceta, Madrid, CSIC, 1966.

CG 1511
: *Cancionero general*, Valencia, 1511. Reproducción facsímil por Antonio Rodríguez-Moñino, Madrid, Real Academia Española, 1958.

Ciceri
: «Le *Coplas de Mingo Revulgo*», *CN*, XXXVII (1977), págs. 75-149 y págs. 187-266

CMP
: *Cancionero Musical de Palacio*, 2 vols., ed. José Romeu Figueras, Barcelona, CSIC, 1965.

Cotarelo
: Antón de Montoro, *Cancionero*, ed. Emilio Cotarelo, Madrid, Imprenta J. Perales, 1900.

CP	*El cancionero de Palacio (Manuscrito núm. 594),* ed. Francisca Vendrell de Millás, Barcelona, CSIC, 1945.
CS	*Cancionero de Estúñiga,* ed. paleográfica Manuel y Elena Alvar, Zaragoza, Institución Fernando el Católico, 1981.
Curtius	Ernst Robert Curtius, *Literatura europea y Edad Media latina,* 2 vols., México, FCE, 1976.
CHEss	*Le Chansonnier espagnol d'Herberay des Essarts,* ed. Charles V. Aubrun, Burdeos, Fèret et fils, 1951.
DCECH	Joan Corominas, con la colaboración de José A. Pascual, *Diccionario crítico etimológico castellano e hispánico,* 5 vols., Madrid, Gredos, 1980-1983.
FD	Raymond Foulché Delbosc, *Cancionero castellano del siglo XV,* 2 vols., Madrid, Bailly-Baillière, 1912-1915 (NBAE, 19 y 22).
Gallagher	Patrick Gallagher, *The life and works of Garci Sánchez de Badajoz,* Londres, Tamesis Books, 1968.
Jones-Lee	Juan del Encina, *Poesía lírica y cancionero musical,* ed. R. O. Jones y Carolyn R. Lee, Madrid, Castalia, 1975.
Kerkhof	Íñigo López de Mendoza, *Defunsión de don Enrique de Villena,* ed. Maximiliaan P. A. M. Kerkhof. La Haya, M. Nijhoff, 1977.
Nepaulsingh	Micer Francisco Imperial, *«El dezir de las syete virtudes» y otros poemas,* ed. Colbert I. Nepaulsingh, Madrid, Espasa-Calpe, 1977.
PC	Nicasio Salvador Miguel, *La poesía cancioneril. El Cancionero de Estúñiga,* Madrid, Alhambra, 1977.
PCS	Julio Rodríguez Puértolas, *Poesía crítica y satírica del siglo XV,* Madrid, Castalia, 1981.
Pérez Priego	Juan de Mena, *Obra lírica,* ed. Miguel Ángel Pérez Priego, Madrid, Alhambra, 1979.
Pérez Priego, I	Íñigo López de Mendoza, *Poesías completas,* I, ed. Miguel Ángel Pérez Priego, Madrid, Alhambra, 1983.
Periñán	Blanca Periñán, «Las poesías de Suero de Ribera.

	Estudio y edición crítica anotada de los textos», *MSI*, 16 (1968), págs. 5-138.
Pulgar	Comentarios de Pulgar a las *Coplas de Mingo Revulgo*, recogido en Ciceri.
Scoles	Carvajal, *Poesie,* ed. Emma Scoles, Roma, Edizioni dell' Ateneo, 1967
Suplemento	*Suplemento al Cancionero general,* ed. Antonio Rodríguez-Moñino, Valencia, Castalia, 1959.

Para las revistas, utilizo las siglas de José Simón Díaz: *Manual de bibliografía de la literatura española,* Madrid, Gredos, 1980.

Las de los cancioneros son las del citado *Catálogo-índice* de Dutton.

Nota previa

Los poemas de esta antología proceden de ediciones antiguas o modernas, cuyas lecturas han sido regularizadas de acuerdo con criterios uniformes. He tendido a la modernización de las grafías, pero respetando la fonética medieval. Así, suprimo las geminadas (salvo *–ss–*) y regularizo *u-v, i-y-j, c-q, g-j* según el uso actual. Suprimo también la consonante final de la copulativa *et,* y de palabras como *algund* o *ningund*. Salvo en algún nombre propio, *ph, ch, th* se transcriben, respectivamente, como *p, c-q, t; nn* como *ñ* y *ç* (ante *e, i),* como *c.* Me he atenido al uso actual en la utilización de la *h–,* así como de nasal ante *b-v.*

Acentúo según las normas de la Academia, resuelvo abreviaturas y deshago uniones anticuadas. Al utilizar las ediciones modernas he introducido algunas modificaciones en la puntuación, pero sólo las consigno en nota cuando alteran el significado.

Por lo que respecta a la selección, me he limitado a poemas completos, con la salvedad de un fragmento del *Retablo* del Cartujano. La importancia del autor y el hecho de que sea mal conocido justifican esa única excepción.

No quiero terminar esta nota previa sin recordar que es a Antonio Prieto a quien se debe la idea de esta antología y que sus consejos han sido imprescindibles para la realización de mi trabajo. Nicasio Salvador Miguel y Manuel Márquez de la Plata me han ayudado también con valiosas sugerencias y rectificaciones. La responsabilidad de los errores es, por supuesto, únicamente mía.

Poesía de Cancionero

PROLOGUS BAENENSSIS

Segund que disponen e determinadamente afirman los filósofos e sabios antiguos, natural cosa es amar e desear e cobdiciar saber los homes todos los fechos que acaescen en todos los tiempos, tan bien en el tiempo que es ya pasado, como en el tiempo que es pressente, como en el otro tiempo que es por venir. Pero d'estos tres tiempos non pueden los homes ser ciertos, fueras ende de aquel tiempo que es ya passado. Ca si desean e quieren saber del tiempo que es por venir, non pueden los homes saber el comienço nin la fin de las cosas que ende averán, e por tanto non saben ciertamente ninguna cossa de aquel tiempo. E si del tiempo que es pressente quieren saber algo, maguera que saben los comienços de los fechos que en aquel tiempo se fazen, pero con todo esso, porque non pueden saber el medio nin la fin cuál será, es de tener que non saben los homes complidamente ninguna cossa de aquel tiempo pressente. Empero del tiempo que es ya passado, porque los homes saben los comienços e los medios e las fines de los fechos que en él se fezieron, es de tener e de creer que alcançan e saben los homes por este tiempo passado cierta e verdaderamente todo el saber de las cosas que en él fueron fechas. Assí que devemos entender, que por el saber del tiempo passado que es cierto, e non de los otros dos tiempos que son dubdosos, segund dicho es de suso, penaron e trabajaron mucho los homes sabios e entendidos de ordenar e poner en escripto todos los grandes fechos passados, por dexar en memoria tanta remembrança d'ellos, como si estonce en su tiempo d'ellos acaesciesen e passasen. E aun porque los supiessen todos los homes que havían de venir, así como ellos mesmos, ordenaron e fizieron de los grandes fechos e altas fazañas passadas muchos libros, que son llamados hestorias e corónicas e gestas, en las cuales escrivieron e recontaron todos los grandes fechos passados de los emperadores e reyes e príncipes e de los otros altos e grandes señores. E escrivieron la verdat de todos los grandes fechos e altas cosas que passaron, e non quisieron encobrir nin encelar ninguna cossa de todo ello, tan bien de los cuerdos como de los locos, e tan bien de los que fueron buenos como de los que fueron malos, porque de los fechos de los buenos tomassen los homes dotrina e enxemplo para fazer bien, e de los fechos de los malos que recebiesen escarmiento e castigo para se gardar de non fazer mal. E aun aquestos mesmos sabios antigos encarescieron tanto esta su tan noble e tan virtuosa opinión que determinaron e tovieron que errarían e menguarían mucho en sus nobles fechos e en su grand lealtad, si tan bien non quisiessen el fruto del saber de todos los grandes fechos passados para los homes que havían de venir como para ellos mesmos e para los otros que eran en sus tiempos d'ellos, ca entendieron que los saberes se perderían muriendo aquellos que lo sabían, si non dexassen remembrança de todo ello; e porque non cayessen en olvido mostraron muchas carreras e doctrinas por donde los supiessen todos los que havían de venir en pos d'ellos, e por buen entendimiento e sana discreción conoscieron las cosas que eran dubdosas e ascondidas, e buscando e escudriñando con gran estudio supieron las cosas que havían de venir. Mas los homes desdeñosos e perezosos, desdeñando de non querer saber las cosas, e aun después que las saben échanlas en olvidança, por lo cual fazen perder mala e torpemente lo que fue buena e sabiamente fallado e buscado, e con grand estudio. E aun otrosí, porque la pereza es contraria e enemiga del saber, la cual faze a los homes que non se lleguen a él, nin busquen carreras por donde los conoscan, hovieron los sabios e los entendidos el saber por grand tesoro, e preciáronlo mucho sobre todas las otras cosas, e toviéronlo por luz para alumbrar a sus entendimientos, e de todos los otros que lo sopiessen, dexándolo todo en memoria e por escriptura. Ca si por las escripturas non fuesse ¿cuál sabiduría o cuál engeño o memoria de homes se podrié membrar de todas las cossas passadas? Onde si los homes pararen bien mientes al pro que nasce de las escripturas, conoscerán que por ellas son sabidores de todos los fechos e de todas las sciencias, e que de todo ello non sopieran ninguna cosa, si cuando murieron aquéllos que eran bivos a la sazón e tiempo que passaron los grandes fechos non los dexaran por escripto, para que los sopiesen los otros que eran por venir. Por la cual razón, todos los homes son adebdados de amar a todos aquéllos que lo tal fezieron e ordenaron, pues que saberán por ellos muchas cosas que non supieran por otra manera. E acerca d'esto el grand filósofo Aristótiles dize que por cuanto todo home de su propia naturaleza desea saber todas las cosas, que por esta razón quiere e ama, e guarda más el home los ojos que otra ninguna parte de su cuerpo, porque por sola la vista se conoscen e se saben mejor e más aína todas las cosas, que por otro sentido alguno. Onde de aquí se concluye, que si todos los homes naturalmente desean saber todas las cosas, mucho más e con mayor razón pertenesce a los maníficos e altos emperadores e reyes e príncipes e grandes señores de amar e cobdiciar e leer e saber e entender todas las cosas de los grandes fechos e de las notables fazañas passadas de los tiempos antiguos, e en especial las famosas leturas de las muy ecelentes e gloriosas e muy notables batallas, guerras e conquistas que en fecho de armas e de cavallerías, los muy esclarescidos sus antecessores antigos, emperadores e senadores e cónsules e dictadores de la muy famossa e redutable cibdat de Roma, fizieron e ordenaron e compusieron e escrivieron, poniendo en todo ello su leal afección e estremado poderío. E pues que las tan altas e tan maníficas avissaciones de las tan altas e tan notables cosas pertenesce mucho de las tener e leer e saber e entender a todos comúnmente, como dicho es, pero en singular mucho más pertenesce de las tener e leer e saber e entender a los sobredichos muy altos e maníficos emperadores e reyes e príncipes e grandes señores, e les conviene de ser avisados en todo ello, porque cuando el semejante caso o casos les acaesciere, que la su buena dispusición sea presta e aparejada para que puedan e sepan ser cabdillos e governadores, capitanes de grandes gentes, e que sepan con pura discreción e con buen seso governar e mandar e vedar e penar e asolver e condenar e mantener e sostener en ordenada justicia e buena dispusición e sabia ordenança todas sus gentes e huestes e batallas e conquistas e guerras, en tal manera, que la su señoría e grand realeza sea más ensalçada, e las sus noblezas e altas cavallerías non finquen olvidadas, mas antes que finquen en memoria e por enxemplo muy cavalleroso a todos los otros grandes señores que lo vieren e lo sopieren e lo leyeren e oyeren. E asimesmo pertenesce mucho a los reyes e príncipes e otros grandes señores de tener e leer e entender otros muchos libros e escripturas de otras muchas maníficas e notables cosas, e de muy santas e provechosas dotrinas, con las cuales toman plazer e gassajado, e agradan mucho las voluntades, e demás resciben muchos avisamientos buenos e provechosos d'ellas. Los cuales libros e otras escrituras por muchos ser e de cosas nuevas e diversas, son comparadas con los muchos e nobles e preciosos paños e vestiduras, ca por ser de diversos colores e tajos nuevos e non vistos, agradan e aplazen mucho las voluntades de los señores. E otrosí, son comparados a los muchos e diversos e preciosos manjares, ca por ser muchos e diversos adobos, toman los señores con ellos diversos sabores e bivos apetitos, e aplazen e agradan más los coraçones e las voluntades con ellos. E aun llende de todo esto, los reyes e príncipes e grandes señores usaron e usan ver e oír e tomar por otra manera otros muchos comportes e plazeres e gasajados, así como ver justar e tornear e correr puntas e jugar cañas e lidiar toros e ver correr e luchar e saltar saltos peligrosos e en ver jugar esgrima de espadas e dagas e lança e en jugar la vallesta a la frecha e a la pelota e en ver jugar otros juegos de mano e de trepares e otrosí jugando otros juegos de tablas, de axedrez e dados, con que se deportan los señores, e naipes e otras muchas e diversas maneras de juegos. E asimesmo los reyes e príncipes e grandes señores usaron e usan fazer otras muchas maneras de juegos, en que toman asaz comporte e plazeres e gasajados, así como en las riberas caçando con falcones e con açores, e a las vezes en los campos con galgos e otros canes, corriendo liebres e raposos e lobos e ciervos. E finalmente usaron e usan fazer otros juegos mayores e de mayor nobleza, los cuales requieren en sí asaz temor e miedo e recelo a todos aquellos que los ensayan e usan fazer, conviene a saber: buscando e corriendo en las altas e grandes montañas leones e osos e puercos e ciervos e a otros muchos venados e animalias e vestiglos bravos e muy espantables. En los cuales juegos e gasajados los grandes señores que los usaron e usan fazer, quisieron mostrar la su grand nobleza e franqueza, faziendo ende muy grandes gastos e despensas en viandas e otras cosas, por razón del mucha gente e bestias e canes que para ello se requiere, e otrosí mostrando la su grand fortaleza e buen esfuerço, queriendo ir a buscar a los esquivos montes animales brutas, e bravos e salvajes con quien traven lides e peleas que aun mostrando en ello que son sofridores de los muy grandes trabajos e peligros e afanes que por ende toman en sus cuerpos, andando buscando por los montes, e malezas las semejantes animalias bravas e brutas. E después que las han fallado, en las acusar e seguir fasta las vencer o ferir e matar. E aun a las vezes acaesce por contrario que las tales animalias brutas e bravas, desque son feridas, con el acusamiento e temor de la muerte, buélvense contra los que las siguen e pruevan sus fuerças e sus poderíos con ellos, fasta que algunas vezes matan a los que las así afincan e siguen. E comoquier que en todos los comportes e juegos e gasajados e plazeres de suso dichos relatados, todos los reyes e príncipes e grandes señores que los usaron e usan e fazen, han por ende muchos bienes e provechos lo uno rescibiendo en ello plazer e gasajados e agradando las voluntades, e lo otro criando buena sangre e destruyendo malos humores e lo otro faziendo exercicio de los cuerpos e estendiendo los miembros e los niervos e biviendo más sanos por ello, e lo final, tienen los cuerpos más sueltos e prestos e ligeros e apercebidos para en los tiempos de los grandes menesteres de las guerras e conquistas e batallas e lides e peleas. Pero con todo esso, mucho mayor vicio e plazer e gasajado e comportes resciben e toman los reyes e príncipes e grandes señores leyendo e oyendo e entendiendo los libros e otras escripturas de los notables e grandes fechos passados, por cuanto se clarifica e alumbra el sesso e se despierta e ensalça el entendimiento e se conorta e reforma la memoria e se alegra el coraçón e se consuela el alma e se glorifica la discreción e se goviernan e mantienen e repossan todos los otros sentidos, oyendo e leyendo e entendiendo e sabiendo todos los notables e grandes fechos passados, que nunca vieron, nin oyeron, nin leyeron, de los cuales toman e resciben muchas virtudes e muy sabios e provechosos enxemplos, como sobredicho es, e por cuanto a todos es cierto e notorio que entre todos los libros notables e loadas escripturas que en el mundo fueron escriptas e ordenadas e fechas e compuestas por los sabios e discretos atores, maestros e componedores d'ellas, el arte de la poetría e gaya ciencia es una escriptura e compusición muy sotil e bien graciosa e es dulce e muy agradable a todos los oponientes e respondientes d'ella e componedores e oyentes; la cual ciencia e avisación e dotrina que d'ella depende e es havida e recebida e alcançada por gracia infusa del Señor Dios que la da e la embia e influye en aquél o aquéllos que bien e sabia e sotil e derechamente la saben fazer e ordenar e componer e limar e escandir e medir por sus pies e pausas, e por sus consonantes e sílabas e acentos, e por artes sotiles e de muy diversas e singulares nombranças, e aun asimismo es arte de tan elevado entendimiento e de tan sotil engeño que la non puede aprender, nin haver nin alcançar, nin saber bien nin como deve, salvo todo home que sea de muy altas e sotiles invenciones, e de muy elevada e pura discreción, e de muy sano e derecho juizio, e tal que haya visto e oído e leído muchos e diversos libros e escripturas e sepa de todos lenguajes, e aun que haya cursado cortes de reyes e con grandes señores, e que haya visto e platicado muchos fechos del mundo, e, finalmente, que sea noble fidalgo e cortés e mesurado e gentil e gracioso e polido e donoso e que tenga miel e açúcar e sal e aire e donaire en su razonar, e otrosí que sea amador, e que siempre se precie e se finja de ser enamorado; porque es opinión de muchos sabios, que todo home que sea enamorado, conviene a saber, que ame a quien deve e como deve e donde deve, afirman e dizen qu'el tal de todas buenas doctrinas es doctado*.

---

* Texto según *CB*, I, págs. 7-15.

MACÍAS

La actividad poética de Macías debe situarse entre 1340 y 1370, es decir, durante los reinados de Alfonso XI y Pedro I. Pero su figura histórica tiene menos interés que su leyenda, gracias a la cual se convirtió en prototipo del martirio de amor, ya en el mismo siglo XV. De acuerdo con una versión, que recoge el Condestable don Pedro de Portugal, Macías fue muerto por el marido de su dama sobre las huellas de ella. Hernán Núñez ofrece un relato más elaborado, según el cual el poeta fue encarcelado con motivo de sus amores adúlteros. El marido celoso hizo abrir entonces un agujero en el tejado de la cárcel, y le arrojó desde allí la lanza que lo mató. Es esa versión la que, con variantes, transmite también Argote de Molina.

MARTÍNEZ BARBEITO, Carlos, *Macías el enamorado y Juan Rodríguez del Padrón. Estudio y antología*, Santiago de Compostela, Bibliófilos Gallegos, 1951.

RENNERT, Hugo A., *Macías o namorado. A Galician trobador*, Filadelfia, 1900.

VANDERFORD, K. H., «Macías in legend and literature», *MPhil*, XXXI (1933), págs. 35-64.

Texto según *CB*, II, págs. 675-676 (núm. 308).

1

ESTA CANTIGA FIZO MACÍAS CONTRA EL AMOR; EMPERO
ALGUNOS TROBADORES DIZEN QUE LA FIZO CONTRA
EL REY DON PEDRO

Amor cruel e brioso,
mal haya la tu alteza,
pues non fazes igualeza
seyendo tal poderoso.

Abaxóme mi ventura, 5
non por mi merecimiento,
e por ende la ventura
púsome en grant tormento.
Amor, por tu fallimiento
e por la tu grant crueza, 10
mi coraçón con tristeza
es puesto en pensamiento.

Rey eres sobre los reyes,
coronado emperador,
do te plaze van tus leyes, 15
todos han de ti pavor;
e pues eres tal señor,
non fazes comunaleza,
si entiendes que es proeza
non soy ende judgador. 20

So la tu cruel espada
todo home es en homildança,
toda dueña mesurada
en ti deve haver fiança;
con la tu briosa lança 25
ensalças toda vileza,
e abaxas la nobleza
de quien en ti hobo fiança.

Ves, Amor, por qué lo digo,
sé que eres cruel e forte, 30
adversario o nemigo,
desamador de tu corte;
al vil echas en tal sorte
que por prez le das [alteza];
quien te sirve en gentileza 35
por galardón le das morte.

---

30. *forte:* la forma sin diptongar (como más adelante *sorte* y *morte)* se explica por influencia del gallego. El *Cancionero de Herberay des Essarts* castellaniza *(fuerte-suerte-muerte),* lo que rompe la rima con *corte.*
36. La muerte como galardón aparece también en núm. 168, vv. 34-35.

PERO FERRÚS

Amigo del Canciller Ayala, es uno de los más antiguos poetas del Cancionero de Baena. *Vivió en tiempos del rey don Pedro, y alcanzó a ver la muerte de Enrique II, a quien dedica un epitafio, que supone puesto en boca del propio monarca. A él se debe una de las primeras citas del* Amadís, *así como referencias al rey Arturo, Ginebra o Tristán, que son un testimonio más de la difusión peninsular de la materia de Bretaña. Cantera supone que pudo tener una ascendencia judía, y observa la semejanza de su apellido con el de Yosef ibn Ferrusel, personaje de enorme importancia en la corte de Alfonso VI.*

CANTERA BURGOS, Francisco, «El *Cancionero de Baena:* judíos y conversos en él», *Sef,* XXVII (1967), págs. 71-111.
MENÉNDEZ PELAYO, Marcelino, *Antología,* I, págs. 376-377.

Textos según *CB,* II, págs. 654-655 (núm. 302) y págs. 655-656 (núm. 303).

2

CANTIGA DE PERO FERRUZ PARA LOS RABÍES

<pre>
Con tristeza e con enojos
que tengo de mi fortuna,
non pueden dormir mis ojos
de veinte noches la una;
mas desque Alcalá llegué,   5
luego dormí e folgué
como los niños en cuna.
</pre>

Entre las signogas amas
está bien aposentado,
do me dan muy buenas camas   10
e plazer e gasajado;
mas cuando viene el alva,
un rabí de una grant barva
óigolo al mi diestro lado.

Mucho enantes que todos   15
viene un grant judío tuerto,
que en medio d'aquesos lodos
el diablo lo hobiese muerto,
que con sus grandes bramidos
ya querrían mis oídos   20
estar allende del puerto.

Rabí Yehudá el tercero
do possa Tello mi fijo,
los puntos de su garguero
más menudos son que mijo,   25
e tengo que los baladros
de todos tres ayuntados
derribarién un cortijo.

3

RESPUESTA DE LOS RABÍES A PERO FERRUZ

Los rabíes nos juntamos
don Pero Ferruz a responder,
e la respuesta que damos,
queredlo bien entender,
e dezimos que es provado,   5
que non dura en un estado
la riqueza nin menester.

15-18. No entiendo la alusión que con seguridad encierran estos versos.
24. *los puntos de su garguero:* las notas que salen de su gaznate.

Pues alegrad vuestra cara
e partid de vos tristeza,
a vuestra lengua juglara   10
non le dedes tal proveza;
e aun cred en Adonáy
qu'Él vos sanará de ahí
e vos dará grant riqueza.

El pueblo e los hazanes   15
que nos aquí ayuntamos,
con todos nuestros afanes
en el Dió siempre esperamos,
con muy buena devoción,
que nos lleve a remissión   20
porque seguros bivamos.

Venimos de madrugada
ayuntados en grant tropel
a fazer la matinada
al Dios santo de Israel,   25
en tal son como vos vedes,
que jamás non oiredes
ruiseñores en vergel.

---

18. *Dió:* es la forma habitual entre los judíos, que interpretaban como marca de plural y, por consiguiente, de actitudes politeístas, la —*s* final de *Dios.* Cfr., sin embargo, v. 25.

ALFONSO ÁLVAREZ
DE VILLASANDINO

Nació probablemente en Villasandino hacia 1340 ó 1350. Poeta ajuglarado y violento, hizo de la poesía un medio de subsistencia, y son numerosas las composiciones en las que solicita alguna recompensa de los poderosos. El Cancionero de Baena *incluye más de un centenar de poemas suyos, que van desde los panegíricos y los versos de amor a los satíricos o de encargo. Versificador fácil y cuidado, tanto en gallego como en castellano, su obra se vincula con la tradición lírica peninsular del siglo anterior, mucho más que con las nuevas orientaciones poéticas. Murió hacia 1425.*

BLASI, F. «La poesía de Villasandino», *Mes*, I (1950), págs. 89-102.

CANTERA BURGOS, Francisco, «El *Cancionero de Baena*: judíos y conversos en él», *Sef*, XXVII (1967), págs. 71-111.

CARAVAGGI, Giovanni, «Villasandino et les derniers troubadours de Castille», *Mélanges offerts à Rita Lejeune*, I, Gembloux, Duculot, 1969, págs. 395-421.

CLARKE, Dorothy C., «Notes on Villasandino's versification», *HR*, XIII (1945), págs. 185-196.

FRAKER, Charles F., *Studies on the «Cancionero de Baena»*, Chapel Hill, The University of North Carolina Press, 1966, págs. 68-74 y 78-87.

MENÉNDEZ PIDAL, Ramón, *Poesía juglaresca y juglares. Aspectos de la historia literaria y cultural de España*, 2.ª ed., Buenos Aires, Espasa-Calpe, 1945, págs. 168-172.

Textos según *CB*, I:
núm. 4: págs. 32-33 (núm. 8)
núm. 5: págs. 72-73 (núm. 31)
núm. 6: págs. 73-75 (núm. 31 bis)
núm. 7: págs. 100-101 (núm. 41)
núm. 8: págs. 112-113 (núm. 50)
núm. 9: págs. 130-131 (núm. 59)

4

ESTA CANTIGA FIZO EL DICHO ALFONSO ÁLVAREZ, POR RUEGO DEL ADELANTADO PERO MANRIQUE, CUANDO ANDAVA ENAMORADO D'ESTA SU MUJER, FIJA QUE ES DEL SEÑOR DUQUE DE BENAVENTE*

Señora, flor de açucena,
claro visso angelical,
vuestro amor me da grant pena.

Muchas en Estremadura
vos han grant envidia pura, 5
por cuantas han fermusura
dubdo mucho si fue tal
en su tiempo Policena.

Fízovos Dios delicada,
honesta, bien enseñada; 10
vuestra color matizada,
más que rossa del rossal,
me tormenta e desordena.

Donaire, graciosso brío
es todo vuestro atavío, 15
linda flor, deleite mío;
yo vos fui siempre leal
más que fue Paris a Helena.

Vuestra vista deleitosa
más que lirio nin que rossa 20
me conquista, pues non osa
mi coraçón dezir cuál
es quien assí lo enajena.

---

* Pero Manrique nació en 1381 y murió en 1440. Casó con doña Leonor, hija del duque de Benavente, a finales de 1407 o comienzos del año siguiente (*CB*, I, pág. 32).

4-5. Cfr. núms. 31, 143.

8. *Policena:* Polixena, hija de Príamo, y amada de Aquiles en las versiones medievales de la guerra de Troya.

Complida de noble asseo,
cuando vuestra imagen veo, 25
otro plazer non desseo
sinon sofrir bien o mal
andando en vuestra cadena.

Non me basta más mi seso,
plázeme ser vuestro presso; 30
señora, por ende besso
vuestras manos de cristal,
clara luna en mayo llena.

5

ESTA CANTIGA FIZO EL DICHO ALFONSO ÁLVAREZ A LA DICHA CIBDAT DE SEVILLA, E FÍZOGELA CANTAR CON JUGLARES OTRA NAVIDAT, E DIÉRONLE OTRAS CIENT DOBLAS

Linda sin comparación,
claridat e luz de España,
plazer e consolación,
briossa cibdat estraña,
el mi coraçón se baña 5
en ver vuestra maravilla,
muy poderosa Sevilla,
guarnida d'alta compaña.

Paraíso terrenal
es el vuestro nombre puro; 10
sobre cimiento leal
es fundado vuestro muro,
onde bive Amor seguro
que será siempre ensalçado:
si esto me fuer negado, 15
de maldicientes non curo.

Desque de vos me partí
fasta agora que vos veo,

       bien vos juro que non vi
       vuestra egual en asseo;   20
       mientra más miro e oteo
       vuestras dueñas e donzellas,
       resplandor nin luz de estrellas
       non es tal, segunt yo creo.

       En el mundo non ha par   25
       vuestra lindeza e folgura,
       nin se podrían fallar
       dueñas de tal fermosura:
       donzellas de grant mesura
       que en vos fueron criadas,   30
       éstas deven ser loadas
       en España de apostura.

                      Fin
       Una cossa que non es,
       si en vos fuesse, sería
       más guarnido vuestro arnés   35
       de plazer e de alegría;
       que la flor de grant valía,
       en el mundo ensalçada,
       si fiziesse en vos morada,
       vuestro par non havería.   40

                         6

       Quien de linda se enamora
       atender deve perdón,
       en casso que sea mora.

       El amor e la ventura
       me fizieron ir mirar   5
       muy graciosa criatura

---
1. La atribución a Villasandino no es segura. En el manuscrito, el poema figura sin rúbrica alguna, inmediatamente después del anterior, «Linda sin comparación». Sobre el tema del amor a una mora, cfr. núms. 155 y 156.

de linaje de Aguar;
quien fablare verdat pura,
bien puede dezir que non
tiene talle de pastora.   10

Linda rossa muy suave
vi plantada en un vergel,
puesta so secreta llave,
de la liña de Ismael:
maguer sea cossa grave,   15
con todo mi coraçón
la rescibo por señora.

Mahomad el atrevido
ordenó que fuese tal,
de asseo noble, complido,   20
alvos pechos de cristal;
de alabasto muy broñido
devié ser con grant razón
lo que cubre su alcandora.

Dióle tanta fermosura   25
que lo non puedo dezir;
cuantos miran su figura
todos la aman servir;
con lindeza e apostura
vence a todas cuantas son   30
de alcuña donde mora.

Non sé hombre tan guardado
que viese su resplandor,
que non fuesse conquistado
en un punto de su amor;   35
por haver tal gasajado
yo pornía en condición
la mi alma pecadora.

---

7. *Aguar:* Agar, esclava de Abraham y madre de Ismael, de quien proceden los árabes.

7

ESTA CANTIGA FIZO EL DICHO ALFONSO ÁLVAREZ POR AMOR E LOORES DE UNAS LINDAS DONZELLAS E DAMAS QUE ANDAVAN CON LA SEÑORA REINA DE NAVARRA, E TRAE AQUÍ MANERA DE CONTEMPLACIÓN POR MESTÁFORA DE UNO QUE ERA ENAMORADO E NON QUISSO DESCOBRIR QUIÉN ERA SU AMIGA *

> Por una floresta escura
> muy acerca de una presa,
> vi dueña fazer mesura
> e dançar a la francessa:
> Teressa 5
> era d'esta compañía,
> e otra que non diría,
> que mi vida tiene pressa.
>
> Andavan por la floresta
> todas cercadas de flores, 10
> en su dança muy honesta,
> que fazían por sus tenores
> discores;
> melodía muy estraña
> que fazía esta compaña 15
> me fizo perder dolores.
>
> Vilas andar de tal guissa,
> de que yo fui muy pagado
> d'ellas; traían devisa
> de flores en su tocado: 20
> de grado
> me llegaran a su dança,
> mas hove grant recelança
> de ser d'ellas profaçado.

---

* En el *Cancionero de Palacio* esta composición («En una floresta escura») aparece atribuida a Suero de Ribera. «Faltan elementos concretos para la identificación del autor.» (Periñán, pág. 118.) Azáceta omite el *lindas*.

1. *escura:* el manuscrito dice *estraña*, que no rima con *mesura*. Azáceta acepta la enmienda propuesta por Pidal *(CB,* I, pág. 100).

Pero díxeles: «Señoras,
gozo e plazer hayades.»
Respondiéronme esas horas:
«E vos más, si lo buscades;
¿amades
entre nos alguna dueña?
Non vos embargue vergüeña,
dezitlo, non vos temades.»

Respondíles muy sin arte,
por les contar mi desseo:
«Todo mi coraçón parte
una de vos, en que creo
e veo
su figura todavía,
mas su nombre non diría
que dezir me serié feo.»

«Amigo, Dios te consuele
e te dé consolación,
e se duelen que se duele
de la tu tribulación.
Perdición
es aquesta en que andas;
Dios te dé lo que demandas
e cumpla tu entención».

8

ESTA CANTIGA FIZO EL DICHO ALFONSO ÁLVAREZ POR LOORES
DE LA DICHA DOÑA JUANA*

Linda, desque bien miré
vuestro asseo e gentil cos,

**Doña Juana:* Juana de Sosa, hija del noble portugués Vasco Alfonso de Sousa. Dio un hijo bastardo a Enrique II, antes de que éste subiera al trono *(CB,* I, págs. 37-38).

de igualar otra con vos
tal cuidar nunca cuidé.

Linda, graciossa, real, 5
clavellina angelical,
la joya que por señal
atendí e non la he,
pero serviendo leal
siempre la atenderé. 10

Linda, muy fermosa flor,
delicada e sin error,
de servir otra señor
non pienso nin pensaré:
muchas gracias haya Amor 15
por quien todo bien cobré.

Linda, vuestro buen reír
donosso me faz morir,
pues vos tanto amo servir
non puedo dezir por qué, 20
si non puedo vos dezir
que errastes, ál non sé.

Linda con toda beldat,
donossa sin crueldat,
señora, avet piedad 25
de mí, pues encomendé
mi servicio e lealtad
a quien amo e amaré.

Linda rossa, flor d' abril,
muy suave, doneguil, 30
vuestra presencia gentil
adoro e adoraré;
aunque sufra penas mil
otra nunca serviré.

9

ESTE DEZIR FIZO EL DICHO ALFONSO ÁLVAREZ AL SEÑOR REY
DON ENRIQUE*, PEDIÉNDOLE AGUILANDO UNA FIESTA
DE NAVIDAT

Noble rey, yo adorando
vuestra alteza manifiesta,
aunque pasada es la fiesta,
non se pierda mi aguilando;
señor, lo que vos demando   5
es alguna gentil ropa,
balandrán, galdrapa, hopa,
con que me vaya preciando,
non se pierda mi aguilando.

Esto digo protestando   10
que si non vos plaze d'esto,
que só ledo e muy presto
de andarme assí como ando,
a vos sirviendo e loando;
comoquier que sin dinero   15
mal me va, peor espero,
acorredme fasta cuando
non se pierda mi aguilando.

Noche e día peleando
con la pobredat esquiva,   20
non sé guissa cómo biva,
antes muero mal pasando;
pues señor, franqueza obrando
fazetme mercet e ayuda,
que dizen que ave muda   25
non faz agüero callando:
non se pierda mi aguilando.

---

* *al señor rey don Enrique:* Enrique III.
25. Ave muda no haze aguero. Kallar no da ocasión (Correas).

89

DIEGO HURTADO DE MENDOZA

Fue uno de los personajes más ricos y poderosos de su tiempo, almirante de Castilla y miembro del consejo del rey. Pérez de Guzmán lo presenta como hombre de sutil ingenio, «osado e atrevido en su fablar, tanto que el rey don Enrique el tercero se quexava de su soltura e atrevimiento». Murió en 1404. De su matrimonio con Leonor de la Vega nació Íñigo López de Mendoza, el futuro Marqués de Santillana.

ASENSIO, Eugenio, *Poética y realidad en el cancionero peninsular de la Edad Media*, 2.ª ed. aumentada, Madrid, Gredos, 1970, *passim*.
NADER, Helen, *The Mendoza family in the Spanish Renaissance*, New Brunswick, Rutgers University Press, 1979, *passim*.

Texto según *CP*, pág. 137 (núm. 16).

10

COSSAUTE*, DIEGO FURTADO DE MENDOÇA

Aquel árbol que buelbe la foxa
algo se le antoxa.

---

* *Cossaute*. F. Vendrell lee *gossante (CP*, pág. 137). Sigo aquí la lectura que propone Eugenio Asensio: *Poética y realidad*, ob. cit., págs. 182 y ss. Admito también la lectura mani[er]a, que proponen Dámaso Alonso y José M. Blecua, *Antología de la poesía española. Lírica de tipo tradicional*, 2.ª ed., Madrid, Gredos, 1969, pág. 136. En *CP, manya*.

Aquel árbol de bel mirar
faze de mani[er]a flores quiere dar:
algo se le antoxa.   5

Aquel árbol de bel veyer
faze de mani[er]a quiere florezer:
algo se le antoxa.

Faze de mani[er]a flores quiere dar:
ya se demuestra; sallidlas mirar: 10
algo se le antoxa.

Faze de mani[er]a quiere florecer:
ya se demuestra; sallidlas a ver:
algo se le antoxa.

Ya se demuestra sallidlas mirar;   15
vengan las damas la fruta cortar:
algo se le antoxa.

Ya se demuestra sallidlas a ver;
vengan las damas la fruta coxer:
algo se le antoxa.   20

1-20. El poema es una alegoría del árbol del amor, motivo bien conocido en la lírica francesa de la Edad Media.

FRANCISCO IMPERIAL

De Francisco Imperial tenemos pocos datos seguros. Según las rúbricas del Cancionero de Baena *procedía de Génova, y vivió durante cierto tiempo en Sevilla. En 1403 era vicealmirante de Castilla y, a la muerte del almirante en 1404, es muy probable que aspirara al cargo. Al no obtener el nombramiento debió de abandonar la ciudad, a la que ataca en dos de sus poemas. Había muerto ya en abril de 1409. Sus dos obras más ambiciosas son el* Decir al nacimiento de Juan II *y el* Decir a las siete virtudes, *en el que utiliza no sólo la* Divina Comedia, *sino también a sus glosadores y comentaristas. Imperial es, por tanto, el iniciador de una nueva corriente poética, muy influida por la alegoría dantesca, y enfrentada a los gustos de Villasandino y sus seguidores.*

IMPERIAL, Francisco, *«El dezir a las syete virtudes» y otros poemas,* ed. Colbert I. Nepaulsingh, Madrid, Espasa-Calpe, 1977.

GIMENO CASALDUERO, Joaquín, «Fuentes y significado del *Decir al nacimiento de Juan II* de Francisco Imperial», *RLComp,* XXXVIII (1964), págs. 115-120. Ahora en su libro *La creación literaria de la Edad Media y el Renacimiento. (Su forma y significado),* Madrid, José Porrúa, 1977, págs. 35-43.

LAPESA, Rafael, «Notas sobre Micer Francisco Imperial», *NRFH,* VII (1953), págs. 337-351. Ahora en su libro *De la Edad Media a nuestros días. Estudios de historia literaria,* 2.ª reimpresión, Madrid, Gredos, 1982, págs. 76-94.

MORREALE, Margherita, «El *Dezir a las siete virtudes* de Francisco Imperial. Lectura e imitación prerrenacentista de la *Divina Comedia*», *Lengua, literatura, folklore. Estudios dedicados a Rodolfo Oroz,* Santiago, Universidad de Chile, 1967, págs. 307-381.

Place, Edwin B., «The exagerated reputation of Francisco Imperial», *Spec*, XXI (1946), págs. 457-473.

Sigo el texto de Nepaulsingh:
núm. 11: págs. 27-33 (núm. VI)
núm. 12: págs. 34-38 (núm. VII)
núm. 13: págs. 49-50 (núm. X)
núm. 14: págs. 56-57 (núm. XII)
núm. 15: págs. 58-61 (núm. XIII)

11

ESTE DEZIR FIZO EL DICHO MICER FRANCISCO IMPERIAL A LA DICHA ESTRELLA DIANA* E QUEXÁNDOSSE DE LOS OTROS QUE LO RECUESTAVAN E PIDIÉNDOLE A ELLA ARMAS

    Ante la muy alta corte
del dios d'Amor só citado,
e malamente acusado
por vos, Estrella del norte,
diciendo que fiz error   5
en vos dar tan grant loor
que por en meresco morte.

    Dizen que vos ensalcé
entre las altas señores;
como rossa entre las flores   10
dizen que vos esmeré;
con luzero, con estrellas,
llama a par de centellas,
dicen que vos igualé.

    Dizen que me desdezir   15
farán como fementido,

---

* El nombre de Estrella Diana ha sido objeto de varias interpretaciones. Se ha sugerido una posible relación con el texto francés de *Paris et Vienne*, así como con un soneto de Guido Guinizelli. Nepaulsingh sugiere que, en un plano anagógico, el nombre se refiere a la Virgen María (Nepaulsingh, pág. XCIX y páginas 20-21).

o que en el campo metido
me farán cruel morir;
e si esto non fizieren,
que do vuestros ojos vieren   20
me [farán] luego foír.

En vuestras manos, amiga,
fago jura e promessa
e a la grant Venus Diessa,
que este rebto por vos siga   25
ante el alto dios de Amor,
defendido vuestro honor
de quien vos desloor diga.

E porque noble armadura
conviene a tal pelea,   30
donde dios de Amor vea
la vuestra grant fermosura,
con vuestras manos labrat
las armas, e apropiedat
la vuestra gentil figura.   35

E de vuestra cabelladura
de toda poça labredes
cota, mi bien, que me dedes,
si fuere vuestra mesura,
e ceñida, bien apretada   40
con vuestros braços, amada,
me cingades por cintura.

Vuestros ojos amorossos,
señora, me dat por lança,
e haved firme esperança   45
que con ella mentirosos
faré a los maldezidores

35-38. Nepaulsingh explica que *poça* puede ser una variante de *poçal*, 'mina'. El sentido de los tres versos sería, por tanto, «de tu pelo, que es toda una mina, hazme una cota de armas» (Nepaulsingh, pág. 29).

de vos, la flor de las flores,
pues de vos son embidiosos.

Vuestro aire delicado 50
quiero levar por escudo,
non temo con él nin dudo
maldezir desmesurado;
e sean con él por devissa
vuestros dientes, boca e rissa, 55
e dezir muy adonado.

El vuestro gracioso talle
e muy buen torno de cara,
resplandeciente e clara,
cual el sol en mayo sale, 60
sea yelmo con cimera:
non creo qu'en la frontera
otro tan propio se falle.

Vuestra nariz afilada
sea flecha muy polida, 65
con las pestañas, mi vida,
ricamente emplumada;
vuestro cejo muy fermoso
sea el arco amorosso
con que lancé al entrada. 70

Vuestro gracioso asseo
sean las sobreseñales;
non creo que las dio tales
Ginebra, nin fizo Isseo;
e seríe gran maravilla 75
fallar tales en Castilla
que, cuanto yo, non las veo.

---
60. *sale:* rima con *talla* y *falle*. El *Cancionero de Gallardo* lee *salle*.
70. *lancé:* así Nepaulsingh. Parece preferible *lance*.
75. *seríe.* Parece preferible *serié.*

12*

Grant sonsiego e mansedubre,
fermosura e dulce aire,
honestad e sin constubre
de apostura e mal vejaire,
de las partidas del Caire 5
vi traer al Rey de España
con altura muy estraña,
delicada e buen donaire.

Ora sea [turca] o griega,
en cuanto la pude ver, 10
su desposición non niega
grandioso nombre ser,
que deve sin dubda seer
mujer de alta nasción,
puesta en grant tribulación 15
despuesta de grant poder.

Parescía su semblante
dezir: «¡Ay de mí, cativa!
Conviene de aquí avante
que en servidumbre biva. 20
¡Oh ventura muy esquiva!
¡Ay de mí! ¿Por qué nascí?
Dime que te merescí
porque me fazes que sirva.

»Grecia mía cardiamo, 25
o mi senguil Angelina,

---

* El poema hace referencia a doña Angelina de Grecia, cuya identidad no ha sido aclarada por completo. Sabemos, en todo caso, que era prisionera de Tamerlán, quien la envió como regalo a Enrique III.

3-4. *constubre:* «Imperial ha inventado una palabra derivada del latín *constuprare*, que significa 'violar', 'corromper'» (Nepaulsingh, pág. 34). Toda la expresión *sin constubre de apostura* significará «de una compostura inviolada e impecable».

25. *cardiamo:* palabra griega que equivale a 'corazón mío'. (Nepaulsingh, página 36).

26. *senguil.* El término parece relacionarse con la forma húngara *sekül*, 'fronte-

dulce tierra que tanto amo
do nasce la sal rapina,
¿quién me partió tan aína
de ti e tu señorío,   30
e me troxo al grant río
do el sol nasce e se empina?»

13

ESTE DEZIR FIZO EL DICHO MICER FRANCISCO IMPERIAL POR
AMOR E LOORES DE LA DICHA ISABEL GONÇALES, MANCEBA DEL
CONDE DON JOAN ALFONSO, POR CUANTO ELLA LE HAVÍA EN-
VIAD'A ROGAR QUE LA FUESE A VER AL MONESTERIO DE SANT
CLEMEINT; ÉL NON OSSAVA IR POR RAZÓN QUE ERA MUY ARREA-
DA E GRACIOSA MUJER

Embiastes mandar que vos ver quisiesse,
dueña loçana, honesta e garrida;
por mi fe vos juro que lo yo fiziesse
tan de talante como amo la vida.
Mas temo, señora, que la mi ida   5
seríe grant cadena para me ligar,
e desque vos viesse e oyesse fablar,
después non sería en mí la partida.

Pero bien me plaze, si me embiades
firmado e sellado el vuestro seguro,   10

---

rizo', aplicada a los habitantes de Transilvania. *Angelina*, en lugar de la forma usual, *angélica* o *angelical*, sería un juego de palabras con el nombre de la dama (M.ª Rosa Lida, citada en Nepaulsingh, pág. 36). Tal vez sea preferible entender todo el verso como un inciso, «oh mí, seguil Angelina»; «¡ay de mí (como el italiano *oimè*), fronteriza Angelina!».

28. *sal rapina.* La llamada 'mostaza de los alemanes', condimento preparado con la raíz del rábano rusticano (Nepaulsingh, págs. 35-36).

31-32. Este río donde el sol se levanta no puede ser, lógicamente, ningún río de la península. Los versos, por consiguiente, deben de hacer referencia al primer cautiverio de doña Angelina (Nepaulsingh, pág. 37).

6. Acaso sea preferible leer *serié*.

que en cárcel de amor non me pongades,
nin me aprisionedes en su alto muro.
E que en él se contenda, prometo e juro
a dios de Amor de vos non ferir,
e si vos firiere, de vos bien guarir   15
con obras de amor e coraçón puro.

E con vos me dedes a Venus deessa
por asseguradora, e ambas juredes
que vuestro seguro e jura e promessa
bien e lealmente que lo compliredes.   20
Si esto, señora, fazer non podedes,
la ida sería a mí peligrossa,
y non sé pensar en el mundo cossa
que me asegure ir ver qué queredes.

E fago razón pedir segurança   25
del vuestro amorosso dezir e semblante,
porque el semblante me dizen que es lança,
e el vuestro dezir polido diamante.
Por esso, señora, si vos pido ante
[atanto] seguro para vos ir ver,   30
devédeslo dar, e si non puede ser,
en señal d'él me dat vuestro guante.

14

Abela, cibdat de grant fermosura,
la cual pobló Hércoles e pobló Hispán,
dentro en la isla de Sancho Afán,

---

1. *Abela:* Sevilla.
2. *Hispán:* figura fabulosa que aparece mencionada en la crónica del Toledano, de donde la toman varios historiadores posteriores. Compañero de Hércules, según algunos, nieto suyo, según otros, pasaba por ser el primer rey de toda España.
3. Debe de tratarse de una de las islas del Guadalquivir. El apellido Afán es el de una familia ilustre, de la que proceden los marqueses de Tarifa (Nepaulsingh, pág. 56).

entre laureles de fresca verdura
vi una donzella de grant apostura 5
guarnida, graciosa, de muy gentil aire,
ojos fermosos, con gracia e donaire,
toda guarnida, de buena mesura.

Los pechos alvos, la garganta alçada,
la vide venir escontra el río, 10
con buen continente e gracioso brío,
arco en la mano, frecha maestrada,
e dixo: «Escudero, de aquesta vegada
del barco en tierra non cendades,
e si non creo que vos repintades.» 15
Esto me dixo en boz delicada.

Cuando yo esto le oí dezir,
salté en tierra muy maravillado,
e ella tendió el arco maestrado,
por sobre los pechos me fue ferir, 20
e dixo: «Escudero, conviene vos morir,
pues que por otra dexastes a mí,
e yo vos faré que desde aquí
vos nunca seades para otra servir.»

La ferida era cruel e mortal, 25
con yerva cruel mal emponçonada;
díxome luego la despiadada:
«Vos aquí morredes como desleal.»
Yo dixe: «Señora, atanto grant mal
non he fecho como vos pensades, 30
e en esto, señora, muy poco ganades
e havedes fecho pecado mortal.»

Ella me dixo: «Pues que es assí
que non me fezistes tan grande yerro,
sacad la flecha e sacad el fierro, 35
que con yervas de amor sabet que vos di,
. . . .
siempre vos fui leal enamorada,

e porque me dexastes tan menospreciada
atán cruelmente, señor, vos ferí.»   40

15

En un fermoso vergel
vi cuatro dueñas un día
a sombra de un laurel,
cerca una fonte fría;
entre sí muy gran porfía   5
havían e grant debate,
e muy fuerte combate
fablando con cortesía.

Cada una porfiava
que era más vertuosa,   10
e raçones allegava
cómo era más fermosa.
Yo por mirar esta cossa
estendíme en un rosal
muy espesso, desigual,   15
e de muy oliente rossa.

De un alvo cendal
la una saya traía;
más alva que cristal
toda ella parescía;   20
e ésta a las otras dezía
muy simple e mesurada:
«Amigas, yo só llamada
Castidat en mancebía.»

La otra de un paño gris   25
traía una hopalanda
enforrada en paña gris,
de juncos una guirlanda.
Non traía esperavanda,

nin firmalle, a guis de Francia: 30
«Amigas, yo he por gracia
Homildat en buen andança.»

De un fino xamete prieto
la tercera traía mantón,
e dixo: «Amigas, por cierto, 35
Job, aquel santo varón,
de muy puro coraçón,
perfetamente me amava,
e por nombre me nombrava
Paciencia en tribulación.» 40

Color de fino çafí
oriental muy preciado
a la cuarta mantón vi
a caves de oro labrado,
e fabló muy mesurado: 45
«Sepa la vuestra nobleza
que Lealtat en proveza
es el mi nombre llamado.»

Desque assaz debatieron
por se quitar de porfía, 50
por su juez escogeron
la noble Filossofía.
Yo que en el rosal seía
fui a ellas muy ligero:
«Sea yo el mandadero, 55
díxeles, si vos plazía.»

Fueron muy maravilladas
cuando me vieron delante,
pero todas concordadas
e con fermoso semblante 60
dixéronme: «De talante
voz fazemos mandadero,
pero estudiat primero
el vuestro mandado ante.»

Desque hove estudiado 65
fue buscar Filossofía,
e de discreto ordenado
les fize mandadería.
Ellas con grant alegría
respondieron con asseo: 70
cuando cualquier d'ellas veo,
júdgola mayor valía.

---

66. *fue:* es forma frecuente de primera persona.
72. Este encuentro del poeta con tres damas alegóricas será imitado por el Marqués de Santillana en la composición «Al tiempo que va trençando».

DIEGO DE VALENCIA

Franciscano, de origen converso, debió de nacer en Valencia de San Juan hacia 1350. Fue promovido al grado de Maestro en Teología en 1378 y de él afirma Baena que «en su tiempo non se falló home tan fundado en todas ciencias». Fray Diego es, en efecto, autor de poemas filosóficos y teológicos, pero su condición no le impidió escribir versos amorosos, y hasta composiciones obscenas, como la que dedica a «una mujer de León, que era mala e puta».

LANGE, Wolf-Dieter, *El fraile trobador. Zeit, Leben und Werk des Diego de Valencia de León (1350?-1412?),* Frankfurt, Klotermann, 1971.
SOLA-SOLÉ, Josep M., y Stanley E. ROSE, «Judíos y conversos en la poesía cortesana del siglo XV: el estilo polígloto de fray Diego de Valencia», *HR,* 44 (1976), págs. 371-385.

Texto según *CB,* III, págs. 995-996 (núm. 505).

16

ESTE DEZIR FIZO E ORDENÓ EL DICHO MAESTRO FRAY DIEGO POR AMOR E LOORES DE UNA DONZELLA QUE ERA MUY FERMOSA E MUY RESPLANDECIENTE, DE LA CUAL ERA MUY ENAMORADO

> En un vergel deleitoso
> fui entrar por mi ventura,
> do fallé toda dulçura
> e plazer muy sabroso;
>   5

la entrada fue escura,
obrado fue por natura
de morar muy peligroso.

En muy espesa montaña
este verger fue plantado, 10
de todas partes cercado
de ribera muy estraña;
al que una vez se baña
en su fuente perenal,
según curso natural, 15
la duçura lo engaña.

Pumas e muchas milgranas
lo cercan de toda parte,
non sé home que se farte
de las sus frutas tempranas; 20
mas, amigos, non son sanas
para quien de ellas mucho usa,
que usando non se escusa
que non mengüen las mançanas.

Calandras e ruiseñores 25
en él cantan noche e día,
e fazen gran melodía
en deslayos e discores,
e otras aves mejores,
papagayos, filomenas, 30
en él cantan las serenas
que adormecen con amores.

La entrada del vergel
a mí fue siempre defesa,
mas, amigos, non me pesa 35
por saber cuanto es en él;
es más dulce que la miel
el rocío que d'él mana,
que toda tristeza sana
el plazer que sale d'él. 40

PERO GONZÁLEZ DE UCEDA

Es muy poco lo que sabemos de este poeta del Cancionero de Baena. *García Blanco afirma de él que era cordobés y de noble familia, y Menéndez Pelayo, ateniéndose a las rúbricas del propio* Cancionero, *lo destaca como adepto de la filosofía luliana.*

GARCÍA BLANCO, Manuel, «El pleito de los colores y la iniciación de un tema poético», *Asom*, 6 (1950), págs. 33-38.
MENÉNDEZ PELAYO, Marcelino, *Antología*, I, págs. 406-408.

Texto según *CB*, II, págs. 775-778 (núm. 342).

17

AQUÍ SE COMIENÇAN LOS DEZIRES E PREGUNTAS MUY SOTILES E FILOSOFALES E BIEN E SABIAMENTE COMPUESTAS E ORDENADAS, QUE EN SU TIEMPO FIZO E ORDENÓ EL SABIO E DISCRETO BARÓN PERO GONÇÁLEZ DE UZEDA [...] E PÓNESE AQUÍ UNA PREGUNTA FILOSOFAL QU'ÉL FIZO E PREGUNTÓ A JUAN SÁNCHEZ DE BIVANCO, E AQUESTA PREGUNTA ES FUNDADA SOBRE LAS IMAGINACIONES E PENSAMIENTOS DIVERSOS E INFINITOS QUE LOS HOMES TOMAN EN SUS CAMAS

Amigo Joan Sanchez de los de Bivanco,
yo, Pero Gonçález de los de Uzeda,
me vos encomiendo con voluntad leda,
e ruego e pido como a home franco
que a mis trobillas tornedes respuesta,   5

pues que a vos esto dineros non cuesta,
sinon estar folgando echado de cuesta,
o bien assentado en el vuestro banco.

Pregunto si esto a otros contesce
que a mí aviene los más de los días,   10
que anda mi pienso por diversas vías
e mi cuerpo see, que non se remesce:
a vezes me veo en tierras de Hungría,
e dende trespaso Alexandría,
e assí vo a India e vo a Tartaría   15
e todo lo ando demientra amanesce.

En la grand Boloña estando el martes
a los escolares las artes leyendo,
e a los doctores la razón venciendo
en filosofía e las siete artes,   20
allí les leía divina sciencia
con tanto donaire e tanta prudencia,
que a los maestros de grand excelencia
les fago entender non saber las partes.

Cuando me cato, con grand ligereza   25
véome en Flandes merchante tornado,
do cargo diez naos de paño preciado
e de otros joyas de grand realeza,
e con todo ello véngome a Sevilla,
onde lo vendo a grand maravilla   30
e do grand presente al Rey de Castilla,
e d' esta guisa llego desigual riqueza.

A poco de rato non me pago d' esto
e fágome pobre que va por el mundo,
e luego de cabo sobre ál me fundo   35
en ser ermitaño, santo muy honesto;
en estas comedias muere el Padre Santo,
e mi fama santa allá suena tanto
que los cardenales me cubren el manto
e me crían papa con alegre gesto.   40

Feme fecho conde, vome para Francia
donde bastezco justas e torneo,
e do grandes golpes como filisteo;
al que se mampara dol mala gananicia,
e assí comienço muy esquiva guerra   45
contra los paganos por mar e por tierra,
e non se me detiene valle nin sierra;
a todos los vence la mi buena andança.

Ya non me pago de aquesta conquista
e véome sabio en arte de estrellas;   50
las obras son tales que fago por ellas
de plomo fino oro, gentil alquimista;
só mágico fino e grand lapidario,
e labrador noble con muy rico almario,
e só en el monte muy bien hervolario   55
e grand ballestero con aguda vista.

Assí llego a ser muy grand emperante
que me obedescen muy muchos reis,
e fago decretos, e fueros, e leis,
e todos los vicios a mí están delante;   60
desí con flota de grandes navíos
traspaso la mar e todos los ríos,
e son so mi mano diez mil señoríos
e ya nunca fue tan grand almirante.

Assí, mi amigo, andando pensoso,   65
véome valiente con fuerça sin guisa,
ligero atanto que mi pie non pisa;
lindo fidalgo, garrido e donoso,
todas las donzellas me dan sus amores,
mejor les paresco que mayo con flores;   70
en esto traspuesto prívanme dolores
e fállome triste, doliente, cuitoso.

---

43. *Filisteo:* «El vulgo toma *filisteo* por *xigante,* por el Golías ke mató David» (Correas).

FERRÁN SÁNCHEZ CALAVERA
O TALAVERA

Fue poeta cortesano en tiempos de Enrique III y Juan II, comendador de la Orden de Calatrava en Villarrubia e interlocutor poético del Canciller de Ayala (muerto en 1407), con quien mantuvo un debate sobre «precitos y predestinados», en el que terciaron otros seis poetas de la época. Aunque tiene también poemas amorosos, Calavera es sobre todo escritor moral y teológico, marcado por su condición de converso. La herencia cultural del judaísmo podría explicar, en efecto, algunas de sus características más sobresalientes, sus contradicciones continuas, su racionalismo y su preocupación por el problema de la justicia divina.

BASDEKIS, Demetrius, «Modernity in Ferrán Sánchez de Calavera», *Hispw*, XLVI (1963), págs. 300-303.
FRAKER, Charles F., *Studies on the «Cancionero de Baena»*, Chapel Hill, The University of North Carolina Press, 1966, págs 14-20 y 31-51.
MENÉNDEZ PELAYO, Marcelino, *Antología*, I, págs. 382-385.

Textos según *CB*, III, págs. 1067-1073 (núm. 529), y págs. 1088-1089 (numero 537).

18

PREGUNTA QUE FIZO FERRANT SANCHES TALAVERA

De Madrit partiendo con el rey en febrero,
por ir aguardando la su grant mesnada,

1-3. «La anécdota con que comienza el poema pudo tener lugar al finalizar en Madrid las fiestas de 1435, en las que Juan II apadrinó el bautizo de un hijo

llegando a Segovia fallé en mi posada
bien coxa mi mula, lissiada de vero,
e havía perdido otra en dos messes   5
e al libramiento poniénme revesses;
tenía de francos e doblas jaqueses,
florines e blancas vazío el esquero.

Tenía de camino leguas setenta,
con este cuidado luego en proviso   10
se representó delante mi visso
en cuánto trabajo, afán e tormenta
anda mi vida; en parte señero
di una boz: «Señor verdadero,
Dios de justicia, mucho vandero   15
vos falla mi sesso, segunt la mi cuenta.

»Señor, yo veo que a mí non fallescen
pérdidas e daños biviendo en proveza,
dolencias, cuidados, pessares, tristeza;
e veo a otros que nunca adolecen,   20
señores de villas e de alcarías,
ganados, labranças e mercadurías,
con muchos tessoros alegres sus días,
sus algos non menguan mas ante aprovezen.

»Honrados, servidos e acompañados,   25
costosas moradas, fermosas mujeres,
fijos e fijas con muchos plazeres,
de muy ricas joyas son bien jaezados;
cavallos e mulas, collares, empresas,

---

de Álvaro de Luna, partiendo seguidamente para Buitrago y Segovia» *(PCS,* pág. 119).

3-8. De esta forma, el problema de la Providencia divina se pone en relación con una circunstancia concreta, y se convierte en doctrina «vivida por la persona total» (Fraker, *Studies...*, ob. cit., págs. 31 y ss).

15-16. La idea de un Dios banderizo llega, al menos, hasta Lope de Aguirre: «Decía [...] que no creía en Dios si Dios no era bandolero, que hasta allí había sido de su bando y que entonces se había pasado a sus contrarios» (cfr. Julio Caro Baroja: *El señor inquisidor y otras vidas por oficio,* Madrid, Alianza, 1968, página 107).

baxillas de plata, montes e dehesas, 30
de muchas viandas pobladas sus mesas,
de todos deleites ricos, abondados.

»Yo antes que tenga diez francos enteros,
por más que catorze estó ya adebdado,
segunt los diablos fuyen de sagrado 35
así de mi arca fuyen los dineros;
de casas, viñas e plata, heredades,
sólo el deseo, Señor, vos me dades,
ca en cuantas villas yo sé nin cibdades
mujer nunca fallo con dos traveseros. 40

»E yo afanando por algo allegar,
fuye él de mí segunt de enemigo;
unos han vino, cevada con trigo,
cuanto non tienen a do lo encerrar,
yeguas e vacas, carneros e ovejas, 45
e cera e miel, aceñas e abejas,
e tanta riqueza que ya a sus orejas
nunca les vino de lo demandar.

»De todos los bienes las casas llenas,
en muy ricas camas con sus paramentos 50
se fuelgan, e yo con aguas e vientos
andando caminos por casas ajenas;
si viene el verano con grandes calores
non les empece con aguas e olores,
e yo con las siestas sufriendo dolores, 55
beviendo las aguas salobres, non buenas.

»A unos, reyendo con poco cuidado,
aljófar se torna la su negra pez,
e yo compro caro e vendo rafez,
nunca he ganancia en ningún mercado; 60
e si alguna cossa me faz menester,
por oro nin plata non la puedo haver,
e cuando algo me cumple vender,
de aquello el mundo todo es abondado.

»Unos con poco servicio alcançan, 65
e yo bien serviendo siempre reniego,
e cuanto más bivo más poco tengo
e otros de moços sus honras ensalçan;
e acerca d'esto veo otros errores,
a los servidores veo señores, 70
e los señores son servidores,
açores grajean e los cuervos caçan.

»Veo los nobles andar por mal cabo,
los simples alcançan honras, oficios,
los nescios honrados en sus beneficios, 75
doctores muy pobres andan en su cabo;
buen home de armas non alcança razión,
peligra inocente por grande ocassión
e muere en su cama provado ladrón,
el malo ha buen fin, el justo mal cabo. 80

»Uno es su vida siempre perder,
otro es su vida siempre ganar;
otro cuidando non cessa llorar,
otro riendo siempre ha plazer;
otro dormiendo ha buena andança, 85
otro afana e nada non alcança;
otro ha bien sin grant esperança,
otro espera e non puede haver.

»E pues que notorio e sobre natura,
Señor, es el vuestro absoluto poder, 90
fazedme por vuestra merced entender
aquesta ordenança que tanto es escura;
de aquestos reveses que yo vo tomando
presumo de vos manera de vando,
pero aquesto digo, Señor, protestando 95
tener lo que tiene la Santa Escritura.»

Aquesto assí dicho, cesé ya, callando
un rato pensoso e con mal donaire,
e assí estando, una boz en el aire

oí muy sabrosa que dixo: «Ferrando, 100
sepas por cierto que la tu querella
traspasó los cielos como centella;
embíate ungüente que pongas en ella
aquel Dios que bive por siempre renando.

»Segunt por tus dichos paresce, deseas 105
honras, poderes, vicios, riquezas,
e los flagelos te son asperezas
que Dios te embía; más tú cierto seas
que el hombre que nunca ha tentación
non está mejor, nin ha salvación, 110
nin honras, riquezas, segunt Salamón
alega, otrosí el profeta Micheas.

»Aunque parescen ser deleitossas
a la vuestra vida que cedo fenesce,
mas a la otra que nunca fallesce 115
son muy contrallas e muy peligrosas;
que los que ansí biven honrosos,
así de perderlas son temerossos,
e son muchos d'ellos tristes, cuidosos,
mirando la fin de todas las cosas. 120

»Assaz poco sesso es home olvidar
las cosas altas que son duraderas
por éstas tan baxas e fallescederas,
que segunt que el feno se han de secar;
que a esta vida pobres venimos 125
e pobres e tristes d'ella partimos,
pues tal plazer es el que sentimos
que todo en tristeza se ha de acabar.

»Ca essos que algos e honras posseen
non son tan ledos como tú piensas, 130

111-112. *segunt Salamón alega:* «cfr., por ejemplo, *Eclesiastés, 5» (PCS,* página 122).
112. «Referencia a Miqueas, 6-9-16» *(PCS,* pág. 122).

mayores tormentos e cargos, ofensas
sienten de dentro que tus ojos veen;
que cuanto más alta es la sobida
más peligrosa será la caída,
e si la pobreza es tan abatida   135
muchas virtudes d'ellas se leen.

»Aquesta hovo por su compañera
el Fijo de Dios treinta e dos años;
aquesta non teme pérdidas nin daños,
mas es muy justa e cierta carrera;   140
por ésta el regno del cielo se alcança;
aquesta guarda la santa homildança;
por ésta los santos hovieron folgança,
de todas virtudes ésta es primera.

»Pobreza es folgura, e luz, claridat,   145
señora esenta e puerto seguro;
riqueza es sierva e valle escuro,
trabajo, tormento de grant ceguedat,
sobervia e ira, sañoso león,
cobdicia, avaricia, fambriento dragón,   150
desdén, vanagloria, orgullo, baldón,
engaño, mentira, cruel falsedat.

»Si esto non sana el tu entendimiento
pon un buen medio en tu coraçón:
que has de los homes igual condición   155
en ciencia, en honra, en mantenimiento;
que todos sienten mayores, menores,
unos non tales e otros mejores,
más nescios que ellos e más sabidores,
más pobres, más ricos: así sey contento.   160

»Lo ál que paresce non ser bien fecho
en los tus ojos, segunt la ordenança,
en Dios es ello muy sin errança,
sin nigún daño, con todo provecho;
aunque esto tu seso non puede alcançar,   165

    devriés una cosa tú considerar,
    qu'el juez que es justo non deve judgar
    salvo justicia, razón e derecho.

»Si d'esto demandas la certenidat
de todo en todo, dime tú luego   170
por cuál manera cuanto con el fuego
Dios da la calor e la sequedat,
e la humidat con la calentura,
el húmido frío con frío se cura;
e fazme tú cierto por cuál figura   175
la luz fue partida de la escuridat.

»O qué tales son aquellos cimientos
que sostienen la tierra, el aire, el cielo,
e cómo el agua se tornó en yelo,
o qué cuerpo tienen los cuatro elementos,   180
o dónde han luz estrellas fermosas,
e cuando sopieres dezir estas cosas,
las tus cuistiones que sientes dudosas
verás mucho claras e sin argumentos.

Finida
»Por ende, tú, home, podrido gusano,   185
non escodriñes las obras de Dios,
que de otra guissa las obra que nos,
e da ya folgura al tu sesso vano;
que cuanto más d'Él quisieres saber,
tanto más alto verás su poder,   190
e cúmplete assaz muy simple creer
que eres fechura de su santa mano.»

---

169 y ss. El argumento de estos versos recuerda de cerca el *Libro de Job*, 38.
185-192. Esta insistencia en la ignorancia del hombre es típica de Calavera: «Los sessos humanos non cesan urdiendo, / texendo e faziendo obras de arañas» *(CB,* III, pág. 1079).

114

19

ESTE DEZIR FIZO E ORDENÓ EL DICHO FERNAND SANCHES TALAVERA POR CONTEMPLACIÓN DE UNA SU LINDA ENAMORADA; EN EL CUAL DEZIR VA RELATANDO ÉL SU ENTENCIÓN A ELLA E VA ELLA RESPONDIENDO A ÉL CADA UNA COSA DE LO QUE LE DIZE; E DANSE DE LOS ESCUDOS EL UNO AL OTRO COMO EN GASAJADO DE MOTES

Fui a ver este otro día,
estándome de vagar,
una señora que amar
en algún tiempo solía;
fabléla en cortesía, 5
dixe: «Dios vos mantenga»;
ella dixo: «Muy bien benga
el que venir non devía.»

«Véovos estar ufana,
que así vos razonades.» 10
«A la fe, bien lo creades
que de vuestro mal soy sana.»
«E pues al que bien afana
¿qué galardón le daredes?»
«Id, amigo, que tenedes 15
la cabeça muy liviana.»

«Otro tiempo vi, señora,
que mejor me rescebistes.»
«Vos mesmo lo merecistes;
andad, idvos en buena hora; 20
al que siempre fuera mora
non lo quiero por amado.»
«Vuestro fui e soy de grado.»
«Ya non vos cumple agora.»

«Non lo soliedes haver, 25
mucho vos veo ser flaca.»
«Non curedes de la vaca

       que non havedes de comer.»
«Sería ledo en vos ver
bien alegre e plazentera.» 30
«Id, que non soy la primera
que fue loca en vos creer.»

«¿Por qué me dezides esto?»
«Amigo, yo me lo entiendo.»
Alleguéme sonreyendo,
dixo: «Mucho sodedes presto.»
Hóvolo por grand denuesto
porque le llamé perrilla;
diz: «Tornadvos a Sevilla,
amor de agua en cesto.» 40

«En seguir aquesta rama
parésceme que soy loco.»
«¡Ay amigo!, e no de poco,
amar a quien non vos ama;
farta soy de mala fama.» 45
«Señora, mas non por mí.»
«¡Ay señor Dios, ansí
arda en fuego vuestra alma!»

---

36. *sodedes:* es la lectura del manuscrito. Pidal propone *soedes (CB,* página 1089).
40. Expresión relacionada con varios refranes (por ejemplo, «Amor de niño, agua en cestillo»).

FERNÁN PÉREZ DE GUZMÁN

Emparentado con Pero López de Ayala y el Marqués de Santillana, su vida se desarrolla aproximadamente entre 1380 y 1460. Fue señor de Batres, partidario de los infantes de Aragón, y enemigo decidido de don Álvaro de Luna. En 1432 desaparece del escenario político y se retira a sus tierras, donde pasa los últimos años dedicados a la meditación y la lectura.

Más conocido como autor de las Generaciones y semblanzas, *Pérez de Guzmán es también un poeta ampliamente representando en los cancioneros. Su faceta más característica es la de moralista grave, autor de extensos poemas como las* Setecientas *o la* Confesión *rimada. Pero junto a esta orientación habrá que señalar otra, la de poeta amoroso, más o menos fiel a las convenciones de la lírica cortesana.*

PÉREZ DE GUZMÁN, Fernán, *Las Sietecientas [...]*, Cieza, «... la fonte que mana y corre...», 1965. (Es edición facsimilar de la de Sevilla, Cronberger, 1506).
— *Generaciones y semblanzas*, ed. R. B. Tate, Londres, Tamesis Books, 1965, especialmente págs. VII-XIII y 73-82.

SORIA, A., «La *Confesión rimada* de Fernán Pérez de Gúzman», *BRAE*, XL (1960), págs. 191-263.

Sigo el texto de *CB*, III, págs. 1109-1112, núm. 551.

20

ESTE DEZIR DE LOORES FIZO E ORDENÓ EL DICHO FERNAND PÉREZ A LEONOR DE LOS PAÑOS*

> El gentil niño Narciso,
> en una fuente engañado,
> de sí mesmo enamorado
> muy esquiva muerte priso;
> señora de noble riso, 5
> e de muy gracioso brío,
> a mirar fuente nin río
> non se atreva vuestro viso.
>
> Deseando vuestra vida
> aún vos do otro consejo: 10
> que non se mire en espejo
> vuestra faz clara e garrida;
> quién sabe si la partida
> vos será dende tan fuerte,
> por que fuese en vos la muerte 15
> de Narciso repetida.
>
> Engañaron sotilmente,
> por emaginación loca,
> fermosura e heredad poca
> al niño bien paresciente; 20
> estrella resplandesciente,
> mirad bien estas dos vías,

---

* Son varios los cancioneros que atribuyen el poema a Macías, pero parece más probable que su autor sea Fernán Pérez de Guzmán (cfr. *PC*, páginas 180-181). No es segura la identificación de Leonor de los Paños: Azáceta *(CB,* III, págs. 1109-1110) piensa que se trata de una camarera de la reina de Aragón; otros la consideran una primera mujer del autor *(PC,* pág. 181).

11-16. La advertencia reaparece varias veces en los cancioneros. Cfr., por ejemplo, Gómez Manrique *(FD,* II, núm. 407, pág. 125): «Y fallo por buen consejo, / si vuestra vida queréis / que jamás en buen espejo / nin en agua vos miréis.»

19. Parece más lógica la lectura *fermosura y edat poca* que ofrecen los cancioneros de *Roma* y *Estúñiga (CB,* III, pág. 1110).

pues edad e pocos días
cada cual en vos se siente.

¿Quién sino los serafines   25
vos vencen de fermosura,
de niñés e de frescura,
las flores de los jazmines?
Pues, rosa de los jasmines,
haved la fuente escusada   30
por aquella que es llamada
estrella de los maitines.

Prados, rosas e flores
otorgo que los miredes,
e plázeme que escuchedes   35
dulces cantigas de amores;
mas por sol nin por calores
tal codicia non vos ciegue:
vuestra vista siempre niegue
las fuentes e sus dulçores.   40

Con plazer e gozo e riso
ruego a Dios que resplandescan
vuestros bienes, e florescan
más que los de Dido Elisa;
vuestra faz muy blanca, lisa,   45
jamás nunca sienta pena;
adiós, flor de azuzena,
en la voz d'esta pesquisa.

---

32 *estrella de los maitines:* referencia al planeta Venus e, indirectamente, al sentimiento amoroso.

JUAN RODRÍGUEZ DEL PADRÓN

Conocido también como Juan Rodríguez de la Cámara, nació en los años finales del siglo XIV en la villa de Padrón. Fue familiar del cardenal Juan de Cervantes, con quien estuvo en el Capítulo General de los franciscanos en Asís (1430) y, más tarde, en el Concilio de Basilea. Tras tomar el hábito franciscano en Jerusalén en 1442, regresó a Galicia y vivió en el monasterio de Herbón hasta su muerte.

Tradujo las Heroidas *de Ovidio con el título de* Bursario, *y escribió varias obras en prosa, entre las que destaca su ficción sentimental* Siervo libre de amor. *Como poeta, es autor de dos famosas parodias sacroprofanas,* Los siete gozos de amor *y* Los diez mandamientos de amor, *así como de algunas composiciones más breves, que figuran entre las mejores de la lírica de los cancioneros. El cancionero del British Museum sitúa bajo su nombre tres romances, cuya atribución al poeta sigue siendo todavía objeto de discusión.*

Rodríguez del Padrón, Juan, *Obras,* ed. A. Paz y Melia, Madrid, 1884.
— *Obras completas,* ed. César Hernández Alonso, Madrid, Editora Nacional, 1982.

Andrachuk, Gregory P., «A re-examination of the poetry of Juan Rodríguez del Padrón», *BHS,* LVII (1980), págs. 299-308.
Gilderman, M. S., «La crítica literaria y la poesía de Juan Rodríguez del Padrón», *BFE,* núms. 40-41 (1971), págs. 14-25.
Lida de Malkiel, María Rosa, «Juan Rodríguez del Padrón. Vida y obras», *NRFH,* VI (1952), págs. 313-351, «Influencia», *NRFH,* VIII (1954), págs. 1-38; «Adiciones», *NRFH,* XIV (1960), pági-

nas 318-321. Ahora en sus libros: *Estudios sobre la literatura española del siglo XV*, Madrid, José Porrúa, 1977, págs. 21-144.
MARTÍNEZ BARBEITO, Carlos, *Macías el enamorado y Juan Rodríguez del Padrón. Estudio y antología*, Santiago de Compostela, Bibliófilos Gallegos, 1951.

Sigo la edición de César Hernández Alonso:
núm. 21: págs. 329-330 (núm. 3)
núm. 22: pág. 331 (núm. 4)
núm. 23: pág. 332 (núm. 5)
núm. 24: pág. 335 (núm. 7)
núm. 25: págs. 338-339 (núm. 9).
núm. 26: págs. 340-341 (núm. 10).

21

CANCIÓN

¡Ham, ham, huid, que ravio!
Con ravia, de vos no trave,
por travar de quien agravio
recibo tal y tan grave.

Si yo ravio por amar, 5
esto no sabrán de mí,
que del todo enmudescí,
que no sé sino ladrar.
¡Ham, ham, huid, que ravio!
¡Oh quién pudiese travar 10
de quien me haze el agravio
y tantos males passar!

Ladrando con mis cuidados,
mil vezes me viene a mientes
de lançar en mí los dientes 15
y me comer a bocados.
¡Ham, ham, huid, que ravio!

5-12. El extraño motivo de la composición parece inspirado en Macías (María Rosa Lida, *Estudios...*, ob. cit., pág. 42).

Aullad, pobres sentidos;
pues os hazen mal agravio,
dad más fuertes alaridos. 20

Cabo
No cessando de raviar,
no digo si por amores,
no valen saludadores,
ni las ondas de la mar.
¡Ham, ham, huid, que ravio! 25
Pues no cumple declarar
la causa de tal agravio,
el remedio es el callar.

22

CANCIÓN*

Cuidado nuevo venido
me da de nueva manera
pena la más verdadera
que jamás he padescido.

Yo ardo, sin ser quemado, 5
en bivas llamas d'amor;
peno sin haver dolor;
muero sin ser visitado
de quién, con beldad vencido,
me tiene so su bandera. 10
¡Oh mi pena postrimera,
secreto huego encendido!

---

* Según los cancioneros, este poema aparece como anónimo, o atribuido a Florencia Pinar, Pedro de Quiñones o Rodríguez del Padrón. Hernández Alonso se inclina por la autoría de este último.

23

CANCIÓN

Sólo por ver a Macías
e de amor me partir,
yo me querría morir,
con tanto que resurgir
pudiese dende a tres días.

Mas luego que resurgiese,
¿quién me podría tener
que en mi mortaja non fuese,
linda señora, a te ver,
por ver qué planto farías,
señora, o qué reír?
Yo me querría morir,
con tanto que resurgir
pudiese dende a tres días.

24

CANCIÓN

Bien amar, leal servir,
cridar e dezir mis penas,
es sembrar en las arenas
o en las ondas escrevir.

Si tanto cuanto serví
sembrara en la ribera,
tengo que reverdesciera
e diera fructo de sí.
E aun por verdat dezir,
si yo tanto escreviera
en la mar, yo bien podiera
todas las ondas teñir.

25

CANCIÓN*

Bive leda, si podrás,
e non penes atendiendo,
que segund peno partiendo
non espero que jamás
te veré nin me verás. 5

¡Oh dolorosa partida!
¡Triste amador, que pido
licencia, e me despido
de tu vista e de la vida!
El trabajo perderás 10
en haver de mí más cura,
que según mi gran tristura,
non espero que jamás
te veré nin me verás.

Pues que fustes la primera 15
de quien yo me cativé,
desde aquí vos do mi fe
vos serés la postrimera.

26

CANCIÓN

Fuego del divino rayo,
dulce flama sin ardor,
esfuerço contra desmayo,
remedio contra dolor,
alumbra tu servidor. 5

---

* Es esta una de las composiciones más populares de su autor. Fue glosada en varias ocasiones y la incluyeron en sus propios poemas Gómez Manrique, Garci Sánchez de Badajoz y Jerónimo Pinar *(PC,* pág. 193).

La falsa gloria del mundo
y vana prosperidad
contemplé;
con pensamiento profundo
el centro de su maldad   10
penetré;
oiga quien es sabidor
el planto de la serena
la cual, temiendo la pena
de la tormenta mayor,   15
plañe en el tiempo mejor.

Así yo, preso de espanto,
que la divina virtud
ofendí,
comienço mi triste planto   20
fazer en mi juventud
desde aquí;
los desiertos penetrando
do, con esquivo clamor,
pueda, mis culpas llorando,   25
despedirme sin temor
de falso plazer e honor.

Fin

Adiós, real resplandor,
que yo serví e loé
con lealtat,   30
adiós, que todo el favor
e cuanto de amor fablé
es vanidat;
adiós, los que bien amé,

14-16. Esta curiosa observación sobre el lamento de las sirenas está también en el Marqués de Santillana («En el próspero tiempo las serenas», Pérez Priego, I, pág. 282), y en Carvajal («Pues mi vida es llanto o pena», Scoles, pág. 86). Se trata de un tipo de comportamiento del que hablan los bestiarios medievales, y que también se atribuye a los hombres salvajes (Michel Zink, *La pastourelle*, París, Bordas, 1972, pág. 92).

adiós, mundo engañador,　　　　35
adiós, donas que ensalcé,
famosas, dignas de loor,
orad por mí, pecador.

34-38. Estos versos finales recuerdan muy de cerca a una cantiga del Arcediano de Toro («A Deus, Amor, a Deus, el rey», en *CB*, II, págs, 684-686).

JUAN DE MENA

Nació en Córdoba en 1411. Basándose en dos poemas, de Antón de Montoro y de Íñigo Ortiz de Estúñiga, algunos críticos le han supuesto una ascendencia conversa, si bien no existe ningún documento que permita apoyar esa oponión. Fue estudiante en de Salamanca, viajó a Florencia en el séquito del cardenal Torquemada y, más tarde, actuó como secretario y cronista del rey Juan II, a quien va dedicado su poema mayor, el Laberinto de Fortuna *(1444). Su condición de puro hombre de letras no le impidió tomar partido por don Álvaro de Luna y su política de refuerzo de la monarquía, en oposición a los intereses de los grandes aristócratas. Fue, no obstante, amigo del Marqués de Santillana, con quien cruzó varias preguntas y respuestas, y a quien convierte en protagonista de una alegórica* Coronación. *Mena es autor también de un poema inacabado, las* Coplas de los siete pecados mortales, *donde se refleja su desilusión tras el fracaso del Condestable. De hecho, no sobrevivió mucho a sus protectores, pues murió en 1456.*

La obra máxima de Mena supone un intento decisivo, aunque acaso prematuro y parcialmente frustrado, de elevar el castellano a la dignidad poética del latín. El poema, oscuro por sus continuas alusiones eruditas y mitológicas, así como por la intensa latinización de la lengua, gozó de enorme fama, y mereció varios comentarios, como los de Hernán Núñez o el Brocense. El prestigio del autor alcanzó también a sus composiciones satíricas, así como a las amorosas, caracterizadas por un denso intelectualismo y un énfasis en los tonos más desesperados.

MENA, Juan de, *El Laberinto de Fortuna o las Trescientas,* ed. José Manuel Blecua, Madrid, Espasa-Calpe, 1943.
— *Laberinto de Fortuna,* ed. John G. Cummins, Salamanca, Anaya, 1968.

— *Laberinto de Fortuna*, ed. Louise Vasvari Fainberg, Madrid, Alhambra, 1976.
— *Laberinto de Fortuna. Poemas menores*, ed. Miguel Ángel Pérez Priego, Madrid, Editora Nacional, 1976.
— *Obra lírica*, ed. Miguel Ángel Pérez Priego, Madrid, Alhambra, 1979.
— *«Coplas de los siete pecados mortales» and first continuation*, I, ed. Gladys M. Rivera, Madrid, José Porrúa, 1982.

GERICKE, Philip O, «The narrative structure of the *Laberinto de Fortuna*», *RPhil*, XXI (1967-1968), págs. 512-522.
GIMENO CASALDUERO, Joaquín, «Notas sobre el *Laberinto de Fortuna*», *MLN*, LXXIX (1964), págs. 125-139. Ahora en su libro *Estructura y diseño en la literatura castellana medieval*, Madrid, José Porrúa, 1975, págs. 197-216.
LAPESA, Rafael, «El elemento moral en el *Laberinto* de Mena: su influjo en la disposición de la obra», *HR*, XXVII (1959), págs. 257-266. Ahora en su libro *De la Edad Media a nuestros días. Estudios de historia literaria*, Madrid, Gredos, 1967, págs. 112-122.
LIDA DE MALKIEL, María Rosa, *Juan de Mena, poeta del Prerrenacimiento español*, México, El Colegio de México, 1950.
MACDONALD, Inez, «The *Coronación* of Juan de Mena: poem and commentary», *HR*, VII (1939), págs. 125-144.
POST, Chandler R., «The sources of Juan de Mena», *RRQ*, III (1912), págs. 223-279.
VARVARO, Alberto, *Premesse ad un' edizione critica delle poesie minori di Juan de Mena*, Nápoles, Liguori, 1964.

Sigo a Pérez Priego: *Obra lírica*, ob. cit:
núm. 27: págs. 67-68 (núm. 1)
núm. 28: págs. 70-71 (núm. 3)
núm. 29: págs. 75-76 (núm. 7)
núm. 30: págs. 77-78 (núm. 8)
núm. 31: págs. 81-87 (núm. 9)
núm. 32: págs. 112-114 (núm. 14)

27

CANCIÓN QUE HIZO JUAN DE MENA ESTANDO MAL

Donde yago en esta cama,
la mayor pena de mí

es pensar cuando partí
de entre braços de mi dama.

A bueltas del mal que siento,   5
de mi partida, par Dios,
tantas vezes me arrepiento,
cuantas me miembro de vos:
tanto que me hazen fama
que de aquesto adolescí,   10
los que saben que partí
de entre braços de mi dama.

Aunque padezco y me callo,
por esso mis tristes quexos
no menos cerca los fallo   15
que vuestros bienes de lexos;
si la fin es que me llama,
¡oh, qué muerte que perdí
en bivir, cuando partí
de entre braços de mi dama!   20

28

JOAN DE MENA

Desque vos miré
e vos a mí vistes,
nunca m'alegré:
*tal pena me distes
que d'ella morré.*   5

---

5. *A bueltas de:* 'junto con'.
5. «J. M. Blecua señaló ya el carácter popular de este estribillo [...]. El motivo de la vista matadora, así como el tipo de verso empleado —es el único caso en que Mena utiliza el hexasílabo en sus canciones—, hacen pensar efectivamente que se trata del desarrollo de un villancico popular» (Pérez Priego, pág. 70).

Las cuitas e dolores
con que soy penado,
son males d'amores
que me havéis causado.
Assí que diré, 10
que mal me fizistes
segunt vos miré:
tal pena me distes
que d'ella morré.

29

CANCIÓN DE JUAN DE MENA

Oiga tu merced y crea,
¡ay de quien nunca te vido!,
hombre que tu gesto vea,
nunca puede ser perdido.

Ya la tu sola virtud, 5
fermosura sin medida,
es mi todo bien y vida
con esfuerço de salud;
quien tu vista ver dessea,
fablará no enfengido: 10
hombre que tu gesto vea,
nunca puede ser perdido.

Pues tu vista me salvó,
cesse tu saña tan fuerte;
pues que, señora, de muerte 15
tu figura me libró,
bien dirá cualquier que sea,
sin temor de ser vencido:
hombre que tu gesto vea,
nunca puede ser perdido 20

---

4. *perdido:* 'condenado', en la acepción religiosa del término.

30

JOAN DE MENA

Más clara que non la luna
sola una
en el mundo vos nacistes,
tan gentil que non hovistes
nin tovistes 5
competidora ninguna.
Desde niñez en la cuna
cobrastes fama e beldad,
con mucha graciosidad
que vos dotó la fortuna. 10

Assí vos organizó
y formó
la composición humana,
que vos sois la más loçana
soberana 15
que la natura crió.
¿Quién, si non vos, mereció
en virtudes ser monarca?
Cuanto bien dixo el Petrarca
por vos lo profectizó. 20

Yo nunca vi condición
por tal son
en la humana mesura,
como vos, linda e pura
criatura, 25
fecha por admiración.
Creo lo hayan a baldón
las otras fermosas bellas,

7-16. El motivo de la dama como obra maestra de la Naturaleza y la Fortuna puede considerarse una variante de otro bien conocido: la dama obra maestra de Dios (cfr. María Rosa Lida, «La dama...», en sus *Estudios*, ob. cit., págs. 206 y ss.; y núm. 31, vv. 16-20, 46-50, núm. 121).

que en estremo grado d'ellas
vos tenéis la perfeción. 30

Vos vedes cómo las rosas
deleitosas
se terminan de las çarças,
y los cuervos de las garças
e picaças, 35
los adobes de las losas,
y lo blanco de lo prrieto,
de lo simple lo discreto:
así es vuestro gesto neto
entre todas las fermosas. 40

Quien vos dio tanto lugar
de robar
la fermosura del mundo,
es un misterio segundo
e profundo. 45
Bien es de maravillar
el valer que vos valéis,
mas una falta tenéis,
la cual poco cognoscéis:
que vos fazéis dessear. 50

Fin
Señora, quered mandar
perdonar
a mí, que poder tenéis,
pues que, segund merecéis
y valéis, 55
yo non vos supe loar.

---

33. *se terminan:* 'son término' (Pérez Priego, pág. 79).
51-56 Sobre el elogio imposible, cfr. núm. 31; núm. 70, vv. 1-4; núm. 106, vv. 28-33, vv. 150 y ss.; núm. 121. Referido a un magnate, núm. 89; y a la Reina Católica, núm. 122. Cfr. también núm. 65, vv. 51-56.

31

EL BATXELLER DE LA TORRE*

Presumir de vos loar,
según es vuestro valer,
parece querer contar
las arenas de la mar,
que dudo que pueda ser. 5
E pensando bien la suma
d'este fecho tan osado,
non quiera Dios que presuma
que por mi grossera pluma
pudiesse ser acabado. 10

Las damas que vos otean
todas reclaman a Dios
lo que piden y desean:
a sí mesmas que se vean
fechas tales como vos. 15
Mas dudo si el Soberano,
con cuanto poder alcança,
pudiesse con la su mano
en este siglo mundano
fazer vuestra semejança. 20

Beldades que con vos moran
vos fazen parecer tal,
que las damas todas lloran
e los hombres vos adoran

---

* El *Cancionero de Vindel* atribuye el poema al bachiller de la Torre. No obstante, teniendo en cuenta que dicho códice abunda en falsas atribuciones, el dato dista de ser definitivo, y no permite descartar la autoría propuesta por otros cancioneros, que sitúan la composición bajo el nombre de Mena (Pérez Priego, pág. 81).
1-5. Sobre el elogio imposible, cfr. núm. 30, vv. 51-56.
16-20. Cfr. núm. 30.
23. El motivo de la envidia de las demás mujeres es frecuente en el propio Mena, y en toda la lírica de los cancioneros. Cfr. núms. 4, 143.

       como cosa celestial.   25
Y los defuntos passados,
por muy santos qu'ellos fuessen,
en la gloria son penados,
descontentos, no pagados,
por morir sin que vos viessen.   30

E las fermosas passadas,
passadas d'aquesta vida,
son contentas e pagadas,
porque fueron sepultadas
primero que vos nascida.   35
E las que quedan agora,
a quien vos fazéis la guerra,
si su beldad no mejora,
a vos tengan por señora
o se pongan so la tierra.   40

E los ángeles del cielo,
a quien Dios mesmo formó,
trocan lo blanco por duelo
porque no son en el suelo
a miraros como yo.   45
E tanto dezir vos oso
sin fablar contrariedad,
que Nuestro Señor poderoso
se falla vanaglorioso
en fazer vuestra beldad.   50

En el coro angelical,
donde mora Sant Miguel,
tienen por más especial
el nuestro reino real,
porque naciestes en él.   55
Vet si devéis haver gloria
d' estar en tal perfección,
que por vuestra grant victoria
es perdida la memoria
de cuantas fueron ni son.   60

Humano poder no fuera
bastante de vos fazer,
ni vuestro padre pudiera
acabado que quisiera
sin el divino poder.   65
Non reclamando herejía,
que non lo digo, par Dios,
non nació ni nacería,
salvo la Virgen María,
ninguna tal como vos.   70

Este processo que sigo
vuestro, quiero que miréis,
y si meresco castigo
de lo que dexo e non digo,
conviene que perdonéis.   75
Porque no puede bastar
de savio ningún saber,
pora poder publicar
lo qu' en vos puede mirar
quien ha dicha de vos ver.   80

Fin
Mas aquél que poco sabe,
su gran culpa lo disculpa:
con el saber que me cabe
consentid que vos alabe,
non cargándome de culpa.   85
Que Dios sabe si querría
loarlo como lo veo,
porque gloria me sería
que con esta mano mía
acabasse tal deseo.   90

32

JOAN DE MENA

¡Oh rabiosas temptaciones!,
datme un poco de vagar,
en que me pueda quexar
de tantas tribulaciones
cuantas sufro padesciendo   5
e he sufrido penando,
atantas vezes muriendo
que la mi vida qu' atiendo,
ya la maldigo llorando.

Ven por mí, muerte maldita,   10
pereçosa en tu venida,
porque pueda dar finida
a la mi cuita infinita;
rasga del todo la foja
do son escriptos mis días,   15
e del mi cuerpo despoja
la vida que tanto enoja
las tristes querellas mías.

Por amar desamo a mí
e eres tú tanto querida;   20
pues quieres muerte por vida,
muriera cuando nací:
o me quisieran do quiero,
o no naciera en el mundo,
o, pues tanto mal espero,   25
fuera el día postrimero
aquel que me fue segundo.

Si el nacer fuera en mi mano,
yo más quisiera no ser
que haver sido e nacer   30
para morir tan temprano;

ca ninguna malandança
no me diera tanta guerra,
ni la bienaventurança
me pusiera en esperança,   35
si antes fuera yo so tierra.

Don Álvaro de Luna (detalle del retablo de la capilla de Santiago, en la catedral de Toledo).

ÍNIGO LÓPEZ DE MENDOZA, MARQUÉS DE SANTILLANA

Hijo del almirante Diego Hurtado de Mendoza, nació en Carrión de los Condes en 1398, y pasó los años de su juventud en Aragón, donde entró en contacto con poetas como Jordi de Sant Jordi y Ausías March. En su formación es también decisiva la amistad con don Enrique de Villena, gracias al cual conoció a Dante, Virgilio y la herencia provenzal. Se distinguió en la batalla de Huelma contra los musulmanes y, más tarde, en la de Olmedo (1445), donde combatió junto a Juan II y don Álvaro de Luna. Fue, no obstante, enemigo feroz de don Álvaro, y pieza clave en las conspiraciones que terminaron con la vida del Condestable.

Su actividad cultural es tan intensa como la militar y política. Reunió una rica biblioteca, y supo rodearse de un grupo de brillantes hombres de letras, como su capellán Pero Díaz de Toledo, Martín González de Lucena, o Nuño de Guzmán, de quien recibía libros desde Italia. Vivió los últimos años de su vida retirado en su palacio de Guadalajara, y murió en 1458.

En la obra poética del Marqués de Santillana pueden distinguirse tres orientaciones que coinciden, aproximadamente, con tres momentos sucesivos. La primera está representada por las serranillas, las canciones y decires líricos; a la segunda, más ambiciosa, corresponden los poemas alegóricos y narrativos, que gozaron de extraordinario prestigio entre los contemporáneos. En un tercer momento, Santillana busca una expresión más densa y una profundización en los contenidos morales y filosóficos: a esa orientación pertenecen algunos de sus mejores poemas: el Bías contra Fortuna *y el* Doctrinal.

Al Marqués de Santillana corresponde también un intento, todavía balbuciente, de acomodar el soneto a nuestra literatura, así como varias obras en prosa. Entre ellas destaca la Carta-proemio, *en la que compendia sus ideas y sus gustos literarios.*

LÓPEZ DE MENDOZA, Íñigo, *Obras de don Íñigo López de Mendoza, Marqués de Santillana,* ed. José Amador de los Ríos, Madrid, 1852.
— *Poesías completas,* 2 vols., ed. Manuel Durán, Madrid, Castalia, 1975-1980.
— *Poesías completas,* I, ed. Miguel Ángel Pérez Priego, Madrid, Alhambra, 1983.
— *Canciones y decires,* ed. Vicente García de Diego, Madrid, La Lectura, 1913. (Varias reediciones en Clásicos Castellanos.)
— *La Comedieta de Ponza,* ed. Maximiliaan P. A. M. Kerkhof, Groningen, Rijksuniversiteit te Groningen, 1976.
— *Defunsión de don Enrique de Villena,* ed. Maximiliaan P. A. M. Kerkhof, La Haya, M. Nijhoff, 1977.
— *Bías contra Fortuna,* ed. Maximiliaan P. A. M. Kerkhof, Madrid, RAE, 1982

DRUZ-SÁENZ, Michèle S. de, «The Marqués de Santillana's *Coplas on don Álvaro de Luna* and the *Doctrinal de privados*», *HR,* 49 (1981), páginas 219-224.
FOREMAN, A. J., «The structure and content of Santillana's *Comedieta de Ponça*», *BHS,* LI (1974), págs. 109-124.
LANGBEHN-ROHLAND, Regula, «Problemas de texto y problemas constructivos en algunos poemas de Santillana: la *Visión,* el *Infierno de los enamorados,* el *Sueño*», *Fil,* XVII-XVIII (1976-1977), págs. 414-431.
LAPESA, Rafael, *La obra literaria del Marqués de Santillana,* Madrid, Ínsula, 1957.
REICHENBERGER, Arnold G., «The Marqués de Santillana and the classical tradition», *IR,* I (1969), págs. 5-34.
SCHIFF, Mario, *La bibliothèque du marquis de Santillane,* París, Emile Bouillon, 1905. Hay reimpresión, Amsterdam, 1970.

Salvo para los núms. 38 y 41, sigo a Pérez Priego, I:
núm. 33: págs. 69-71 (núm. 4)
núm. 34: págs. 74-77 (núm. 6)
núm. 35: págs. 77-79 (núm. 7)
núm. 36: págs. 87-91 (núm. 12)
núm. 37: págs. 95-96 (núm. 16)
núm. 38: Kerkhof, ed. cit.
núm. 39: págs 261-262 (núm. 55)
núm. 40: págs 268-269 (núm. 61)
núm. 41: Ríos, págs. 221-239.

33

CANCIÓN [LA MOÇUELA DE BORES]

  Moçuela de Bores,
  allá do la Lama,
  pusom' en amores.

  Cuidé qu' olvidado
  amor me tenía,   5
  como quien s' havía
  grand tiempo dexado
  de tales dolores
  que más que la llama
  queman, amadores.   10

  Mas vi la fermosa
  de buen continente,
  la cara plaziente,
  fresca como rosa,
  de tales colores   15
  cual nunca vi dama,
  nin otra, señores.

  Por lo cual: «Señora»,
  le dixe, «en verdad
  la vuestra beldad   20
  saldrá desd' agora
  dentr' estos alcores,
  pues meresce fama
  de grandes loores».

  Dixo: «Cavallero,   25
  tiradvos afuera:
  dexad la vaquera

---

 1. Bores, como el resto de los lugares citados en el poema, pertenece a La Liébana, en Santander.

 20-24. El motivo que recogen estos versos es, probablemente, de procedencia ultrapirenaica (Pérez Priego, I, pág. 20).

                    passar al otero;
                    ca dos labradores
                    me piden de Frama,   30
                    entrambos pastores.»

                    «Señora, pastor
                    seré, si queredes:
                    mandarme podedes
                    como a servidor;   35
                    mayores dulçores
                    será a mí la brama
                    que oír ruiseñores.»

                    Assí concluimos
                    el nuestro processo,   40
                    sin fazer excesso,
                    e nos avenimos.
                    E fueron las flores
                    de cabe Espinama
                    los encubridores.   45

                            34

           CANCIÓN [LA MOÇA DE BEDMAR]

           Entre Torres y Canena,
           acerca des' allozar,
           fallé moça de Bedmar,
           ¡sant Jullán en buena estrena!

           Pellote negro vestía   5
           e lienços blancos tocava,

32-35. También este ofrecimiento del caballero tiene precedentes franco-provenzales (Pérez Priego, I, págs. 20 y 70).
1. La acción de la serranilla se sitúa en tierras de Jaén. No ha sido identificado Valdepurchena (v. 25).

a fuer del Andaluzía,
e de alcorques se calçava.
Si mi voluntad ajena
non fuera en mejor logar,   10
non me pudiera escusar
de ser preso en su cadena.

Pregunté le dó venía,
después que la hove salvado,
o cuál camino fazía.   15
Díxome que d'un ganado
quel guardavan en Racena,
e passava al olivar
por coger e varear
las olivas de Ximena.   20

Dixe: «Non vades señera,
señora, qu'esta mañana
han corrido la ribera,
aquende de Guadiana,
moros de Valdepurchena   25
de la guarda de Abdilbar:
ca de ver vos mal passar
me sería grave pena.»

Respondióme: «Non curedes,
señor, de mi compañía,   30
pero gracias e mercedes
a vuestra grand cortesía;
ca Miguel de Jamilena
con los de Pegalajar
son passados a atajar: 35
vos tornad en hora buena.»

9-12. La belleza de la pastora no consigue anular el recuerdo de la dama. El motivo, que está ya en la lírica provenzal, reaparece también en la de cancionero (cfr. núm. 45, núm. 59).

26. *Abdilbar:* «Abrahén Audibnar o Adilbar, embajador moro ante el rey Juan II [...]» (Pérez Priego, I, pág. 76).

35

CANCIÓN [LA VAQUERA DE LA FINOJOSA]

Moça tan fermosa
non vi en la frontera,
com' una vaquera
de la Finojosa.

Faziendo la vía 5
del Calatraveño
a Santa María,
vencido del sueño,
por tierra fragosa
perdí la carrera, 10
do vi la vaquera
de la Finojosa.

En un verde prado
de rosas e flores,
guardando ganado 15
con otros pastores,
la vi tan graciosa
que apenas creyera
que fuesse vaquera
de la Finojosa. 20

Non creo las rosas
de la primavera
sean tan fermosas
nin de tal manera.
Fablando sin glosa, 25
si antes supiera
de aquella vaquera
de la Finojosa,

---

4. *Finojosa:* hoy Hinojosa; la acción transcurre en la región de la Sierra, en la provincia de Córdoba. A la misma zona pertenecen el puerto del Calatraveño y la localidad de Santa María (probablemente, la actual villa de Pedroche).

non tanto mirara
su mucha beldad, 30
porque me dexara
en mi libertad.
Mas dixe: «Donosa
(por saber quién era),
¿dónde es la vaquera 35
de la Finojosa?»

Bien como riendo,
dixo: «Bien vengades,
que ya bien entiendo
lo que demandades: 40
non es desseosa
de amar, nin lo espera,
aquessa vaquera
de la Finojosa.»

36

[...] VILLANCICO QUE HIZO EL MARQUÉS DE SANTILLANA A TRES HIJAS SUYAS*

Por una gentil floresta
de lindas flores y rosas,
vide tres damas fermosas
que d' amores han recuesta.
Yo, con voluntad muy presta, 5
me llegué a conoscellas.
Començó la una d' ellas
esta canción tan honesta:

---

* La autoría de este poema es dudosa. Algunos cancioneros lo atribuyen a Suero de Ribera, y no hay razones definitivas para aceptar o descartar esa atribución (sobre el estado de la cuestión, cfr. Pérez Priego, I, págs. 87-88). Se advertirá que el término *villano* no designa una estructura métrica, sino una composición de ambiente o de tono rústico.

Aguardan a mí:
nunca tales guardas vi. 10

Por mirar su fermosura
d' estas tres gentiles damas,
yo cobríme con las ramas,
metíme so la verdura.
La otra con gran tristeza 15
començó de suspirar
y a dezir este cantar
con muy honesta mesura:

La niña que los amores ha,
sola ¿cómo dormirá? 20

Por no les fazer turbança
no quise ir más adelante
a las que con ordenança
cantavan tan consonante.
La otra con buen semblante 25
dixo: «Señoras d' estado,
pues las dos havéis cantado,
a mí conviene que cante:

Dexaldo al villano pene:
véngueme Dios d' ele.» 30

Desque huvieron cantado
estas señoras que digo,
yo salí desconsolado,
como hombre sin abrigo.
Ellas dixeron: «Amigo, 35
non sois vos el que buscamos,
mas cantad, pues que cantamos.»
Dixe este cantar antiguo:

9-10. Ni esta cancioncilla, ni ninguna de las tres siguientes, es obra de Santillana: se trata de antiguas canciones populares, engastadas en una composición culta. El procedimiento, habitual en la lírica románica, recuerda el utilizado por los poetas árabes con respecto a las jarchas.

*Sospirando iva la niña
y non por mí,*   40
que yo bien ge lo entendí.

37

CANCIÓN

Recuérdate de mi vida,
pues que viste
mi partir e despedida
ser tan triste.

Recuérdate que padesco   5
e padescí
las penas que non meresco,
desque oí
la respuesta non devida
que me diste,   10
por la cual mi despedida
fue tan triste.

Pero non cuides, señora,
que por esto
te fue nin te sea agora   15
menos presto,
que de llaga non fengida
me feriste,
assí que mi despedida
fue tan triste.   20

---

15. *fue:* es forma frecuente de primera persona.

38

DEFUNSIÓN DE DON ENRIQUE DE VILLENA, SEÑOR DOCTO E DE EXCELENTE INGENIO*

Robadas havían el Austro e Borea
a prados e selvas las frondes e flores,
venciendo los fuegos e grandes calores
e admitigada la flama apolea;
al tiempo que sale la gentil Idea   5
e fuerça con rayos el aire nocturno,
e los antipodes han claror diurno.
segund testifica la gesta magnea.

Algunos actores en sus connotados
pidieron favores, subsidio e valencia   10
al fulgente Apolo, dador de sciencia,
a Cupido e Venus los enamorados,
al Jove Tronante en otros tractados,
en bélicos actos al feroce Mares;
a las nueve Musas en muchos logares   15
insignes poetas vi recomendados.

Mas yo a ti solo me plaze llamar,
oh cítara dulce más que la d'Orfeo,
que sola tu ayuda non cuido, mas creo
mi rústica mano podrá ministrar.   20
¡Oh biblioteca de moral cantar,
e fuente meliflua do mana elocuencia,
infunde tu gracia e sacra prudencia
en mí, porque pueda tu planto expressar!

---

* Enrique de Villena (1384-1434): hombre de amplios intereses y lecturas y autor de obras como el *Arte de trovar,* ejerció una notable influencia sobre Santillana.

4. *apolea:* de Apolo, es decir, del sol.

5. *Idea:* 'diosa', en este caso, Diana, es decir, la luna.

8. *la gesta magnea:* la *Farsalia,* de M. Anneo Lucano. Toda la estrofa no hace sino precisar la estación, y la hora del día. Estos amaneceres y anocheceres mitológicos son habituales en la poesía elevada de la época.

17-24. El poeta se dirige al propio don Enrique de Villena, y le pide su ayuda, en lugar de solicitarla de las Musas, o de los dioses (cfr. núm. 78, vv. 1-27).

Al tiempo e a la hora suso memorado, 25
assí como niño que sacan de cuna,
non sé fatalmente o si por fortuna,
me vi todo solo al pie de un collado
selvático, espesso, lexano a poblado,
agresto, desierto e tan espantable, 30
ca temo vergüeña, non siendo culpable,
cuando por extenso lo havré relatado.

Yo non vi carrera de gentes cursada,
nin rastro exercido por do me guiasse,
nin persona alguna a quien demandasse 35
consejo a mi cuita tan desmoderada.
Mas sola una senda muy poco usitada
al medio d'aquella tan grand espesura,
bien como de armento subiente al altura,
del rayo dianeo me fue demostrada. 40

Por la cual me puse sin toda esperança
de bien, trabajado, temiente e cuidoso;
e pensar se puede cuál era el reposo,
porque yo toviesse otra confiança.
E aquella siguiendo sin más demorança, 45
vi fieras diformes e animalias brutas
salir de unas cuevas, cavernas e grutas,
faziendo señales de grand tribulança.

Hipólito e Fauno yo dubdo si vieron
ni Chirón en Matia tal copia de fieras 50
de tales nin tantas diversas maneras,
nin las venadrizes que al monte se dieron.
Si nuestros actores verdad escrivieron,
o por fermosura escuras ficciones,

---

40. *dianeo:* de Diana, o sea, la luna.

49. *Hipólito:* hijo de Teseo. Devoto de Artemis, vivía entregado a la caza y despreciando a Afrodita. *Fauno:* dios de los bosques.

50. *Chirón:* uno de los centauros, famoso por su sabiduría. *Matia,* por *Emacia* 'Tesalia'.

52. *venadrizes:* 'cazadoras'; en este caso, probablemente, las ninfas.

en la selva Ida de tantas facciones 55
bestias non fallaron los que las siguieron.

Non vi yo sus cuellos e crines alçadas,
nin vi las sus bocas con furia espumantes,
nin batir sus dientes, nin amenazantes,
nin de agudas uñas sus manos armadas; 60
mas vi sus cabeças al suelo inclinadas,
gimiendo muy tristes, bien como el león
que al santo ermitaño mostró su passión,
do fueron sus llagas sin temor curadas.

Más admirativo que non pavoroso 65
de la tal noveza que tarde acaesce,
assí como aflicto que pena e caresce
de toda folgura, e bive angoxoso,
seguí mi camino, pero trabajoso,
do yo vi centauros, espingos e arpinas; 70
e vi más las formas de fembras marinas,
nuzientes a Ulixes con canto amoroso.

E fue yo a la hora, bien como el Troyano
fuyente a Celeno de las Estrofadas,
e rompió las olas a velas infladas 75
e vino al nefando puerto cicoplano.
Si mi baxo estilo aun non es tan plano,
bien como querrían los que non leyeron,
culpen sus ingenios que jamás se dieron
a ver las historias, que non les explano. 80

63-64. «Referencia a la leyenda de San Antonio, ermitaño del siglo IV, contaminada con la de San Gerásimo del siglo V» (Kerkhof, pág. 85). San Gerásimo sacó una espina de la zarpa de un león que, agradecido, lo sirvió hasta su muerte. Se relata una historia parecida de S. Jerónimo.

70. *espingos:* esfinges, animales con cabeza de mujer y cuerpo de león; *arpinas:* 'harpías'.

71-72. Referencia a las sirenas, que, con su canto, atraían a los navegantes hacia su destrucción.

73. *fue* es forma de 1.ª persona, como en v. 137.

73-76. Santillana alude aquí al episodio de Eneas y las harpías: Celeno es una de ellas, y las Estrófadas las islas donde viven (cfr. *Eneida*, III, vv. 210 y ss.). En ese mismo canto se relata la llegada a la tierra de los Cíclopes.

Quebravan los arcos de huesso, corvados
con la humana cuerda, de aquella manera
que fazen la seña o noble vandera
del magno defunto los fieles criados.
Rompían las troças e coldres manchados   85
del peloso cuero con tanta fereza,
ca dubdo si Hecuba sintió más graveza
en sus infortunios que Homero ha contados.

Sus bozes clamosas al aire espantavan
e de todas partes la turba crescía;   90
el estremo sueno las nuves rompía
e los fondos valles del monte tronavan:
con húmidos ojos jamás non cessavan
en son lacrimable el continuo lloro;
Ligurgo non fizo por Antimidoro   95
tal duelo, nin todos los que lo lloravan.

Yo non desistiendo de lo començado,
como el que passa por quien non conosce,
passé por aquella compaña feroce,
non muy orgulloso, el viso inclinado.   100
E yendo adelante, vi más en un prado
d'aquella simiente del val damaceno
fazer mayor planto que Neso e Celeno
nin todos los otros, de quien he tractado.

Aquéllos sus caras sin duelo ferían   105
e los cossos juntos en tierra lançavan;
e tan despiadados sus fazes rasgavan,
ca bien se mostravan que non lo fingían.
Infinitos otros a estos seguían,
con bozes cansadas e tristes acentos   110

95-96. Alusión al duelo que Ligurgo hizo sobre su hijo Arquémoro, a quien Santillana confunde con Artemidoro (Kerkhof, pág. 87).

102. *val damaceno:* Damasco era conocido por su fertilidad.

103. *Neso:* uno de los centauros, muerto por Hércules.

106. *cossos:* plural de *cos*, 'cuerpo'.

blasmando a Fortuna e sus movimientos
e todos aquellos que en ella confían.

La fulgor de Acates se iva alexando
de aquel hemisperio e apenas luzía;
la fosca tiniebla el aire impedía, 115
e dobles terrores me fueron cercando.
Mas el sacro aspecto que mira, acatando
con benignos ojos a los miserables,
bien como a la nave, que suelta los cables
e va con buen viento leda navegando, 120

assí me levava por la mesma vía
o estrecha senda que yo he narrado,
pujando a la cumbre del monte elevado,
do yo me cuidava que reposaría.
Mas bien como cuando de noche e de día 125
se fallan compañas en el jubileo
desde la Monjoya fasta el Zebedeo,
yo non dava passo sin grand compañía.

Assí conseguimos aquella carrera
fasta que llegamos a somo del monte, 130
non menos cansados que Dante Acharonte,
allí do se passa la triste ribera.
E como yo fuesse en la delantera,
assí como en fiesta de la Candelaria,
de antorchas e cirios vi tal luminaria 135
que la selva toda mostrava cuál era.

Fendiendo la lumbre, fue ya dicerniendo
unas ricas andas e lecho guarnido,
de filo de Arabia obrado e texido,

---

113. *Acates:* Hécate, la diosa lunar.
117. *sacro aspecto* la diosa que guía al poeta.
127. *desde la Monjoya fasta el Zebedeo:* «Quiere decir que había diversidad de peregrinos de diversos nombres» (Kerkhof, pág. 97).
131. *Acaronte,* por *Aqueronte;* uno de los ríos infernales al que, efectivamente, llega Dante *(Inferno,* III).

    e nueve donzellas en torno plañiendo, 140
    los cabellos sueltos, las fazes rompiendo,
    assí como fijas por padre muy caro,
    diziendo: «¡Cuitadas!, ya nuestro reparo
    del todo a pedaços va desfallesciendo.

    »Perdimos a Homero, que mucho honorava 145
    este sacro monte, do nos habitamos;
    perdimos a Ovidio, al cual coronamos
    del árbol laureo, que mucho s'amava;
    perdimos a Horacio, que nos invocava
    en todos exordios de su poesía; 150
    assí diminuye la nuestra valía,
    qu'en tiempos passados tanto prosperava.

    »Perdimos a Libio e al Mantuano,
    Macrobio, Valerio, Salustio e Magneo;
    pues non olvidemos al moral Eneo, 155
    de quien se laudava el pueblo romano.
    Perdimos a Tulio e a Cassilano,
    Alano, Boecio, Petrarca e Fulgencio;
    perdimos a Dante, Gaufredo, Terencio,
    Juvenal, Estacio e Quintiliano. 160

    »E bien como templo, a quien fallescido
    han las sus columpnas por grand antigor,
    e una tan sola le faze favor,
    assí don Enrique nos ha sostenido;
    el cual ha por suyo el cielo elegido, 165

---

140. Las nueve Musas.

149-150. Más bien se trata de que Horacio recomienda invocar a las Musas en todos los exordios (Kerkhof, pág. 90).

154. *Macrobio:* escritor latino del siglo IV; *Valerio:* Valerio Máximo, autor de los *Hechos y dichos memorables; Magneo:* M. Anneo Lucano.

155. *Eneo:* se refiere a Enio, poeta latino del siglo III-II a.C.

157. *Tulio:* Marco Tulio Cicerón; *Cassilano:* Kerkhof lo identifica con Juan Casiano, escritor ascético (360-435).

158. *Alano:* Alanus ab Insulis, escritor del siglo XII y autor del *Anticlaudianus; Fulgencio:* autor latino del siglo VI.

159. *Gaufredo:* para Kerkhof se trata del trovador Jaufré de Foxá o bien de Galfrid de Vinsauf, autor de una *Nova poetria* (siglo XII).

e puesto en compaña del superno coro.
  ¡Cuitadas!... , lloremos tan rico tesoro,
  como sin recurso havemos perdido.»

Sabida la muerte d'aquél mucho amado,
mayor de los sabios del tiempo presente, 170
de dolor pungido, lloré tristemente
e maldixe Antropos, con furia indignado,
e la su crueza que non cata vado
nin cura de sabio más que de imprudente,
e faz al menguado igual del potente, 175
cortando la tela que Cloto ha filado.

Finida
Después del aurora, el sueño passado
dexóme, levando consigo esta gente,
e vime en el lecho tan incontinente,
como al pie del monte por mí recontado. 180

39

SONETO

  Cual se mostrava la gentil Lavina
en los honrados templos de Laurencia,
cuando solepnizaban a Heritina
  las gentes d' ella con toda femencia,
e cual paresce flor de clavellina 5
en los frescos jardines de Florencia,
vieron mis ojos en forma divina
  la vuestra imagen e dina presencia,
cuando la llaga o mortal ferida

---
172. *Antropos:* como *Cloto* (v. 176), una de las Parcas.
1. *Lavina:* esposa de Eneas e hija del rey del Lacio. «Estos versos evocan un pasaje del comienzo del lib. VII de la *Eneida* (vv. 71-77), donde, estando Lavinia haciendo un sacrificio ante el altar y quemando perfumes, el fuego prendió en su cabellera y quedó envuelta en una pálida nube de claridad y de humo» (Pérez Priego, I, pág. 262).

llagó mi pecho con dardo amoroso: 10
la cual me mata en prompto e da vida,
   me faze ledo, contento e quexoso;
alegre passo la pena indevida,
ardiendo en fuego me fallo en reposo.

40

SONETO

Non es el rayo del Febo luziente,
nin los filos de Arabia más fermosos
que los vuestros cabellos luminosos,
nin gema de topaza tan fulgente.
   Eran ligados de un verdor plaziente 5
e flores de jazmín que los ornava
e su perfecta belleza mostrava,
cual biva flama o estrella d'Oriente.
   Loó mi lengua, maguer sea indigna,
aquel buen punto que primero vi 10
la vuestra imagen e forma divina,
   tal como perla e claro rubí,
e vuestra vista társica e benigna,
a cuyo esguarde e merced me di.

---

13. *vista társica:* 'ojos verdes'. El adjetivo *társica* deriva del sustantivo *tharsis*, que designa a una piedra preciosa de color amarillo verdoso. Convendrá no pasar por alto el valor simbólico de ese color, relacionado con la esperanza (Pérez Priego, I, pág. 269).

41

DOTRINAL DE PRIVADOS FECHO A LA MUERTE DEL MAESTRE DE SANCTIAGO, DON ÁLVARO DE LUNA; DONDE SE INTRODUCE EL AUTOR, FABLANDO EN NOMBRE DEL MAESTRE*

Vi tesoros ayuntados
por grand daño de su dueño:
así como sombra o sueño
son nuestros días contados.
E si fueron prorrogados 5
por sus lágrimas a algunos,
d' estos non vemos ningunos,
por nuestros negros pecados.

Abrit, abrit vuestros ojos;
gentíos, mirat a mí; 10
cuanto vistes, cuanto vi,
fantasmas fueron e antojos;
con trabajos, con enojos
usurpé tal señoría:
que si fue, non era mía, 15
mas endevidos despojos.

Casa a casa, ¡guay de mí!,
e campo a campo allegué,
cosa ajena non dexé;
tanto quise cuanto vi. 20
¡Agora, pues, vet aquí
cuánto valen mis riqueças,
tierras, villas, fortaleças,
tras quien mi tiempo perdí!

¡Oh fambre de oro rabiosa! 25
¿Cuáles son los coraçones

---

* El *Doctrinal* está escrito después de la caída de don Álvaro, y constituye una especie de venganza poética que Santillana se toma sobre el enemigo vencido.

humanos que tú perdones
en esta vida engañosa?
Maguer farta, querellosa
eres en todos estados, 30
non menos a los passados
que a los pressentes dapñosa.

¿Qué se fiço la moneda
que guardé, para mis daños,
tantos tiempos, tantos años, 35
plata, joyas, oro e seda?
Ca de todo non me queda
sinon este cadahalso.
¡Mundo malo, mundo falso,
non es quien contigo pueda! 40

A Dios non referí grado
de las gracias e mercedes,
que me fiço cuantas vedes,
e me sostuvo en estado
mayor e más prosperado 45
que nunca jamás se vio
en España, nin se oyó
de ningún otro privado.

Pues vosotros que corredes
al gusto d'este dulçor, 50
temet a Nuestro Señor
si por ventura queredes
fabricar vuestras paredes
sobre buen cimiento aosadas;
e serán vuestras moradas 55
fuertes, firmes, non dubdedes.

Guardatvos de mal vivir,
pues canes a noche mala

---

41. *referí grado:* 'agradecí'.
58-59. «Refrán: 'en noche tormentosa, los perros no avisan'» *(PCS,* página 156).

non ladran, nin es quien vala
si Dios lo quiere punir; 60
¿qué os presta el refuir
nin contrastar a su ira?
Si s'aluenga, non se tira,
nin se puede resistir.

Ca si fui deshonestado, 65
o si quise proveer,
bien se me deve creer;
mas contrastar lo fadado,
o forçar lo qu'es forçado,
a Dios solo pertenesce; 70
pues quien no se lo meresce
passe por lo destinado.

D'este favor cortesano
lo que nunca sope, sé:
non advertí nin pensé 75
cuánto es caduco e vano;
así, que de llano en llano,
sin algún temor nin miedo,
cuando me dieron el dedo,
abarqué toda la mano. 80

Mal jugar face quien juega
con quien siente, maguer calle;
de lo que fiço en la calle
¿quién es el que se desniega?
Ambición es cosa ciega 85
e rescibo dissoluto:
poder e mando absoluto,
fi de madre es quien lo niega.

---

88. *fi de madre:* «expresión que se usa con alguna viveza para llamar a alguno bastardo o hijo de puta» *(Diccionario de autoridades,* citado en *PCS,* pág. 157). El significado de los vv. 87-88 sería, por tanto: «es hijo de madre quien niega el poder absoluto (del rey)». Pero me parece preferible puntuar de manera distinta: «Ambición es cosa ciega, / e rescibo dissoluto / poder e mando absoluto (el del privado); / fi de madre es quien lo niega.»

Lo que non fice, facet,
favoridos e privados: 90
si queredes ser amados,
non vos teman, mas temet;
templat la cúpida set,
consejat retos juicios;
esquivat los perjudicios,   95
la raçón obedescet.

Ca si fuéredes medidos
en rescebir, non dubdedes,
con mucha raçón faredes
a los otros comedidos;   100
los discretos e sentidos
pedirán cuando sirvieren;
los otros, cuando pidieren,
de poco les sois tenidos.

Por tanto, lo que diré,   105
gentes de la nuestra Hesperia,
acerca d'esta materia,
havetlo como por fee;
de todos me enseñoreé
tanto que de mi señor   110
cuidava ser el mayor
fasta que non lo cuidé.

Aristótiles non creo
sintió de filosofía,
Euclides de geometría   115
nin del cielo Tolomeo,
cuanto d'esto devaneo,
si queredes bien mirar,
e vos puedo demostrar,
nin de la música Orfeo.   120

---

106. *Hesperia:* España.

Privado tovo Abraham,
maguer sancto patriarca;
privado tovo el monarca
Assuero, que fue Amán;
e Joad, su capitán, 125
privado fue de Davit;
mas de todos, me decit,
¿cuáles se me egualarán?

Ca todos los que privaron
con señores e con reyes, 130
non usaron tales leyes
como yo, nin dominaron
por tal guissa, nin mandaron
en cevil nin criminal,
a todos en general, 135
nin pienso que lo pensaron.

Todo home sea contento
de ser como fue su padre,
la mujer, cuanto su madre,
e será devido cuento. 140
Bien permito, si buen viento
le viniere de privança,
lo resciba con templança,
con sesso, e pesso e buen tiento.

E quiera la medianía 145
de las gentes e segure;
non le plega nin procure
extrema soberanía.
Ca sea por albaquía,

121-122. «El privado de Abraham era Elicer; cfr. *Génesis*, 15. 2-4, 24.1 y ss.» *(PCS,* pág. 158).

123-125. El propio Santillana relata la historia de Asuero y Amán *(Ester,* 3-8) en el comentario en prosa a sus *Proverbios, IX:* el privado, caído en desgracia, terminó en la misma horca que había preparado para Mardoqueo.

125-126. *Joad:* Joab, cuya historia se relata en *Samuel,* II *(PCS,* pág. 158).

149-150. *albaquía* es el resto que queda sin pagar de una cuenta. Los dos versos significan, por tanto, «bien a largo plazo, bien de forma inmediata».

o sea contando luego,
de raro passa tal juego
sin pagar la demasía.

¿Qué diré, si non temedes
tan grand eclipse de luna
cual la fortuna ha fecho
por tal que vos avisedes?
Fice gracias e mercedes;
non comí solo mi gallo,
mas ensillo mi cavallo
solo, como todos vedes.

Pero bien lo merescí,
pues a quien tanto me fiço,
fice porque me desfiço:
¡tanto m'ensoberbescí!
Pues si yo non referí
las gracias que me ficieron,
si non me las refirieron
non pida lo que non di.

Esta es egual mensura,
pero non dina querella;
la raçón así lo sella
e lo afirma la escriptura;
piense toda criatura
que segunt en esta vida
midiere, será medida,
de lo cual esté segura.

Fuí de la caridat,
e caridad me fuyó:
¿quién es el que me siguió
en tanta nescessidat?

150

155

160

165

170

175

180

---

154. Es evidente el juego de palabras con el nombre del condestable.
158-159. Referencia al refrán «el que solo come su gallo, solo ensilla su caballo».

¿Buscades amor?, amat;
si buenas obras, facetlas:
e si malas, atendetlas
de cierta certinidat.

Ca si lo ajeno tomé,   185
lo mío me tomarán;
si maté, non tardarán
de matarme, bien lo sé;
si prendí, por tal passé;
maltraí, soy maltraído;   190
anduve buscando ruido,
basta assaz lo que fallé.

Pues el sotil palaciano
cuanto más e más privare,
por tal yerro no desvare,   195
e será consejo sano.
Excesso luciferano
ya vedes cómo se paga;
e quien tal bocado traga,
¡górmalo tarde o temprano!   200

Aun a vuestros compañeros,
amigos e servidores,
cuanto más a los señores,
set domésticos, non fieros:
ca nuestros viejos primeros   205
dicen súfrense las cargas,
pero non las sobrecargas,
nin los pessos postrimeros.

Son diversas calidades;
non menos en los mayores   210
qu'en medianos e menores

---

181. El propio Santillana había expresado la misma idea en los *Proverbios*, I. Tal vez el punto de partida esté en las *Epístolas a Lucilio* (9,6): «Si vis amari, ama.»

hay grandes contrariedades;
pues, privados que privades,
estudiat en las seguir,
ca non se pueden servir 215
mejor que a sus voluntades.

Unos quieren repossar,
a otros placen las guerras,
a otros, campos e sierras,
los venados e caçar; 220
justas otros tornear,
juegos, deleitosas danças,
otros, tiempos de bonanças,
sacrificios contemplar.

Dexat vuestra voluntat, 225
e facet sus voluntades,
aquellos que desseades
favores, prosperidat,
honores e utilidat;
mas guardat e non querades 230
extremas extremidades,
mas siempre vos moderat.

Ca si vos place raçón,
de lo tal serés contentos:
¡cuánto lucen los augmentos 235
tomados por opinión!
Refrénevos discreción,
apartatvos de tal fanga,
que si entra por la manga,
sale por el cabeçón. 240

Los vuestros raçonamientos
sean a loor de todos,
que son muy útiles modos
para los reyes contentos.
E serán buenos cimientos 245
de amor e de lealtat,

casa de seguridat,
firme contra todos vientos.

Cuánto la beneficencia
sea dina de loar					250
en los que tienen logar,
pruévolo con la experiencia.
Es otra mayor sapiencia
que sólo por bien fablar,
obtener, haver, cobrar				255
general benevolencia.

Mal facer ni mal decir
no son honestos servicios,
que non se llaman oficios
los que muestran bien vivir.			260
Osatlos redargüir,
en los consejos estrechos,
todos fechos non bien fechos
e dinos de corregir.

E guardat que los servicios			265
sean bien remunerados;
punidos e castigados
los yerros e maleficios.
Tales obras son oficios
de los que sirven señores;			270
a mayores e menores
abreviat los beneficios.

Consejat que los judgados
sean por grand elección,
non se den por gualardón			275
de servicios, nin rogados.
Sean legos o letrados,
mas tales que la raçón
non tuerçan por afectión,
por miedo, nin sobornados.			280

　　　　Aquí se me descobrieron
　　　　erradas e todas menguas:
　　　　tenet lo que vuestras lenguas
　　　　juraron e prometieron.
　　　　Ya vedes si me nascieron   285
　　　　passatiempos, dilaciones;
　　　　todas gentes e nasciones
　　　　obras quieren e quisieron.

　　　　Más vale *non* prestamente,
　　　　ca *sí* con mucha pereça   290
　　　　pierde gusto de franqueça
　　　　e muestra que s' arrepiente.
　　　　El liberal non consiente
　　　　nin la tardança le place;
　　　　ca desface lo que face   295
　　　　e desplace a toda gente.

　　　　Contractar e conferir
　　　　con vuestros e con ajenos,
　　　　elegir siempre los buenos
　　　　dónde se deven seguir;   300
　　　　bien facer e bien decir,
　　　　ca, sean moços o viejos,
　　　　tales son los sus consejos
　　　　cual es d'ellos su vivir.

　　　　Fasta aquí vos he contado   305
　　　　las cabsas que me han traído
　　　　en tan estrecho partido,
　　　　cual vedes que soy llegado.
　　　　Agora, pues, es forçado
　　　　de facer nueva carrera,   310

289-296. También en este caso el *Doctrinal* coincide con los *Proverbios* (LXIII). La idea está ya en Séneca. *(De beneficiis,* II, 1.) Cfr. núm. 78, vessos 190-191.

290. Amador de los Ríos intercala una coma tras *pereça,* lo que altera el sentido de toda la frase.

mudaremos la manera
del processo processado.

Confessión
Ca si de los curiales
yerros tanto me reprehendo,
¿qué faré, si bien lo entiendo,   315
de mis pecados mortales?
Ca fueron tantos e tales
que, sin más detenimiento,
non dubdo mi perdimiento,
Señor, si Tú non me vales.   320

Pues yo, pecador errado
más que los más pecadores,
mis delictos, mis errores,
mis grandes culpas, culpado
confiesso, muy enclinado   325
a ti, Dios, Eterno Padre,
e a la tu bendita Madre,
e después, de grado en grado,

a todos los celestiales
por orden de teología;   330
a la sacra jerarquía
e coros angelicales,
en especie e generales,
los finojos enclinados,
vos confiesso mis pecados   335
mortales e veniales.

E a vos, que las humanales
vestiduras rescebistes,
e velando conseguistes
las sessiones eternales,   340
mis obras torpes e males

337-340. Se refiere a los santos, que desde su condición corpórea *(las humanales vestiduras)* alcanzaron la vida eterna *(las sessiones eternales)*.

confiesso, triste gimiendo,
e los mis pechos firiendo
diré cuántos son e cuáles.

De los tus diez mandamientos, 345
Señor, non guardé ninguno,
nin limosnas nin ayuno,
nin cuaresmas nin advientos;
nin de tales documentos,
puestos so cristiano yugo, 350
non los fice nin me plugo,
mas todos tus vedamientos.

A cualquiera pecador
o que más o menos yerra,
un pecado le da guerra 355
o se le face mayor.
A mí cuál sea menor
de los siete non lo sé;
porque de todos pequé
egualmente, sin temor. 360

Non ministro de justicia
eres Tú, Dios, solamente,
mas perdonador clemente
del mundo por amicicia.
Mi soberbia y mi cobdicia, 365
ira e gula non te niego,
pereça, lascivo fuego,
envidia e toda malicia.

Los menguados non farté;
alguno, si me pidió 370
de vestir, non lo falló,
nin los pobres recepté.
Captivos non los saqué,
nin los enfermos cuitados
fueron por mí visitados, 375
nin los muertos sepulté.

Ciertamente tantos males
fice, que sólo pensarlos
muero, ¿qué será penarlos,
generales e especiales? 380
Passos, puentes, hospitales,
donde fuera menester,
se quedaron por facer,
paresce por las señales.

Caí con los que pecaron, 385
pues levánteme, Señor,
con los que con grand dolor
absueltos se levantaron.
Misericordia fallaron
aquellos que a ti vinieron, 390
e sus culpas te dixieron
e gimiendo las lloraron.

Grandes fueron mis pecados,
grand misericordia pido
a ti, mi Dios infinido, 395
que perdonas los culpados.
Cuantos son canoniçados
e vueltos de perdición,
sólo por la contrición
son sanctos sanctificados. 400

Non desespero de ti,
mas espero penitencia;
ca mayor es tu clemencia
que lo que te merescí.
En maldat envejescí, 405
mas demándote perdón:
non quieras mi dapnación,
pues para pecar nascí.

---

383. *se quedaron:* resulta preferible la lectura *si quedaron* que recoge Durán en su edición citada.

386. *levánteme:* otros manuscritos leen *levántame,* lo que hace mejor sentido (Ríos, pág. 138).

168

Mas sea la conclusión
que de todos mis pecados,   410
confessados e olvidados,
cuantos fueron, cuantos son,
Señor, te pido perdón:
e a vos, maestro d'Espina,
honesta persona e dina,   415
de su parte absolución.

Cabo

Cavalleros e perlados,
sabet e sepa todo hombre
qu' este mi sermón ha nombre
Dotrinal de los privados.   420
Mis días son ya llegados
e me dejan dende aquí:
pues rogat a Dios por mí,
gentes de todos estados.

---

414. *maestro d'Espina:* el converso fray Alonso de Espina, que atendió a don Álvaro en sus últimos momentos.

DIEGO DE VALERA

Nació en 1412, probablemente en Cuenca, hijo del médico de Juan II, Alonso Chirino. Al servicio del rey desde muy joven, recorrió prácticamente toda Europa, bien con misiones diplomáticas de cierta responsabilidad, bien simplemente en busca de aventuras. Estuvo en Francia, Inglaterra y Dinamarca, así como en la corte del rey de romanos, durante la guerra de los husitas. Fue enemigo de don Álvaro de Luna, y consejero de Juan II y Enrique IV, a quienes criticó en más de una ocasión. Los Reyes Católicos le confiaron algunos cargos de importancia, pero pasó sus últimos años retirado en el Puerto de Santa María, donde vivía aún en 1488.

Valera es un autor de varios textos históricos y tratados, que reflejan su conocimiento teórico de la caballería, como el Tratado de las armas, *y el* Espejo de verdadera nobleza. *Más interés tiene aún su correspondencia, por su doble valor, literario e histórico. Su producción poética se atiene, en general, a las convenciones de la lírica cortesana.*

Prosistas castellanos del siglo XV, I, ed. Mario Penna, Madrid, Atlas, 1959, págs. XCIX-CXXXVI (BAE, CXVI).
SALVADOR MIGUEL, Nicasio, *PC*, págs. 242-255.
TORRE Y FRANCO-ROMERO, L. de, *Mosín Diego de Valera. Apuntaciones biográficas, seguidas de sus poesías y varios documentos*, Madrid, 1914.

Sigo el texto de *CS*, págs. 151-152, núm. 42.

42

DIEGO DE VALERA

Adiós, mi libertad,
y otrosí vos, alegría,
que dolor e soledat
seguirán mi compañía.

Pero, doquier que vayáis, 5
haved memoria, vos ruego,
de mí, que solo dexáis
en bivas llamas de fuego;
y solamente pensad
en seguir ya vuestra vía, 10
que dolor y soledat
seguirán mi compañía.

Aquestos mi juventud
finarán por mi ventura,
sin defensa de virtud 15
serán de mí sepultura;
pues agora caminad,
sea Dios en vuestra guía,
que dolor y soledad
seguirán mi compañía. 20

MORANA

Es posible que este poeta del Cancionero de Stúñiga *deba identificarse con Alfonso de Morana, representado en la recopilación de Baena por una sola composición. De Alfonso de Morana sólo sabemos lo que puede deducirse del propio cancionero y de la* Carta proemio *del Marqués de Santillana: debió de ser hostil a la escuela dantesca y simpatizante del círculo poético de Villasandino, quien lo nombra elogiosamente en una de sus obras.*

CP, pág. 47.
SALVADOR MIGUEL, Nicasio, *PC*, págs. 157-160.

Texto según *CS*, págs. 205-206 (núm. 90).

43

CANCIÓN DE MORANA*

A la una, a las dos,
alaylán, a quien da más,
mi mote vendo, par Dios,

---

* El *Cancionero de Palacio* atribuye este poema a un tal Contreras («El mote que vende Contreras»). Sobre las razones que hacen más probable la autoría de Morana, cfr. *PC*, págs. 157-160. Al no ser segura la identificación del autor con Alfonso de Morana, no me decido a situar la composición en el lugar que, en tal caso, le correspondería.
2. Es posible que haya que entender «¿a quién da más?», tal y como parece confirmar el *Cancionero de Palacio:* «¿hay quién dé más?» *(CP*, págs. 362-363). En

rematarlo he hoy o cras.
Alaylán, a quien da más. 5

Maguer veyo que peresco,
es el mote que yo vendo
por grand cuita que padesco,
de la cual mi fin atiendo;
veis aquí el precio vos, 10
amigos, ¿hay quién da más?
Mi mote vendo, par Dios,
rematarlo he hoy o cras.
Alaylán, a quien da más.

Aunque rompe grand batalla 15
quien encubre mal partido,
el que sufre mal e calla
non deviera ser nascido;
pues, amigos, mi repós
con fortuna es por demás; 20
mi mote vendo, par Dios,
rematarlo he hoy o cras.
Alaylam, a quien da más.

---

realidad, Manuel Alvar *(CS,* págs. 205-206) imprime «a quién da más», por lo que resulta difícil decidir cuál de las dos interpretaciones suscribe.

PEDRO DE QUIÑONES

Era hermano de Suero de Quiñones, el famoso caballero del Paso Honroso. También él se señaló en varios hechos de armas, como el asalto a Huelma en 1435, o el combate que lo enfrentó al caballero alemán Roberto de Balse. Enemigo de don Álvaro, cayó prisionero en la batalla de Olmedo. Fue encarcelado una segunda vez en 1448, y no recobró la libertad hasta 1451.

CP, págs. 34-36.

Texto según *CP*, pág. 133 (núm. 12).

44

CANCIÓN. PEDRO DE QUIÑONES

Por la fin del que bien ama
trayan luto las más bellas,
pues es causa alguna d'ellas.

Pues muere terrible muerte
del mal que dizién amores,　　　　　5
hayan todas pesar fuerte

1-10. El motivo de este poema es la consecuencia lógica de la identificación vida del enamorado = muerte. En otras ocasiones, es el galán mismo quien se viste de luto (cfr. por ejemplo, Álvarez Gato, «Los lutos muestran tormento», y las observaciones de Márquez Villanueva: *Investigaciones...*, ob. cit., pág 105, nota 19).

e fagan por él clamores;
las dueñas e las donzellas
sepan que arde en biva llama
por causa d'alguna d'ellas. 10

FRANCISCO BOCANEGRA

La Crónica de Juan II *nos habla de su presencia en Toledo en 1441, durante una ceremonia ofrecida por el rey. Fue, en efecto, doncel de Juan II y mensajero suyo ante el infante don Enrique en uno de los numerosos enfrentamientos entre padre e hijo.*

CP, págs. 32-34.
CHEss, pág. CIV.

Texto según *CP*, págs, 148-149 (núm. 33).

45

SERRANA. FRANCISCO BOCANEGRA

Llegando a Pineda,
de monte cansado,
serrana muy leda
vi en un verde prado.

Vila acompañada   5
de muchos garçones,
en dança reglada
d'acordados sones;
cualquier que la viera
como yo, cuitado,   10
en grant dicha hoviera
de ser d'ella amado.

Sola fermossura
trae por arreo,
de gran apostura   15
el muy buen asseo,
cierto es que l'amara,
car fui demudado,
si no m'acordara
qu' era namorado.   20

13-14. Cfr. núm. 59, v. 2.
19-20. El motivo, tópico, aparece también en el Marqués de Santillana (núm. 34), así como en Carvajal (núm. 59). Se observará que en esta composición no hay diálogo entre el caballero y la serrana (cfr. núm. 64, v. 14).

ALONSO DE MONTORO

En el Cancionero de Palacio *varias composiciones figuran bajo el nombre de Montoro, Alonso de Montoro, Sancho Alfonso de Montoro o Juan de Montoro. La editora del cancionero supone que se trata de un mismo autor, diferente a Antón de Montoro, el ropero de Córdoba.*

CP, págs. 49-50.

Texto según *CP*, pág. 148 (núm. 32).

46

CANCIÓN. ALONSO DE MONTORO

Más quiero contigo guerra,
amor, que con otro paz;
quien tantas vezes me yerra
no quiero ser suyo más.

Asperé tu cortesía   5
cuanto tiempo tú quesiste,
a la fin tu tiranía
me faze que biva triste;
alevosa tú no piensas
que por ti muchas ofensas   10
he sofrido; pues verás,
amor, qué pago me das.

FRANCISCO DE VILLALPANDO

Es posible que se trate de un hermano del también poeta Juan de Villalpando, hijo de doña María de Deza y de Ruy García de Villalpando, señor de Estupiñán.

CHEss, págs. LVI-LVII.
SALVADOR MIGUEL, Nicasio, *PC*, pág. 259.

Textos según *CHEss*, pág. 157b (núm. 139), y *CP*, pág. 267 (núm. 165).

47

EL MESMO

Aunque sé qu' eres amada
de quien de ti me departe,
no hay remedio sino amarte.

Es contraria la razón
a la firme voluntad, 5
y la poca lealtat
triste faz mi coraçón.
Mas la voluntat firmada
pone la razón aparte;
no hay remedio sino amarte. 10

4-5. Esta oposición razón/voluntad es tópica en la poesía cancioneril.

48

MOSÉN FRANCISCO DE VILLALPANDO

>   En mi fe, señora mía,
>   ya la fin, aunque viniese,
>   de mi vida, no plañesen,
>   *pues que tu mercet sabía*
>   *el gran bien que te quería.*   5
>
>   La passión tal, aquexada,
>   que callando consentí,
>   en el tiempo que sentí
>   que te fuera revelada,
>   si mi alma condenada   10
>   d' esta vida se partiese,
>   señora, non la plañese,
>   *pues que tu mercet sabía*
>   *el gran bien que te quería.*

---

14. El sentido del poema me parece claro: el galán ha ocultado su pasión, pero dará testimonio de ella, muriendo de amor (cfr. la *Copla III* de Garcilaso: «Yo dejaré desde aquí / de ofenderos más hablando, / porque mi morir callando / os ha de hablar por mí»). Se comprende así que la muerte aparezca como algo deseado, único procedimiento legítimo de expresar el sentimiento a la dama.

FERNANDO DE ROJAS

Era hijo del conde de Castro. Partidario de los infantes de Aragón, participó en el ataque a Cuenca y en el del castillo de la Mota, de Medina del Campo, en 1441.

CP, pág. 45.

Texto según *CP*, pág. 291 (núm. 222)

49

CANCIÓN. FERNANDO DE ROXAS

Aunque soy cierto que peco,
amadores, con porfía
seguiré la triste vía
de la sin ventura Eco.

No me conviene apartar   5
d'ella momento ni hora,
pues le plugo a mi señora
de sí a mí desechar;
sin virtut perdido e seco,
apartado d'alegría,   10
seguiré la triste vía
de la sin ventura Eco.

---
4. Enamorada de Narciso, murió de amor al ser desdeñada por éste, y sólo su voz pervivió.

JUAN DE TORRES

Debió de nacer en una familia de la nobleza castellana durante la primera década del siglo XV. Fue paje de Alfonso V de Aragón en su expedición napolitana de 1432, partidario de don Álvaro de Luna, y maestresala de Juan II de Castilla. En 1462-1463, tras el nombramiento de Enrique IV como rey de Cataluña, mandaba el ejército enviado a combatir contra los aragoneses.

CP, pág. 55 y pág. 440.
CHEss, págs. LXXXIX-XC.
Salvador Miguel, Nicasio, *PC*, págs. 231-236.

Textos según *CP*, pág. 160 (núm. 55) y pág. 288 (núm. 213).

50

EL MESMO

Aunque sufro enoxos asaz
e trebaxos infinitos,
estos mis oxos malditos
no quieren que biva en paz.

Adrede por me matar 5
con ajeno enduzimiento,
miran, por que grant turmento,
triste, me fazen passar.
Si los viese de mi faç

> por cualquier manera quitos, 10
> dexarm' hían, los malditos,
> *siquiera bevir en paz.*

51

OTRA SUYA

> Si nunca te ha de menguar,
> por servir, tribulación,
> *dime, loco coraçón,*
> *qué tema tienes d'amar.*

> Ya sabes que tu cuidado 5
> non se puede fenecer,
> nin tu pesar en plazer
> nunca puede ser tornado;
> pues non esperas gozar
> nin cobrar consolación, 10
> *dime, loco coraçón,*
> *qué tema tienes d'amar.*

1.12. Son frecuentes estos diálogos del poeta con su propio corazón: véanse núms. 60, 158.

PEDRO DE SANTA FE

Descendiente de una familia de conversos, realizó estudios en la Universidad de Lérida, de manera que en 1418 era ya Bachiller en Artes. Trabajó al servicio de don Enrique de Villena y acompañó a Alfonso V en su expedición contra Nápoles en 1420. Es probable que desde 1424 estuviera vinculado al hermano de Alfonso, Juan, futuro rey de Navarra. Aubrun le atribuye el mérito de haber fijado una serie de motivos poéticos, frecuentes hasta bien entrado el siglo XVI: el amor hace perder toda ciencia; el enamorado vacila entre callar o confesar; cuanto más se sirve al amor, peor trato se recibe, etc.

CP, págs. 71-73.
CHEss, págs. LXXIX-LXXXII

Para el primer poema sigo a *CHEss*, págs. 145b 146a (núm. CXIV); para el segundo, *CP*, págs. 435-436 (núm. 362).

52

SANTA FE

Amor, desque no te vi,
va mi plazer pie a tierra,
e dolor e triste guerra
a cavallo es contra mí.

Al punto de mi partir 5
de ti por mi mala suerte,

vida con sombra de muerte
de mí no pudo partir.
Toma compassión de mí,
que mi bien va pie a tierra, 10
e dolor e triste guerra
a cavallo es contra mí.

Cuando creer, cuando dudar,
oras triste, oras ledo,
hoy dulce, cras azedo, 15
assí me farás andar.
Las mudanças que sofrí
m'han traído pie a tierra,
e dolor e triste guerra
a cavallo es contra mí. 20

Si tú eres mi plazer,
mi consuelo e mi folgura,
tú absente, sepultura
m'[e]s cuanto puedo ver.
Estas cuitas que sentí 25
fázenme andar pie a tierra,
e dolor e triste guerra
a cavallo es contra mí.

53

OTRA. SANTA FE

Si me quieres entender,
¡oh señora!, si me sientes,
di, ¿por cuál razón consientes
al tuyo no socorrer?

Pues que muy bien te serví 5
e te siervo sin dubdar,
en quererme desamar

sé que desamas a ti;
e pues solo merecí,
¡oh señora!, si me sientes,   10
di, ¿por cuál razón consientes
al tuyo no socorrer?

Si me quieres turmentar
por provar a quien te quiere,
en provar quien desespere   15
por mercé no des lugar;
ya es tiempo de sanar
coraçón que contentes,
di, ¿por cuál razón consientes
al tuyo non socorrer?   20

LOPE DE STÚÑIGA

Miembro de una poderosa familia de la nobleza, Lope de Stúñiga encarna a la perfección el tipo de aristócrata orgulloso y violento de la época de los últimos Trastámara. Nacido hacia 1414, participó muy joven en el Paso honroso de Suero Quiñones (1434), así como en el sitio de Huelma y otros hechos de armas. Al igual que muchos nobles castellanos, estuvo enfrentado primero a don Álvaro de Luna, quien lo hizo encarcelar, y más tarde al propio Enrique IV. Su vida abunda en escándalos, como la fuga de su mujer, doña Mencía de Guzmán, quien lo abandonó y buscó refugio en el monasterio de Santo Domingo el Real, de donde el poeta terminó sacándola por la fuerza. Pasó sus últimos años en Toledo y murió, probablemente, entre 1477 y 1480.

BATTESTI-PELEGRIN, Jeanne, *Lope de Stúñiga. Recherches sur la poésie espagnole au XVème siècle*, 3 vols., Aix-en-Provence, Université de Provence, 1982.
BENITO RUANO, Eloy, «Lope de Stúñiga. Vida y cancionero», *RFE*, LI (1968), págs. 17-109.
CHEss, págs. XCIV-XCIX.
SALVADOR MIGUEL, Nicasio, *PC*, págs. 107-122.

Sigo el texto que ofrece Jeanne Battesti-Pelegrin en *Lope de Stúñiga...*, ob. cit., págs. 1064-1065 (núm. VII), y págs. 1128-1132 (núm. XXV).

54

Señora, grand sinrazón
me fezistes, en buena fe,
condenarme sin porqué.

Todo hombre se enamora
a fin de ser amado,
e por ser yo enamorado
vos amé a vos, señora,
e segund paresce agora,
aunque yo vos dé mi fe,
condenáisme sin porqué.

Ruego a los amadores
que aman sin ser amados,
que sientan los mis cuidados
e plangan los mis dolores,
pues saben que son amores
que siempre mudan la fe,
e condenan sin porqué.

Fin
Vuestra muy linda figura
yo siempre desearé,
pues de vos me cativé.

55

Secreto dolor de mí,
sepas que viene la muerte,
con gesto spantable, fuerte,
por saber nuevas de ti;
no pienses nuevas gozosas,
mas assí tristes, llorosas,
que sobre todas las cosas
me pesa porque nascí.

Ya me parece, dolor,
que tú, temiendo las nuevas,
todo templando pruevas
por salir d'este temor;
mas pues a Dios no temiste

cuando tanto mal me diste,
no temas la muerte triste,   15
pues eres merecedor.

Ya piensa cómo temores
e pensamientos humanos
contra la muerte son vanos
e de pequeños valores,   20
pues ven, mi dolor, ya ven,
recibe muerte por quien
perdió por ti tanto bien
que lo destruyen amores.

La muerte, que desordena   25
con súpito movimiento,
trebajos e pensamientos
diversas vezes ordena;
pues las desfechas querría
que fuesse tu muerte mía,   30
porque morir me sería
relevamiento de pena.

Mas tú, mi dolor, presente,
cuanto más d'esto te digo,
tanto más fuerte comigo   35
te juntas estrechamente,
cubriéndome de tristura
la más negra vestidura
que nunca por mi ventura
fue cobertura de gente.   40

La cual vestidura triste
te plaze de me vestir,
porque de mí presumir
te plugo lo que quisiste,
es a saber, sospechar   45

37-40. Esas vestiduras alegóricas son frecuentes. Cfr. núm. 116. Para otros planteamientos del motivo indumentario, cfr. núms. 44 y 123.

tú ser causa singular
por que tú deves finar
e morir segunt oíste.

Tú puedes de mí tener
sospecha cuanta querrás,   50
mas con verdat no podrás
fallarme culpado ser,
aunque por muchas razones
sin temor de reprensiones,
mil muertes e mil passiones   55
yo te deviesse querer.

Cabo
Mas si la muerte forçada,
que sientes ya cómo viene,
e cómo contra ti tiene
la [su] flecha endereçada,   60
si de suyo se movió,
e la tu muerte causó,
¿qué culpa, cuitado yo,
me puede ser demandada?

45-46. Aunque el sentido general de estos versos parece claro, su sintaxis resulta confusa. Tal vez haya que entender «sospechar tú que yo soy la causa singular, por la cual debes finar y morir según oíste».

SUERO DE RIBERA

Debió de nacer hacia 1410, y pasó buena parte de su vida en Nápoles, primero en la corte de Alfonso V, y más tarde en la del rey Ferrante. Un salvoconducto de 1446 lo llama virum nobile *y deja constancia del aprecio en que lo tenía el Magnánimo. En 1473 estaba todavía en la corte napolitana, donde se encontró con Juan de Valladolid. Sus obras más conocidas son probablemente la* Misa de amor, *las* Coplas sobre la gala *y su réplica al* Maldezir de Torrellas.

CP, págs. 77-79.
CHEss, págs. LXXXVII-LXXXVIII.
PERIÑÁN, Blanca, «Las poesías de Suero de Ribera. Estudio y edición crítica anotada de los textos», *MSI,* 16 (1968), págs. 5-138.
SALVADOR MIGUEL, Nicasio, *PC,* págs. 185-188.

Sigo el texto de Blanca Periñán, págs. 72-78 (núm. XIII); págs. 102-109 (núm. XX), y págs. 110-112 (núm. XXI).

56

MISSA DE AMOR QUE FIZO SUERO DE RIBERA

Amor, en nuestros trabajos
adsit nobis gracia. Amen.

[Confessión]
Yo, pecador muy errado,
Amor confieso mi quexa
pues que pierdo a quien me dexa   5

del todo desemparado.
Aunque tarde, ¡mal pecado!,
digo mi culpa, Señor;
por ser leal servidor
quedo mal galardonado, 10
de te servir enojado.

Pero bien considerado
las virtudes que resciben
muchos de los que te sirven,
reposo del mal pasado; 15
cierto, es visto, provado,
que con tu poder, Amor,
fazes del bueno mejor,
del malo bueno loado
mas non libre de cuidado. 20

Gloria in excelsis
Gloria a ti sea dada,
Amor, de los que prosperan;
de muchos que desesperan,
cierto, non mereces nada
que digan *«Laudamus Te»*, 25
nin *«Benedicimus Te»*.
Ves, Amor, que mal está
a mí fablar tan avante:
dígolo por ser constante,
seyendo de tu mesnada 30
continuo, leal amante.

Pues de buena voluntad
te loamos los amantes,
non quieras ser como antes
eras, con grand crueldat, 35
mas faz corte general
perdonando todos males.
Por tu merced, non iguales
el discreto conversante
con el simpre inorante, 40

pues que non es igualdat
sino muy desconcordante.

Epístola
Leccio libri sapienciae beati martiri[s]
amanti[s]. In diebus illis
Cuando Amor fizo sus cortes,
puso dos casos de amar,
en que a unos dio pesar   45
e a otros muchos conortes,
deziendo por sus pregones:
«Los que de vos venirán
sepan que les quedarán
por linaje estos dones.»   50

A los unos dio por fado
sus dones mal repartidos,
que fuessen d'Él muy queridos
y d'ellos non tanto amado;
estos quiso que le amasen   55
e mandó que se llamasen
los tristes enamorados.
De los cuales vengo yo,
que no deviera nacer,
pues que vino en mi poder   60
el triste don que les dio.
In secula seculorum. Amen.

Evangelio
In illo tempore
Dixo Amor a sus amantes
porque se le querellavan
de las penas en que andavan: 65
«E otros que fueron antes
en el tiempo que amavan
ese mesmo mal pasavan.
E aun vos digo por verdat

---

69. Evidente recuerdo de la fórmula evangélica «En verdad, en verdad os digo».

que los que por venir son 70
se verán en tal pasión.
Por ende, velad y orat,
no entrés en tentación
de la desesperación.»

Credo

Creo, Amor, que Tú eres 75
cuidado do plazer yaze,
que fazes a quien te plaze
recibidor de plazeres.
Tanto bastan tus poderes
a cualquier enamorado, 80
que con uno de tus quereres
lo tienes ledo, pagado.

Creo en otra manera,
Amor, [que] en aqueste mundo
padesce tristor profundo 85
el que de ti se desespera.
Quien en tus glorias prospera,
usando de seso tierno,
descender sin escalera
le fazes en el infierno. 90

Profacio

Verdat e justa razón
es que padezca dolor
el muy leal corazón
del padesciente amador
que sufre tan gran pasión 95
como es cuita de amor.

Et Ydeo

Los que non sabéis d'amar
de tal mal sois inocentes,

---

88. *Seso tierno:* 'poca inteligencia' (Periñán, pág. 78).
90. Cfr. núm. 141.

mas devéis haver pesar
de los que son padescientes,   100
e quieren d'amor curar
sine fine dicentes.

Sanctus
Amores, amor, amores,
natural costellación,
misterio sin gualardón   105
de los tristes amadores,
llenos son mares e tierra
de la tu gran esperança;
quien tiene tal confiança
manifiesto es que yerra.   110

Agnus Dei
«Cordero de Dios de Venus»,
—dezían los desamados—
«Tú que pones los cuidados,
quítalos que sean menos;
pues tienes poder mundano,   115
¡oh Señor tan soberano
Miserere nobis!».

«Cordero de Dios de Venus»,
—te suplican los amados—
«Tú que pones los cuidados,   120
plégate nunca ser menos
de los que somos agora:
cada cual con su señora
dona nobis pacem».

Ite, missa est
La Missa d'amores dicha es   125
por modo de vía amante;
Deo gracias hora cante
a quien Amor bueno es.

57*

Non teniendo qué perder,
he pensado de la gala
escrivir, si Dios me vala,
lo que se deve faser,
el galán cual ha de ser, 5
estremo claro, distinto,
segunt aquí vos lo pinto
a todo mi parescer.

El galán persona honesta
ha de ser, e sin rensilla, 10
non ir solo por la villa
e ser de buena respuesta;
tener la malicia presta
por fingir el avisado,
cavalgar luengo, tirado 15
como quien arma ballesta.

Ha de ser maginativo
el galán e dormidor,
donoso, motejador,
en las poquedades bivo, 20
con grant presunción altivo,
disimulador en risa,
mostrándose en toda guisa
a los groseros esquivo.

El galán flaco, amarillo 25
ha de ser e muy cortés,
rasonar bien del arnés
mas non curar de vestillo,

---

* Además de esta composición de Suero de Ribera conservamos un extenso *Doctrinal de gentileza*, obra de Hernando de Ludueña, en el que se dan al galán consejos parecidos.

25. *flaco, amarillo:* son las clásicas señales de la enfermedad de amor.

27-28. El galán ha de hablar de las armas, pero no dedicarse a ellas.

cavalgar trotón morsillo
o faca rucia rodada,   30
nunca en el freno barvada,
el manto corto e sensillo.

Ha de ser lindo, loçano
el galán a la mesura,
apretado en la cintura,   35
vestido siempre liviano,
muy bien calçado de mano,
pero non traer peales,
faser los tiempos eguales
en invierno e verano.   40

Capelo, galochas, guantes
el galán deve traer,
bien cantar y componer
por coplas e consonantes;
de cavalleros andantes   45
leer hestorias e libros,
la silla e los estribos
a la gala concordantes.

El galán ningún día
non deve comer cocido   50
salvando fruta y rostido
que quita malenconía,
pero cenar todavía
esto poco e non muy basto,
nin tomar cuenta del gasto,   55
que es modo de grosería.

---

39. «Expresión semejante a la de algunos refranes del tipo 'El que buen seso tiene, sabe los tiempos seguir'» (Periñán, pág. 108).

44. «El primer vocablo parece referirse a cantarcillo asonantado, en oposición a las canciones más elaboradas en el número de las sílabas» (Periñán, página 108).

55-56. La actitud sobre la que ironiza aquí Suero de Ribera es, sin embargo, la tradicional entre la nobleza (cfr., por ejemplo, la anécdota que recuerda Márquez Villanueva, *Investigaciones...*, ob. cit., págs. 20-21).

Flauta, laút, vihuela
del galán son bien amigos,
cantares tristes antigos
es cosa que lo consuela; 60
non calçar más de un espuela
nin requerir el establo:
d'estas cosas que les fablo
se deve tener escuela.

Todos tiempos el galán 65
deve fablar poderoso
e fengir de grandioso
más qu'el duque de Milán;
caçador de gavilán,
qu' es manera de fidalgos, 70
non sea, nin críe galgos
porque gastan mucho pan.

Damas e buenos olores
al galán es grant folgura,
e dançar so la frescura 75
todo fardido d'amores;
a fiestas con amadores
non perder punto nin hora
e desir que su señora
es mejor de las mejores. 80

El galán muy mesurado
deve ser en el bever,
por cabsa de bien oler
de toda salsa quitado;
e por fazer más estado 85
ha de ser grant jurador,
que Dios al buen amador
nunca demanda pecado.

79-80. Se observará la semejanza de este precepto con uno de los tópicos de la propia poesía cancioneril.

Tome prestados dineros
el galán de buena mente, 90
e pague por acidente
a sastres e çapateros,
e tenga a sus compañeros
en poco a do posaren,
e si non lo comportaren 95
les pueda llamar groseros.

Al galán son todos días
iguales para tomar
plaseres e desechar
enojos, malenconías; 100
sostener grandes porfías
a la fin nunca vencido
por desir que ha comido
faisanes y gollorías.

Non quiero mayor arenga 105
[faser] de la galanía,
pues la dexo por tal vía
en orden que se mantenga;
mas es menester que tenga
el galán bullón e tasa 110
sin dexar el alta grasa
por grant fortuna que venga.

58

Contra la regla galana
que fise por dar dotrina,
cualquier persona malina,
que de contiendas ha gana,

---

110. Verso incomprensible. *Bullón* puede ser 'pan grande', o 'cuchillo', o 'especie de caldo'. *Tasa* quizá esté en lugar de *tacha*, 'señal que llevan los judíos' (Periñán, pág. 109), Si por *bullón* se entiende 'espita de la cuba', *tasa* significará la taza (para beber).

            replicó por arte vana, 5
            pensando que me olvidé
            otro estilo que yo sé
            de gente bien cortesana.

            El galán crespo e travado
            ha de ser, segunt apruevo, 10
            grant sabidor de renuevo,
            mancebo circuncidado
            e con malicias osado,
            presumir que nunca peca,
            con aseite e non manteca 15
            siempre comer adobado.

            El galán convién que tenga
            la narís luenga e bermeja,
            la pluma tras el oreja
            —arte de que se mantenga—, 20
            non curar de grant arenga
            por faser de su provecho
            al través e al derecho
            de cualquier parte que venga.

            El galán loco e potista 25
            ha de ser [e] tractador,
            de bregas con grand temor
            fuir a perder de vista;
            en hebraico componista,
            non diestro en cavalgar, 30
            de mentir e baratar
            muy valiente canonista.

            Sepa por cualquier vía
            el galán día e noche,
            diestro, sin ningún reproche, 35

---

9. *crespo:* es rasgo tradicionalmente atribuido a los judíos.
15. Clara referencia a la prohibición de comer carne de cerdo.
27-28. Era proverbial la cobardía de los judíos (Periñán, pág. 112).

en toda mercadoría,
e con grant sabidoría
non dar nada sin misterio,
e ser con grant vitoperio
debdo de Santa María.　　　　　　　　　　40

El que fuere tal galán,
del solar de la sinoga
fará muy alta la boga
sin levar menos afán.
Bien creo se fallarán　　　　　　　　　　45
algunos tales agora
si los tiempos así van
a servicio de la Tora
si el fecho non se se mejora.

---

43. Verso problemático. Habrá que relacionarlo con expresiones como la del prólogo del *Lazarillo:* «con fuerza y maña remando salieron a buen puerto».

CARVAJAL O CARVAJALES

No sabemos prácticamente nada de este poeta, a pesar de ser el más ampliamente representado en el Cancionero de Stúñiga. *De origen probablemente castellano, vivió varios años en la corte napolitana de Alfonso V el Magnánimo. La muerte del rey no lo alejó de la ciudad, donde estaba todavía en 1460, según puede deducirse de una de sus propias composiciones (núm. 65). Carvajal es autor de poemas amorosos y cortesanos, así como de varias serranillas, que presentan la peculiaridad de estar ambientadas en tierras italianas. Escribió también dos romances, los primeros que conservamos firmados por un autor.*

CARVAJAL, *Poesías,* ed. Emma Scoles, Roma, Edizioni dell'Ateneo, 1967.

ALVAR, Manuel, «Las poesías de Carvajales en italiano», *Estudios sobre el Siglo de Oro. Homenaje al profesor Francisco Ynduráin,* Madrid, Editora Nacional, 1984, págs. 13-30.
SALVADOR MIGUEL, Nicasio, *PC,* págs. 55-73.

Textos según la edición de Emma Scoles. Para el núm. 63 sigo la lectura de Manuel Alvar: «Las poesías...», art. cit., pág. 20.
  núm. 59: págs. 88-90 (núm. X)
  núm. 60: págs. 114-115 (núm. XVII)
  núm. 61: págs. 168-169 (núm. XXXV)
  núm. 62: págs. 182-184 (núm. XXXIX)
  núm. 63: Alvar, pág. 20
  núm. 64: págs. 194-197 (núm. XLV)
  núm. 65: págs. 202-206 (núm. XLVII)
  núm. 66: págs. 210-211 (núm. L)

VILLANCETE*

Saliendo de un olivar,
más fermosa que arreada,
vi serrana, que tornar
me fizo de mi jornada.

Tornéme en su compañía
por faldas de una montaña,
suplicando, sil plazía,
de mostrarme su cabaña.
Dixo: «Non podéis librar,
señor, aquesta vegada;
que superfluo es demandar
a quien noń suele dar nada.»

Si lealtad non me acordara
de la más linda figura,
del todo me enamorara,
tanta vi su fermosura.
Dixe: «¿Qué queréis mandar,
señora, pues sois casada?
Que vos non quiero enojar,
ni ofender mi enamorada.»

Replicó: «Id en buen hora,
non curéis de amar villana;
pues servís atal señora,
non troquéis seda por lana;
nin queráis de mí burlar,
pues sabéis só enajenada.»
Vi serrana que tornar
me fizo de mi jornada.

---

* El término —como *villancico* en núm. 36— designa una composición relacionada con el ambiente de los villanos.
2. Sobre ese tópico, cfr. núm. 45, vv. 13-14.
9. *librar*: aquí en el sentido de 'salir bien parado, tener éxito'.
13-16. Cfr. núms. 34 y 45.

60

¡Guay de vos si non pensáis,
coraçón, lo que fazéis,
porque un día os mataréis!

Como veis dama fermosa,
luego vos enamoráis,   5
e cuanto es más peligrosa,
tanto menos vos curáis;
pues sabed, si no asesáis
y esta plática tenéis,
que un día os mataréis.   10

61

CANCIÓN E COPLAS E ROMANCE, APARTE FECHAS CON MUCHA TRISTEZA E DOLOR POR LA PARTIDA DE MI ENAMORADA*

Vos partís, e a mí dexáis
en muy áspera presión,
e vos sola vos lleváis
la llave de mi coraçón.

Y en aquesta presonía,   5
siempre amando e sospirando,
fenescerá la vida mía,
muerte o gracia esperando.
Ya, por Dios, vos non queráis
que yo muera en esta presión,   10
pues vos sola vos lleváis
la llave de mi coraçón.

1-10. Cfr. núms. 51, 158.
* Reproduzco sólo la primera de las composiciones mencionadas, la canción.
2-4. Sobre el motivo de la prisión, cfr. núms. 77, 146, 147 y 153. De forma menos desarrollada, el motivo reaparece en varios poemas más, por ejemplo, núm. 144.

62

Vos miráis a mí y a ella,
ella mira a mí y a vos.
*¡Y vos tenéis una querella
muy peligrosa, par Dios!*

Yo miro a quien nos mira
con ojos baxos muy cautos,
y a vos miro con ira,
y a ella con gentiles autos;
vos morís por defendella
e yo por tomarla a vos.
*¡Y vos tenéis una querella
muy peligrosa, par Dios!*

Vos bivís muy trabajado
que posseéis por defender,
e yo tanto enamorado
que la espero posseer.
Tantos años havéis vos
cuantos hemos yo y ella.
¡E por esto es la querella
muy peligrosa, par Dios!

Quien juega sobre ropa ajena
non puede perdido ser.
¡Guay de vos que andáis en pena
con sospecha de perder!
Esto quiero que vean dos:
e seamos yo y ella.
¡E será bien la querella
muy peligrosa, par Dios!

3-4. El poeta se dirige al marido viejo, que sospecha de él porque corteja a su mujer.

63

«¿D'ónde sois, gentil galana?»
Respondió manso e sin priessa:
*«Mia madre è de Aversa
yo, micer, napolitana.»*

Preguntel si era casada   5
o si se quería casar:
*«Oimè —disse— sventurata,
ora fosse a maritar,
ma la bona voglia è vana,
por fortuna e adversa:*   10
*chè mia madre è de Aversa
yo, mecer, napolitana.»*

64

Passando por la Toscana,
entre Sena y Florencia,
vi dama gentil, galana,
digna de gran reverencia.

Cara tenía de romana,   5
tocadura portuguesa,
el aire de castellana,
vestida como senesa
discretamente, non vana;
yo le fize reverencia   10
y ella, con mucha prudencia,
bien mostró ser cortesana.

Así entramos por Sena
fablando de compañía,

---
2. *Sena:* Siena.
14. Se observará la forma indirecta de referir el diálogo (cfr. núm. 45, donde la conversación falta por completo).

con plazer haviendo pena
del pesar que me plazía.
Si se dilatara el día
o la noche nos tomara,
tan grand fuego se encendía
que toda la tierra quemara.

Vestía de blanco domasquino,
camurra al tovillo cortada
encima de un vellud fino
un luto la falda rastrada,
pomposa e agraciada
una invención traía
por letras que no entendía
de perlas la manga bordada.

Item más traía un joyel,
de ricas piedras pesantes:
un balax y, en torno d'él,
çafís, rubís e diamantes,
firmado sobre la fruente
con muy grande resplandor;
pero dávale el favor
su gesto lindo, plaziente.

Fin

En su fabla, vestir e ser
non mostrava ser de mandra;
queriendo su nombre saber,
respondióme que Casandra;
yo, con tal nombre oír,
muy alegre desperté
e tan solo me fallé,
que, por Dios, pensé morir.

---

22. *camurra:* Corominas *(DCECH),* supone que deriva del etimo árabe *sammûr,* 'cibelina'.

65

POR LA MUERTE DE JAUMOT TORRES, CAPITÁN DE LOS BALLESTEROS DEL SEÑOR REY, QUE MURIÓ EN LA CUBA SOBRE CARÍNOLA*

    Las trompas sonavan al punto del día,
en son de agüeros sus bozes mostravan,
las túrbidas nuves el cielo regavan
por cuyo acidente el sol se escondía;
do vi gente de armas que al campo salía   5
en son de valientes y mucho guerreros,
e vi al capitán de los ballesteros
más lindo que Archiles cuando armas fazía.

    Encima de un alto pujante coser,
con armas flagantes ardido, armado,   10
vestía una jornea de damasco morado,
mostrava de todos, par Dios, señor ser.
¡Oh quién lo viera, pues, armas fazer
allí do ganó la honrada tumba,
por cuyos fechos la fama rebumba,   15
que faz en los buenos embidia crescer!

    Quiso sin tiempo, con seso, ser hombre
el tanto famoso Jaumote nombrado,
del rey don Alfonso querido e criado,
honró su persona su casa e su nombre;   20
dexó en los siglos por siempre renombre,
pugnó con la muerte su mucha virtud:
muriendo ganó la eterna salud;
por ende a ninguno tal muerte no asombre.

    Pesar non me dexa mi lengua estender,   25
por ser vencedor del tu combatido,
con armas vencidas del vinto, ferido,
faziéndole cara y espaldas bolver.

---

* El valenciano Jaumot Torres, oficial del rey Ferrante, murió en 1460 y fue enterrado en la iglesia napolitana de San Pedro Mártir (Scoles, pág. 205).

8. *Archiles:* Aquiles, es forma habitual en los textos medievales.

>   Fortuna non puede nin dar nin toller
>   que el fijo de aquella troyana Hecuba, 30
>   mejor con los griegos que tú en la Cuba,
>   podiese, moriendo, más honras haver.
>
>   Leváronlo a Capua sangriento, finado,
>   bien acompañado segund merescía
>   de nobles varones e cavallería 35
>   entre los cuales él era estimado.
>   Traxiéronlo a Nápol en andas honrado,
>   do vi yo damas de grand preminencia,
>   llorando muy tristes que dentro en Valencia
>   non fuera de todas atanto llorado. 40
>
>   E sobre todas más duelo fazía
>   una fermosa dueña o donzella,
>   messándose toda con mucha querella,
>   rasgando su cara que sangre corría;
>   con bozes turbadas la triste dezía: 45
>   «¡Inicua, raviosa e temprana muerte,
>   fartaras tu fambre con mi negra suerte,
>   o ambos mataras en un mesmo día!»
>
>   *Fin*
>   ¡Oh si murieras en tiempo passado,
>   do *viris illustris* así memoravan, 50
>   en paño de fama allí te fallaran,
>   con letras de oro tu nombre notado!
>   ¡Delante de muchos tú fueras mirado!
>   Amigo, al presente tú presta paciencia,
>   porque a notar tu grand excelencia 55
>   el grand Titu Libio se viera empachado.

---

30. Héctor.

31. Se trata quizá de Cupa (Scoles, pág. 205).

55-56. Esta formulación puede considerarse una modalidad del elogio imposible (cfr. núm. 30, vv. 51-56). Se trata de un motivo habitual desde la antigüedad: «hasta Homero, Orfeo, etc., serían incapaces de alabar dignamente al festejado» (cfr. Curtius, I, pág. 231).

66

Desnuda en una queça,
lavando a la fontana,
estava la niña loçana,
las manos sobre la treça.

Sin çarcillos nin sartal,   5
en una corta camisa,
fermosura natural,
la boca llena de risa,
descubierta la cabeça
como ninfa de Diana,   10
mirava la niña loçana
las manos sobre la treça.

1-4. El tema de la muchacha que lava —o se peina, o se baña— en la fuente o en el río, era ya frecuente en la lírica galaicoportuguesa, así como en la tradicional castellana. El motivo suele tener una clara significación erótica.

JUAN DE DUEÑAS

Nacido hacia 1400-1410, y de origen castellano, Juan de Dueñas militó desde muy joven en el partido de los infantes de Aragón. Consta su vinculación a la corte navarra desde 1432 y su participación en el asedio de Nápoles (1437), en el que fue hecho prisionero. Puesto en libertad, no tardó en regresar a Navarra, donde está documentada su presencia desde 1440.

Dueñas es autor de poemas amorosos y políticos, así como de varios ataques al Marqués de Santillana, a quien reprocha sus amoríos y su jactancia militar. Pero su obra más leída fue la Nao de Amor, *en la que retoma el conocido motivo alegórico de las navegaciones de amor y lo desarrolla conceptuosamente.*

CP, págs. 73-75.
CHEss, págs. LXXXII-LXXXIV
Piccus, Jules, «El Marqués de Santillana y Juan de Dueñas», *Hispa*, X (1960), págs. 1-7.
Salvador Miguel, Nicasio, *PC*, págs. 78-84.
Vendrell de Millás, Francisca, «Las poesías inéditas de Juan de Dueñas», *RABM*, LXIV (1958), págs. 149-240.

Texto según *CHEss*, págs. 156a (núm. CXXXV).

67

MOSSÉN JOAN DE DUEÑAS

¡Ay de vos depués de mí,
que querés su compañía
del que no tiene alegría
para vos ni para sí!

¡Ay de vos depués d'aquél, 5
que ya más cuanto biva
dolor, mal, tristor squiva
farán compañía con él.
¡Ay de vos depués de mí!
¿Qué 's lo que pensaes havér 10
del que no tiene plazer
para vos ni para sí?

¡Ay de vos depués del muerto
que bive tan sin virtut,
que de plazer e salut 15
siempre se falla desierto!
¡Ay de vos depués de mí!
Demandar non vos conviene
ningún bien al que no tiene
para vos ni para sí. 20

¡Ay de vos depués del triste,
abastado de pesares,
tantos e tan singulares
que no hay más me conquiste!
¡Ay de vos depués de mí! 25
¿Para qué buscáis amparo
del que no tiene reparo
para vos ni para sí?

6-7. El *Cancionero de Palacio* (*CP*, pág. 385) lee «que jamás en cuanto viva / dolor e tristor esquiva», con lo que ambos versos resultan octosílabos.

POEMAS ANÓNIMOS
(Cancionero de Herberay des Essarts)

En su edición del cancionero, Aubrun atribuye estas poesías anónimas al supuesto autor de la recopilación, Hugo de Urríes. Miembro de una poderosa familia aragonesa, Urríes debió de nacer muy a comienzos del siglo XV. Estuvo presente en la batalla de Ponza y vinculado, según parece, a la corte napolitana del Magnánimo. Sirvió también al rey don Juan de Navarra y a Juan II de Aragón, quien le encomendó varias misiones militares y diplomáticas, que lo llevaron a Borgoña, Bretaña e Inglaterra. Según Lucio Marineo Sículo, murió a la edad de ochenta y siete años. Su actividad literaria no se limita a la poesía, ya que a él se debe una traducción de Valerio Máximo, realizada sobre la versión francesa de Simón de Hesdin.

CP, págs. 82-83.
CHEss, págs. XL-XLIV.
Salvador Miguel, Nicasio, *PC*, págs. 238-242.

Textos de *CHEss:*
núm. 68: págs. 41 (núms. IX, X)
núm. 69: págs. 44b-45 (núm. XXI)
núm. 70: págs. 53-54 (núm. XXIX)
núm. 71: pág. 90b (núm. LXIX)
núm. 72: pág. 175a (núm. CLXV)
núm. 73: pág. 178a (núm. CLXXVIII)

68

MALMARIDADA

Soy garridilla e pierdo sazón
por malmaridada;
tengo marido en mi coraçón
que a mí agrada.

Ha que soy suya
bien cinco o seis años,
que nunca d'él huve
camisa ni paños;
açotes, palmadas,
y muchos susaños
y mal governada.

Ni quiere que quiera,
ni quiere querer,
ni quiere que vea,
ni quiere veer,
mas diz el villano
que cuando él s'aduerme
que esté desvelada.

Estó de su miedo
la noche despierta,
de día no oso
ponerme a la puerta,
assí que mesquina
biviendo soy muerta,
y no soterrada.

Desd' el día negro
que le conocí,
con cuantos servicios
y honras quel fiz,
amarga me vea
si nunca le vi
la cara pagada.

Assí Dios me preste
la vida y salut,
que nunca un besillo   35
me dio con virtut,
en todos los días
de mi joventut
que fui desposada.

Que bien que mal sufro   40
mis tristes passiones,
aunque me tienten
diez mil tentaciones,
mas ya no les puedo
sofrir quemazones   45
a suegra y cuñada.

Mas si yo quisiesse
trocar mal por mal,
mancebos muy lindos
de muy gran caudal   50
me darán pelote,
mantillo y brial
por enamorada.

Con toda mi cuita,
con toda mi fiel,   55
cuando yo veo
mancebo novel,
más peno amarga
y fago por él
que Roldán por su spada.   60

DESFECHA

Si d'esta scapo
sabré qué contar,
non partiré del aldea
mientras viere nevar.

Una moçuela de vil semejar 65
fízome adama de comigo folgar,
non partiré del aldea
mientras viere nevar.

69

OTRA

Pues que me queréis matar,
tal es mi suerte,
no me fagaes más penar,
datme la muerte.

Si lo dexáis por non querer 5
o no osades,
de la muerte padescer
no m' escusades.
Mi vida se va cuitar,
vos no curades, 10
no me fagáis penar,
datme la muerte.

Pues mi mal comedir
bien comedides,
mas yo querría sentir 15
si lo sentides.
Si en mi fuerte pesar
vos me fallides,
no me fagáis penar,
datme la muerte. 20

Si por usar honestat
me denegades,
mirat que a piedat
desemparades.
Si por vos querer amar 25

mi mal doblades,
no me fagades penar,
datme la muerte.

70

DEZIR

Ya tanto bien parecéis
que no hay seso que baste
a que por vos no se gaste,
segunt lo que merecéis.
E digo por mi verdat, 5
toda afección postposada,
que vuestra mucha beldat
desfaze la crueldat
de vuestra faz airada.

Por ende no vos conviene 10
fazerme crudo semblante,
ca si soy de vos amante,
de vuestra beldat me viene.
E sed cierta sin dudança
que vuestros garridos ojos, 15
si no me dan sperança,
a lo menos son folgança
de mis penados enojos.

E cuanto más vo mirando
vuestra mucha fermosura, 20

1-4. Sobre el elogio imposible, cfr. núm. 30, vv. 51-56.
12-13. La belleza es, probablemente, la más importante de las causas de amor (núm. 75, vv. 5-8; núm. 76; núm. 91). En un poema dirigido a los galanes de la corte, Gómez Manrique pregunta si es más causa de amor la discreción o la hermosura. La respuesta de Guevara es que «Discrición, bien razonar, / en la no gentil figura, / más es boz de contentar / que pasión de sospirar / bien amando sin mesura» (Gómez Manrique, «A vosotros los galanes», FD, II, págs. 107b y 108a, núm. 395).

tanto más la mi tristura
se va de mí alexando.
Pero aunque posseo
mucho gozo en vos viendo,
cuando tan linda vos veo   25
luego me cresce desseo
d' haver lo que non atiendo.

E aun por tal son vos miro,
si en ello acatáis,
que sin caça me caçáis   30
e mi libertat me tiro.
Vos sois la mesma codicia
que me faze codicioso,
vos sois aquella policia
que sin usar de malicia   35
me da pesar [o] reposo,

E más quiero que sepáis
que vuestra graciosa risa
con vuestros ojos divisa
la gloria que no me dais.   40
E lo tal es un engaño
que vuestra gracia m'atraça,
porque no sienta un daño
dándome gozo tamaño,
que todo punto m' abraça.   45

Cuando comigo fabláis
vuestra boca dize: «no»,
e los ojos: «vuestra só»,
por modo que me matáis.
Vuestra gracia me cativa,   50
vuestro gesto m' atormenta,
d' una part sois atractiva,
e de la otra tan esquiva
que mi saber desatienta.

Por lo cual no fallo tiento　　　　55
en vos, ni basta destreza
aplacar vuestra crueza
ni el mal que me consiento;
por donde, como vencido
de mi mesmo acatar,　　　　　　60
es fuerça ser yo venido
a ser por vos detenido,
sin por vuestra me tomar.

Bien sé ya que me diréis:
«D'esso culpa no vos tengo,　　　65
ca yo nunca vos detengo,
ni plaze lo que fazéis.»
Pero si bien vos miráis
al spejo de mañana,
que muera si no vos dais　　　　70
por culpante e tornáis
de humil mucho ufana.

Y en fin de la presente
d'una cosa vos aviso,
que vuestro fermoso viso　　　　75
a cuanto dezís desmiente.
Vos demostráis ser desdeñosa
cuando más sois requerida,
mas vuestra cara graciosa
no consiente la tal cosa　　　　80
verdadera ni fingida.

Assí convién fazer,
si no me queréis matar:
o vuestra cara tiznar,
o por vuestro me tener.　　　　　85
Ca, por Dios, en mí non es

---

63. «Sin que sea necesario que me toméis por vuestra fuerza.»
76. *desmiente: desmiento* en la edición de Aubrun, pero el sentido y la rima exigen la tercera persona.

  ante vuestra gran belleza,
  poder lo que vos queréis,
  por bien que me demostréis
  en vuestros dichos aspreza.   90

    Fin
  Aquesto bien lo sabéis
  qu'en usar de gentileza
  cosa vos no perderéis,
  y en sanar al que perdéis
  mostraréis mayor sabieza.   95

71

OTRA

  Señora, no preguntés
  quién es más de mí querida,
  que mejor lo conocéis
  que persona d'esta vida.

  Ella es de la presencia   5
  que en vos mesma se muestra,
  de su beldat o la vuestra
  no hay ninguna diferencia.
  Por ende, no lo neguéis,
  señora muy entendida,   10
  que mejor lo conocéis
  que persona d'esta vida.

  No oso dezir qui sois vos
  la que me da nueva pena,
  señora fermosa y buena   15
  cuyo soy depués de Dios.

---

1. En el *CMP* esta composición aparece dirigida a una doncella, acomodándose así a una «arcaica y tradicional preferencia de la poesía hispánica» (véase *CMP*, pág. 266, y el comentario de Romeu).

  Mas tanto le parecéis
que tengo tema creída
*que mejor la conocéis
que persona d'esta vida.*   20

72

CANCIÓN

No sé cuáles me prendieron
que me fazen tantos daños,
*vuestros ojos tan estraños
o los míos que los vieron.*

De los vuestros he temor   5
cuando me miráes con ellos,
nunca vi tan gran amor
como los míos han d'ellos.
Sé que por mi mal nacieron,
e por mis cuitas e daños,   10
*vuestros ojos muy estraños
o los míos que vos vieron.*

73

CANCIÓN

Si deliberado tenéis
que por vuestra mano muera,
señora, no lo tardéis.

Señora, si en yo morir
entendéis de ser servida,   5
evat que por vos servir

1-12. Para el mismo motivo, cfr. 132.
1. Quizá sea preferible leer «si delibrado tenéis», para mantener la medida del octosílabo.

yo quiero perder la vida;
mas si de matar m'havéis,
matadme de tal manera
qu'en matarme no tardéis.   10

GÓMEZ MANRIQUE

Nació en Amusco hacia 1412, y murió en Toledo en 1490. De cultura inferior a la de su tío, el Marqués de Santillana, lo imita, sin embargo, en su deseo de armonizar el estudio con el ejercicio de las armas. Tomó parte en varios combates, como el cerco de Maqueda en 1441, o el ataque a Cuenca en 1449, siempre contra el Condestable Álvaro de Luna y sus partidarios. Tras la muerte de su enemigo y de Juan II, militó en el bando del infante don Alfonso contra Enrique IV, y más tarde en el de Isabel la Católica contra la Beltraneja. Desde 1477 ocupó el cargo de corregidor de Toledo, donde se distinguió por su decidida actuación en favor de los conversos.

La obra poética de Gómez Manrique se caracteriza por su variedad: poemas amorosos, festivos, plantos alegóricos, consolatorias, composiciones didáctico-políticas. Sobre todo en las obras más extensas y ambiciosas hay con frecuencia un exceso de erudición, pero muchas veces se abre paso la afectividad del poeta, próxima, como señala Lapesa, a la emotividad franciscana de un Mendoza o un Montesino. La figura de Manrique es también importante para la historia del teatro cortesano, tanto en su orientación más profana como en la sacra (Representación del Nacimiento de Nuestro Señor *y* Coplas fechas para Semana Santa).

MANRIQUE, Gómez, *Cancionero,* ed. Antonio Paz y Melia, 2 vols., Madrid, Imprenta Pérez Dubrull, 1885-1886.

LAPESA, Rafael, «Poesía docta y afectividad en las consolatorias de Gómez Manrique», *Estudios sobre literatura y arte dedicados al profesor Emilio Orozco Díaz,* II, Granada, Universidad de Granada, 1974, págs. 231-239.

MENÉNDEZ PELAYO, Marcelino, *Antología,* II, págs. 339-378.

PINNA, M., «Didattismo e poeticità nelle *Coplas para el señor Diego Arias de Ávila* di Gómez Manrique», *Annali. Sezione romanza,* XXIV (1982), págs. 135-142.

SCHOLBERG, Kenneth R., *Introducción a la poesía de Gómez Manrique,* Madison, The Hispanic Seminary of Medieval Studies, 1984.

Sigo el texto de FD, II:
  núm. 74: págs. 11b-12a (núm. 321)
  núm. 75: pág. 12b (núm. 325)
  núm. 76: pág. 13b (núm. 329)
  núm. 77: pág. 36 (núm. 352)
  núm. 78: págs. 85a-91a (núm. 377)
  núm. 79: págs. 94b-95a (núm. 381)
  núm. 80: pág. 128a (núm. 410)

74

CANCIÓN

El que arde en biva llama,
sirviendo a quien le condena,
no puede, según es fama,
sentir la pasión ajena.

Yo padezco por amores 5
tan afortunadas penas,
que no siento las ajenas
cuitas de los amadores:
que cualquiera que bien ama
a quien su bien desordena, 10
no puede, según es fama,
sentir la pasión ajena.

---

6. *afortunadas:* en la Edad Media, la palabra *afortunado* significa 'sometido a la acción de la Frotuna'. Y puesto que la diosa del azar puede ser favorable o adversa, el adjetivo puede entenderse de dos modos: 'que tiene buena suerte' o, al contrario, 'que tiene mala suerte' (cfr. Edwin J. Webber, «A lexical note on *afortunado,* 'unfortunate'», *HR,* XXXIII (1965), págs. 347-359).

75

CANCIÓN

Dexadme mirar a quien
me faze mal,
e nunca me fizo bien,
nin comunal.

Dexad fartar a mis ojos   5
de mirar la fermosura
que con tan poca mesura
me causa tantos enojos;
que morir a mí convién,
si me non val   10
la que nin me faze bien,
nin comunal.

76

CANCIÓN

Con la belleza prendés,
donzella, cuantos miráis,
e con la fonda matáis
e ferís los que querés.

Nunca vi tal desmesura,   5
prender los hombres seguros,
e ferir desde los muros
con fonda de fermosura.
No puede ningún arnés
defensar al que miráis,   10
pues que mirando matáis
e ferís los que querés.

5-8. Cfr. núm. 7, v. 13.
1-12. Para la belleza, origen del amor, cfr. núm. 70, v. 13.

PREGUNTA DE GÓMEZ MANRIQUE A PEDRO DE MENDOÇA

La inmensa turbación
d'este reino castellano
faze pesada mi mano
y torpe mi descrición:
que las horas y candelas
que se gastavan leyendo,
agora gasto poniendo
rondas, escuchas y velas.

El tiempo bien despendido
en las liberales artes,
en cavas y baluartes
es agora convertido;
por tanto, si fallesciere
la muy gentil elocuencia,
culparéis la diferencia
del tiempo que lo requiere.

Del cual un poco furtado,
aunque no sin grande afán,
a vos, señor de Almaçán,
pregunto, mal consonando:
¿cuál vos es menos molesta,
vuestra secreta prisión,
o la vulgar detención
que vos es por el rey puesta?

1-16. No es esta la única ocasión en que el poeta se lamenta de descuidar el cultivo de la poesía por sus obligaciones militares (cfr. FD, II, págs. 16a y 129a). Se muestra así la dificultad de realizar en la práctica la armonía tópica entre las armas y las letras.

21-24. Sobre la prisión de amor, cfr. núm. 61. La comparación entre la prisión real y la alegórica del amor es un antiguo tópico, que aparece varias veces en los poetas del xv (cfr. la reseña de E. Asensio al libro de Le Gentil en *RFE*, XXXIV (1950), págs. 298-299.

24. Pedro de Mendoza, segundón de los poderosos Mendoza de Guadalajara, participó en la vida política durante los reinados de Juan II y Enrique IV, y fue encarcelado en varias ocasiones *(PCS,* pág. 191).

Maguer son en calidad 25
algún tanto discordantes,
ambas a dos son privantes
de la franca libertad.
Lo cual visto, cuidaría,
a mi parescer grosero, 30
en el solo carcelero
consistir la mejoría.

Fin
Respondedme todavía,
generoso cavallero,
que vos faga plazentero 35
la dárdana policía.

78

COPLAS PARA EL SEÑOR DIEGO ARIAS DE ÁVILA, CONTADOR MAYOR DEL REY NUESTRO SEÑOR, E DEL SU CONSEJO*

Invocación
De los más el más perfeto,
en los grandes el mayor,
infinido sabidor,
de mí, rudo trobador,
torna sotil e discreto; 5
que sin ti prosa nin rimo
es fundada,

---

36. Ignoro por qué se atribuye una especial *policía* o cortesía a Dárdano, rey de Troya, o a la propia Dardania. En el poema «Tales volvimos, señor» (FD, II, pág. 11a), el poeta utiliza el adjetivo referido a la ciudad, y no al personaje.

* Estas coplas constituyen un precedente de las que Jorge Manrique dedicó a la muerte de su padre. El converso Diego Arias, a quien van dirigidas, fue contador mayor y favorito de Enrique IV.

1-27. Al comenzar su tarea, el autor invoca a Cristo y no a las Musas. Esa sustitución es habitual en la lírica de los cancioneros, y algunos poetas la señalan explícitamente (cfr., simplemente, las *Coplas* de Manrique).

nin se puede fazer nada,
Joannis primo.

Tú que das lenguas a mudos, 10
fazes los baxos sobir
e a los altos decendir;
Tú que fazes convertir
los muy torpes en agudos,
convierte mi grand rudeza 15
e inorancia
en una grande abundancia
de sabieza.

Porque fable la verdad
con éste que fablar quiero, 20
en estilo no grossero,
non agro, nin lisonjero,
nin de grand prolixidad;
e no sea mi fablar
deshonesto, 25
enojoso, nin molesto
de escuchar.

Introdución

E tú, buen señor, a quien
el presente va tratado,
no polido nin limado, 30
a tu recuesta embiado,
nótalo, nótalo bien:
no considerando, no,
en mis defectos,
mas en los consejos rectos 35
si te do.

E no mires mis passiones
y grandes vicios que sigo,

---

23. El ideal estilístico de brevedad reaparece con frecuencia en los poetas y tratados de retórica medievales (cfr. Curtius, II, págs. 682-691).

tú, señor, y grande amigo;
mas nota bien lo que digo,   40
pospuestas adulaciones:
por lo cual mis atavíos
valen menos,
e nin tengo cofres llenos,
nin vazíos.   45

Por no te ser enojoso
fuiré las dilaciones,
pues que tus negociaciones
e grandes ocupaciones
te dexan poco reposo   50
aun para lo nescessario
al bivir,
cuanto más para seguir
lo voluntario.

Poniendo fin al proemio,   55
seguiré lo proferido,
mas si fuere desabrido,
el quemante fuego pido
sea su devido premio,
o roto con los rompidos   60
libramientos.
Desde agora ten atentos
los oídos.

Principia la fabla
¡Oh tú, en amor hermano,
nascido para morir,   65
pues lo no puedes fuir,
el tiempo de tu bivir
no lo despiendas en vano;
que vicios, bienes, honores
que procuras,   70
pássanse como frescuras
de las flores!

Comparación
En esta mar alterada
por do todos navegamos,
los deportes que pasamos, 75
si bien lo consideramos,
no duran más que rociada.
¡Oh, pues, tú, hombre mortal,
mira, mira,
la rueda cuán presto gira 80
mundanal!

Si d'esto quieres enxiemplos,
mira la grand Bavilonia,
Tebas y Lacedemonia,
el grand pueblo de Sidonia, 85
cuyas murallas y templos
son en grandes valladares
trasformados,
e sus triunfos tornados
en solares. 90

Comparación
Pues si pasas las historias
de los varones romanos,
de los griegos y troyanos,
de los godos y persianos,
dinos de grandes memorias, 95
no fallarás al presente
sino fama
transitoria como flama
de aguardiente.

Si quieres que más acerca 100
fable de nuestras rigiones,

---

77. Cfr. las *Coplas* de Jorge Manrique, vv. 227-228.
85. *Sidonia:* Sidón, ciudad fenicia. Los cuatro ejemplos son tópicos y aparecen, también juntos, en el *Bías contra Fortuna* (vv. 137-142) del Marqués de Santillana.
100-101. Ese deseo de buscar ejemplos cercanos a la experiencia del lector

mira las persecuciones
   que firieron a montones
   en la su fermosa cerca:
   en la cual aún fallarás   105
   grandes mellas:
   ¡quiera Dios cerrando aquéllas
   no dar más!

   Que tú mesmo viste muchos
   en estos tiempos pasados,   110
   de grandísimos estados
   fácilmente derocados
   con pequeños aguaduchos,
   que el ventoso poderío
   temporal   115
   es un muy feble metal
   de vedrío.

              Comparación
   Pues tú no te fíes ya
   en la mundana privança,
   en riquezas nin pujança,   120
   que con pequeña mudança
   todo te fallescerá;
   y los tus grandes amigos
   con favor,
   te serán con disfavor   125
   enemigos.

              Comparación
   Que los bienes de fortuna
   no son durables de fecho;
   los amigos de provecho
   fallecen en el estrecho   130
   como agua de laguna;
   que si la causa o respecto

---

recuerda los vv. 169 y ss. de las *Coplas* de Manrique (cfr. también Pedro Salinas, *Jorge Manrique*, ob. cit., págs. 149-151).

	desfallesce,
	en ese punto fallece
	el efecto. 135

	De los que vas por las calles
	en torno todo cercado,
	con cirimonias tratado,
	no serás más aguardado
	de cuanto tengas que dalles; 140
	que los que por intereses
	te siguían,
	en pronto te dexarían
	si cayeses.

	Bien assí como dexaron 145
	al pujante Condestable;
	en le siendo variable
	esta fortuna mudable,
	muchos le desampararon;
	pues fazer deves con mando 150
	tales obras,
	que no temas las çoçobras,
	no mandando.

	El alcalde cadañero,
	atendiendo ser judgado 155
	después del año pasado,
	en el judgar es temprado,
	ca teme lo venidero;
	pues si este tu poder
	no es de juro, 160
	nunca duermas no seguro
	de caer.

---

146. Se refiere a don Álvaro de Luna, cuya repentina caída impresionó a los contemporáneos casi como un símbolo del poder de la fortuna (cfr., por ejemplo, el *Doctrinal de privados,* o las propias *Coplas* de Jorge Manrique, versos 241-252).

En el tiempo que prestado
aqueste poder tovieres,
afana cuanto pudieres 165
en aquello que devieres,
por ser de todos amado:
que fallarás ser partido
peligroso,
aun al mucho poderoso, 170
ser temido.

Comparación
El barco que muchos reman
a muchos ha de traer;
assí bien ha de temer
el que con su grand poder 175
faze que muchos le teman;
pues procura ser querido
de los buenos,
o por no ser a lo menos
aborrido. 180

Para lo cual los mayores
han de ser muy acatados,
los medianos bien tratados,
de los pobres escuchados
con paciencia sus clamores; 185
que si fatigas te siguen
de oficio,
los librantes no con vicio
te persiguen.

E los que has de librar, 190
líbralos de continente;
los que no, graciosamente,
sin ira, sin accidente

163-171. La idea está ya en Cicerón *(De officiis*, II, 7), y había sido recogida por el Marqués de Santillana en sus *Proverbios*, I-II.
190-191. Cfr. núm. 41, vv. 289-296.

los deves desempachar;
e no fagan los portales 195
tus porteros
a bestias y cavalleros
ser iguales.

Que tú seyendo inorante
de lo tal, como lo creo, 200
segund lo que de ti veo,
algunos te fazen reo
e reputan por culpante;
mas yo dubdo de tu seso
que mandase 205
que bien e mal se pesase
con un peso.

E castiga los cohechos
que fazen arrendadores
a los tristes labradores, 210
que sabrás que son mayores
que sus tributos y pechos;
e a ti todas las gentes
bendirán,
a lo menos no dirán 215
que lo consientes.

D'esta forma cobrarás
mundana benivolencia,
mas con mayor diligencia
de la divinal esencia 220
aquélla procurarás;
que en respecto del celeste
consistorio,
es un sueño transitorio
lo terrestre. 225

Comparación
Que los más mal soblimados
e temidos son temientes,

> e los en fuerça valientes
> e riquezas poseyentes,
> ya fueron d'ellas menguados;   230
> que todas son emprestadas
> estas cosas,
> e no duran más que rosas
> con heladas.
>
> Alixandre fue señor   235
> de toda la redondeza,
> Hércoles de fortaleza,
> Mida de tanta riqueza
> que no pudo ser mayor;
> pero todos se murieron   240
> y dexaron
> esto tras que trabaxaron
> y corrieron.
>
> Pues no gastes tu bevir
> en los mundanos servicios,   245
> nin en deleites e vicios,
> que de tales exercicios
> te podrás arrepentir.
> Y mezcla con estos tales
> pensamientos   250
> el temor de los tormentos
> infernales.
>
> En servir a Dios trabaja,
> echa cobdicias atrás,
> que cuando te partirás   255
> del mundo, no levarás
> sino sola la mortaja.
> Pues nunca pierdas el sueño
> por cobrar

242-243. La expresión recuerda muy de cerca a la utilizada por Jorge Manrique en las *Coplas*, vv. 86-87.

lo que tiene de fincar 260
con su dueño.

Este dueño que te digo
de los temporales bienes,
tras los cuales vas e vienes,
es el mundo, con quien tienes 265
e tiene guerra contigo:
al cual si sigues, haveres
te dará,
pero tirártelos ha
cuando partieres 270

d'esta trabajosa vida,
de miserias toda llena,
en que reposo sin pena,
nin jamás un hora buena
tú puedes haver complida: 275
no es ál sino deseo
su cimiento,
su fin arrepentimiento
y devaneo.

Pues si son perecederos 280
y tan caducos y vanos
los tales bienes mundanos,
procura los soberanos
para siempre duraderos;
que so los grandes estados 285
e riquezas,
fartas fallarás tristezas
e cuidados.

Que las vestiduras netas,
y ricamente bordadas, 290
sabe que son enforradas
de congoxas estremadas
e de passiones secretas;
y con las taças febridas

de bestiones,
amargas tribulaciones
son bevidas.

Mira los emperadores,
los reyes y padres santos;
so los riquísimos mantos
trabajos tienen y tantos
como los cultivadores;
pues no fíes en los hombres,
que padecen,
y con sus vidas perecen
sus renombres.

Que cuanto mayores tierras
tienen e más señorías,
más inmensas agonías
sostienen noches e días
con libranças y con guerras;
por lo cual con la corona
altamente
el que dixo lo siguiente
se razona:

«¡Oh joya de gran valía,
quien te bien considerasse
e tus trabajos pensasse,
aunque en tierra te fallasse,
nunca te levantaría!»
Síguese que los imperios
e reinados
no son, no, desenforrados
de lazerios.

Pues mira los cardenales,
arçobispos y perlados,

312-320. La anécdota está ya en Valerio Máximo, y la recoge también Fernando de la Torre (cfr. María Jesús Díez Garretas, *La obra literaria...*, ob. cit., página 105).

no más bienaventurados
son, nin menos angustiados
que los simples ministrales;
que sobre sus mantonadas 330
mucho largas
portan gravísimas cargas
y pesadas.

Los varones militantes,
duques, condes y marqueses, 335
so los febridos arneses,
más agros visten enveses
que los pobres mendigantes;
ca por procurar honores
y faziendas, 340
inmensas tienen contiendas
y temores.

Comparaciones
Los favoridos privados
d'estos príncipes potentes,
a los cuales van las gentes 345
con servicios y presentes
como piedras a tablados,
en las sávanas de Holanda
más sospiran
que los remantes que tiran 350
en la vanda.

Que los bienes y favores
que los tales siempre han,
non los lievan sin afán,
pues el blanco comen pan 355
con angustias y dolores;
que privança y señoría
no quisieron
igualdad, nin consintieron
compañía. 360

Pues los ricos oficiales
de las casas de los reyes,
aunque grandes tenés greyes,
non sin dubda d'estas leyes
sois ajenos, mas parciales; 365
provar lo quiero contigo,
que serás,
si la verdad me dirás,
buen testigo.

Que fartos te vienen días 370
de congoxas tan sobradas,
que las tus ricas moradas
por las choças o ramadas
de los pobres trocarías:
que so los techos polidos 375
y dorados
se dan los buelcos mesclados
con gemidos.

Si miras los mercadores
que ricos tratan brocados, 380
no son menos de cuidados
que de joyas abastados
ellos y sus fazedores;
pues no pueden reposar
noche ninguna, 385
recelando la fortuna
de la mar.

Basta que ningún estado
fallarás tanto seguro
que non sea como muro, 390
el cual por combate duro
finca medio derrocado:
de los mundanos entiende,
tras los cuales
la vida de los mortales 395
se despiende.

Mientra son navegadores
por el mar tempestuoso
d'este siglo trabajoso,
jamás biven en reposo 400
chicos nin grandes señores;
que con esta son nacidos
condición,
e ningunos d'ella son
esemidos. 405

Comparaciones
Pues tú no pongas amor
con las personas mortales,
nin con bienes temporales,
que más presto que rosales
pierden la fresca verdor; 410
e no son sus crescimientos
sino juego,
menos turable que fuego
de sarmientos

Fin
Comparación
E non fundes tu morada 415
sobre tan feble cimiento,
mas elige con gran tiento
otro firme fundamento
de más eterna durada;
que este mundo falaguero 420
es sin dubda,
pero más presto se muda
que febrero.

DE GÓMEZ MANRIQUE, QUEXAS E COMPARACIONES

>Donzella, diez mil enojos
>me da vuestra desmesura;
>mas en mirando mis ojos
>vuestra gracia y fermosura,
>aunque no quedo guarido 5
>de mis penas,
>como si fuesen ajenas
>las olvido.

>Que todas mis amarguras
>derrama vuestro donaire, 10
>como las nieblas escuras
>se derraman con el aire;
>e cuanto me dais dolor
>e cuidado,
>en vos ver es trasformado 15
>en amor.

>Assí mis ansias secretas,
>viéndovos, fuyen de mí,
>bien como las cuervas prietas
>perseguidas del neblí. 20
>E si llego con grant ira
>ante vos,
>en vos mirando, por Dios,
>se me tira.

>Y las mis justas querellas, 25
>ante vos, fin de mis males,
>fuyen como las estrellas
>ante los rayos febales:

---

4. San Pedro («Diferencia peligrosa») utiliza ambos términos como claramente diferenciados: «¿cuál os hará más hermosa, / la gracia o la hermosura?».

28. *Febales:* 'de Febo', es decir, del sol.

que maldita la que puedo
denunciarvos 30
con el gozo de mirarvos,
e con miedo.

Assí fuyen mis pasiones
delante de vuestra vista,
como los flacos varones 35
de la dudosa conquista;
mas con todo me dexáis
un sospiro,
que por mucho que vos miro,
no sanáis. 40

Todos los otros desdenes
olvido cuando vos veo,
y como si grandes bienes
recibiese, vos oteo,
sin poder jamás fartarme 45
de vos ver;
pues queredme guarecer,
o matarme.

Fin
No vos plega más dexarme
padecer, 50
pues sola tenéis poder
de sanarme.

80

A UNA DAMA QUE IVA CUBIERTA

El coraçón se me fue
donde vuestro vulto vi,
e luego vos conoscí
al punto que vos miré;

que no pudo fazer tanto,
   por mucho que vos cubriese,
   aquel vuestro negro manto,
   que no vos reconosciese.

   Que debaxo se mostrava
   vuestra gracia y gentil aire,
   y el cubrir con buen donaire
   todo lo magnifestava;
   así que con mis enojos
   e muy grande turbación
   allá se fueron mis ojos
   do tenía el coraçón.

¶ La glosa dela p̃sente obra procede segun que por ella se muestra a cada copla delas de don Jorge quatro. cōuiene a saber sobre cada pie principal vna copla acabādo enel mismo. los q̃les van puestos enel fin por a.b.c.d. saluo cinco que enesta obra se hallaran que por no tener en sy solas sentē

JORGE MANRIQUE

Sobrino de Gómez Manrique, nació probablemente en Paredes de Nava en 1440, aunque no existe seguridad sobre el lugar ni la fecha. Fue caballero de Santiago, comendador de Montizón y partidario de don Alfonso frente a Enrique IV. A la muerte de éste, se sumó a la causa de Isabel la Católica, y murió combatiendo por ella en 1479, frente al castillo de Garci-Muñoz.

El cancionero de Manrique consta de unas cuarenta composiciones, amorosas y satíricas, y de las famosas Coplas por la muerte de su padre. *El poema recoge una serie de doctrinas bien conocidas, cuyos antecedentes pueden rastrearse desde la Biblia o el neoplatonismo hasta el Marqués de Santillana. Pero Manrique suple la falta de originalidad intelectual gracias al tratamiento de la materia y a su disposición: busca la expresión más sencilla y más ceñida, frente a los aparatosos plantos eruditos de su época (núm. 38); elude el efectismo macabro y la crispación de las danzas de la muerte; olvida a griegos y romanos y evoca, en cambio, un pasado inmediato, que sus lectores pueden recordar y que todavía los conmueve.*

La crítica difiere en la interpretación de la estructura del poema, pero parece claro que el eje de la composición es la estrofa XXIV (vv. 289-300); a partir de ella el poeta abandona las consideraciones generales, y se centra en la figura del maestre y en su actitud serena frente a la muerte. Esa aceptación se justifica en la conciencia de una vida bien empleada y en la esperanza de una doble inmortalidad: la de la salvación eterna y la terrena de la fama. Los lectores modernos han tendido a ver en las Coplas *una exaltación también de la vida mundana. Sobre todo en los vv. 181-204, Manrique se deja deslumbrar por la vida de la corte, cuya transitoriedad reconoce y a la que, en teoría, condena. Pero convendrá no olvidar que para los contemporáneos las* Coplas *fueron esencialmente una obra moral y ascética. Así lo documentan las glosas y comentarios al poema, o su inclusión en el* Cancionero de Ramón de Llavia.

MANRIQUE, Jorge, Cancionero, ed. Augusto Cortina, Madrid, La Lectura, 1924 (varias reediciones en Clásicos Castellanos).
— *Poesía*, ed. Jesús M. Alda-Tesán, *Salamanca, Anaya, 1965 (varias ediciones en editorial Cátedra).*
CANGIOTTI, Gualtiero, *Le «Coplas» di Manrique tra medioevo e umanesino*, Bolonia, Riccardo Patron, 1964.
DUNN, Peter N., «Themes and images in the *Coplas por la muerte de su padre* of Jorge Manrique», *Medium Aevum*, XXXIII (1964), págs. 169-183.
GILMAN, Stephen, «Tres retratos de la muerte en las *Coplas de Jorge Manrique*», *NRFH*, XIII (1959), págs. 305-324. Reelaborado en *El comentario de textos, 4. La poesía medieval*, Madrid, Castalia, 1983, págs. 277-302.
LIDA DE MALKIEL, María Rosa, «Una copla de Jorge Manrique y la tradición de Filón en la literatura española», *RFH*, IV (1942), págs. 152-171. Ahora en *Estudios sobre la literatura española del siglo XV*, Madrid, José Porrúa, 1977, págs. 145-178.
MORREALE, Margherita, «Apuntes para el estudio de la trayectoria que desde el *ubi sunt?* lleva hasta el "¿qué le fueron sino...?" de Jorge Manrique», *Th*, XXX (1975), págs. 471-519.
NAVARRO TOMÁS, Tomás, «Métrica de las *Coplas* de Jorge Manrique», en su libro *Los poetas en sus versos, desde Jorge Manrique a García Lorca*, Barcelona, Ariel, 1973, págs. 67-86. Previamente, en *NRFH*, XV (1961), págs. 169-179.
RICO, Francisco, «Unas coplas de Jorge Manrique y las fiestas de Valladolid en 1428», *AEM*, II (1965), págs. 515-524.
SALINAS, Pedro, *Jorge Manrique o tradición y originalidad*, Buenos Aires, Sudamericana, 1947. (Ha sido reeditado en Barcelona, Seix Barral, 1974 y 1981.)
SÁNCHEZ FERLOSIO, Rafael, *Las semanas del jardín. Semana segunda, «splendet dum fangitur»*, Madrid, Nostromo, 1974, págs. 211-263.
SERRANO DE HARO, Antonio, *Personalidad y destino de Jorge Manrique*, Madrid, Gredos, 1966.
SPITZER, Leo «Dos observaciones sintáctico-estilísticas a las *Coplas* de Manrique», *NRFH*, IV (1950), págs. 1-24. Ahora en su libro, *Estilo y estructura en la literatura española*, Barcelona, Crítica, 1980, págs. 165-194.

Sigo el texto de Jorge Manrique: *Cancionero*, 2.ª impresión renovada, ed. Augusto Cortina, Madrid, Espasa-Calpe, 1941:
   núm. 81: págs. 15-16
   núm. 82: págs. 21-26
   núm. 83: pág. 59
   núm. 84: pág. 65
   núm. 85: pág. 69
   núm. 86: pág. 71
   núm. 87: págs. 89-109

81

PORQUE ESTANDO ÉL DURMIENDO LE BESÓ SU AMIGA[*]

Vos cometistes traición,
pues me heristes, durmiendo,
d'una herida, qu'entiendo
que será mayor passión
el desseo d'otra tal   5
herida como me distes,
que no la llaga ni mal
ni daño que me hezistes.

Perdono la muerte mía,
mas con tales condiciones: 10
que de tales traiciones
cometáis mil cada día;
pero todas contra mí,
porque, d'aquesta manera,
no me plaze que otro muera,   15
pues que yo lo merescí.

Fin

Más placer es que pesar
herida qu'otro mal sana:
quien durmiendo tanto gana,
nunca deve despertar.   20

---

[*] La ecuación beso-herida es frecuente. Cfr. Carlos Alvar, *Poesía de trovadores, trouvères, Minnesinger,* Madrid, Alianza, 1981, pág. 245.

82

CASTILLO D'AMOR*

Hame tan bien defendido,
señora, vuestra memoria
de mudança,
que jamás, nunca, ha podido
alcançar de mí victoria   5
olvidança:
porqu' estáis apoderada
vos de toda mi firmeza,
en tal son,
que no puede ser tomada   10
a fuerça mi fortaleza,
ni a traición.

La fortaleza nombrada
está'n los altos alcores
d'una cuesta,   15
sobre una peña tajada,
maciça toda d'amores,
muy bien puesta;
y tiene dos baluartes
hazia el cabo qu'ha sentido   20
el olvidar,
y cerca a las otras partes,
un río mucho crescido,
qu'es membrar.

El muro tiene d'amor,   25
las almenas de lealtad,
la barrera
cual nunca tuvo amador,
ni menos la voluntad
de tal manera;   30

---
* Para un planteamiento diferente, núm. 120.
5. Cortina acentúa «de mi victoria».

la puerta d'un tal desseo,
que aunqu'esté del todo entrada
y encendida,
si presupongo qu'os veo,
luego la tengo cobrada	35
y socorrida.

Las cavas están cavadas
en medio d'un coraçón
muy leal,
y después todas chapadas	40
de servicios y afición
muy desigual,
d'una fe firme la puente
levadiza, con cadena
de razón,	45
razón que nunca consiente
passar hermosura ajena,
ni afición.

Las ventanas son muy bellas,
y son de la condición	50
que dirá aquí:
que no pueda mirar d'ellas
sin ver a vos en visión
delante mí;
mas no visión que m'espante,	55
pero póneme tal miedo,
que no oso
deziros nada delante,
pensando ser tal denuedo
peligroso.	60

Mi pensamiento —qu'está
en una torre muy alta,
qu'es verdad—
sed cierta que no hará,
señora, ninguna falta	65
ni fealdad;

que ninguna hermosura
no puede tener en nada,
ni buen gesto,
pensando en vuestra figura, 70
que siempre tiene pensada
para esto.

Otra torre, qu'es ventura,
está del todo caída
a todas partes, 75
porque vuestra hermosura
l'ha muy rezio combatida
con mil artes,
con jamás no querer bien,
antes matar y herir 80
y desamar
un tal servidor, a quien
siempre deviera guarir
y defensar.

Tiene muchas provisiones, 85
que son cuidados y males
y dolores,
angustias, fuertes passiones,
y penas muy desiguales
y temores, 90
que no pueden fallescer
aunqu'estuviesse cercado
dos mil años,
ni menos entrar plazer
a do hay tanto cuidado 95
y tantos daños.

En la torre d'homenaje
está puesto toda hora
un estandarte,
que muestra por vassallaje 100
el nombre de su señora
a cada parte;

que comiença como más
el nombre y como valer
el apellido, 105
a la cual nunca, jamás,
yo podré desconoscer,
aunque perdido.

Fin
A tal postura vos salgo
con muy firme juramento 110
y fuerte jura,
como vassallo hidalgo,
que por pesar ni tormento
ni tristura,
a otri no lo entregar, 115
aunque la muerte esperasse
por bevir,
ni aunque lo venga a cercar
el dios d'Amor, y llegasse
a lo pedir. 120

83

CANCIÓN

*Quien no 'stuviere en presencia,
no tenga fe en confiança,
pues son olvido y mudança
las condiciones d'ausencia.*

Quien quisiere ser amado, 5
trabaje por ser presente,
que cuan presto fuere ausente,
tan presto será olvidado:
y pierda toda esperança
quien no 'stuviere en presencia, 10
*pues son olvido y mudança
las condiciones d'ausencia.*

84

CANCIÓN

No tardes, Muerte, que muero;
ven, porque biva contigo;
quiéreme, pues que te quiero,
que con tu venida espero
no tener guerra comigo. 5

Remedio de alegre vida
no lo hay por ningún medio,
porque mi grave herida
es de tal parte venida,
qu'eres tú sola remedio. 10
Ven aquí, pues, ya, que muero;
búscame, pues que te sigo;
quiéreme, pues que te quiero,
e con tu venida espero
no tener vida comigo. 15

85

MOTE

DON JORGE MANRIQUE SACÓ POR CIMERA UNA AÑORIA CON SUS
ALCADUCES LLENOS, Y DIXO:

Aquestos y mis enojos
tienen esta condición:
que suben del coraçón
las lágrimas a los ojos.

---

13. *pues te quiero* en Cortina.
1-4. Correas recoge: «Arcaduces de ñoria, / el que lleno va vacío torna» (véase Antonio Sánchez Romeralo, *El villancico...*, ob. cit., pág. 488).

86

Sin Dios y sin vos y mí

GLOSA

Yo soy quien libre me vi,
yo, quien pudiera olvidaros;
yo só el que, por amaros,
estoy, desque os conoscí,
sin Dios y sin vos y mí.   5

Sin Dios, porqu'en vos adoro;
sin vos, pues no me queréis;
pues sin mí, ya está de coro,
que vos sois quien me tenéis.
Assí que triste nascí,   10
pues que pudiera olvidaros;
yo só el que, por amaros,
estó, desque os conoscí,
sin Dios y sin vos y mí.

87

[COPLAS] DE DON JORGE MANRIQUE POR LA MUERTE
DE SU PADRE

Recuerde el alma dormida,
abive el seso e despierte,
contemplando
cómo se passa la vida,
cómo se viene la muerte,   5
tan callando;
cuán presto se va el plazer,
cómo, después de acordado,

da dolor,
cómo, a nuestro parescer, 10
cualquiere tiempo passado
fue mejor.

Pues si vemos lo presente
cómo en un punto s'es ido
e acabado, 15
si juzgamos sabiamente,
daremos lo non venido
por passado.
Non se engañe nadi, no,
pensando que ha de durar 20
lo que espera
más que duró lo que vio,
pues que todo ha de passar
por tal manera.

Nuestras vidas son los ríos 25
que van a dar en la mar,
qu'es el morir;
allí van los señoríos
derechos a se acabar
e consumir; 30
allí los ríos caudales,
allí los otros medianos
e más chicos,
e llegados, son iguales
los que viven por sus manos 35
e los ricos.

Invocación
Dexo las invocaciones
de los famosos poetas
y oradores;
non curo de sus fictiones, 40
que traen yervas secretas

36-47. Cfr. núm. 78, vv. 1-27.

sus sabores;
Aquél sólo m'encomiendo,
Aquél sólo invoco yo
de verdad, 45
que en este mundo viviendo,
el mundo non conoció
su deidad.

Este mundo es el camino
para el otro, qu'es morada 50
sin pesar;
mas cumple tener buen tino
para andar esta jornada
sin errar;
partimos cuando nascemos, 55
andamos mientras vivimos,
y llegamos
al tiempo que fenecemos;
assí que cuando morimos,
descansamos. 60

Este mundo bueno fue
si bien usásemos d'él
como devemos,
porque, segund nuestra fe,
es para ganar aquél 65
que atendemos.
Aun aquel Fijo de Dios,
para sobirnos al cielo,
descendió
a nascer acá entre nos, 70
y a vivir en este suelo
do murió.

Si fuesse en nuestro poder
hazer la cara hermosa

73-84. Cortina sitúa esta estrofa inmediatamente antes de la que comienza «Esos reyes poderosos» (v. 157). Sigo la ordenación del antiguo comentarista Barahona, recogida por FD, II, pág. 229.

255

       corporal, 75
como podemos hazer
el alma tan gloriosa
angelical,
¡qué diligencia tan viva
toviéramos toda hora, 80
e tan presta,
en componer la cativa,
dexándonos la señora
descompuesta!

Ved de cuán poco valor 85
son las cosas tras que andamos
y corremos,
que, en este mundo traidor,
aun primero que muramos
las perdemos: 90
d'ellas deshaze la edad,
d'ellas casos desastrados
que acaecen,
d'ellas, por su calidad,
en los más altos estados 95
desfallescen.

Dezidme: la hermosura,
la gentil frescura y tez
de la cara,
la color e la blancura, 100
cuando viene la vejez,
¿cuál se para?
Las mañas e ligereza
e la fuerça corporal
de juventud, 105
todo se torna graveza
cuando llega al arraval
de senectud.

---
82. Para esta oposición sierva *(cativa)*-señora, cfr. María Rosa Lida,«Una copla...», art. cit.
86-87. Cfr. núm. 78, vv. 242-243.

Pues la sangre de los godos,
y el linaje e la nobleza
tan crescida,
¡por cuántas vías e modos
se pierde su grand alteza
en esta vida!
Unos, por poco valer,
por cuán baxos e abatidos
que los tienen;
otros que, por non tener,
con oficios non devidos
se mantienen.

Los estados e riqueza,
que nos dexen a deshora
¿quién lo duda?;
non les pidamos firmeza
pues son d'una señora
que se muda:
que bienes son de Fortuna
que rebuelven con su rueda
presurosa,
la cual non puede ser una,
ni estar estable ni queda
en una cosa.

Pero digo qu'acompañen
e lleguen fasta la fuessa
con su dueño:
por esso non nos engañen,
pues se va la vida apriessa
como sueño;
e los deleites d'acá
son, en que nos deleitamos,
temporales,
e los tormentos d'allá,

---

125. *pues son:* FD, II, pág. 230a, imprime *pues que son,* con lo que se mantiene la medida del octosílabo.

que por ellos esperamos,
eternales.

Los plazeres e dulçores 145
d'esta vida trabajada
que tenemos,
non son sino corredores,
e la muerte, la celada
en que caemos. 150
Non mirando a nuestro daño,
corremos a rienda suelta
sin parar;
desque vemos el engaño
e queremos dar la buelta 155
no hay lugar.

Esos reyes poderosos
que vemos por escripturas
ya pasadas,
con casos tristes, llorosos, 160
fueron sus buenas venturas
trastornadas;
assí que no hay cosa fuerte,
que a papas y emperadores
e perlados, 165
assí los trata la Muerte
como a los pobres pastores
de ganados.

Dexemos a los troyanos,
que sus males non los vimos, 170
ni sus glorias;
dexemos a los romanos,
aunque oímos e leímos
sus hestorias,
non curemos de saber 175
lo d'aquel siglo passado

156-163. Sigo a FD, II, pág. 230a. Cortina imprime *non*.
169-180. Cfr. núm. 78, vv. 100-101.

qué fue d'ello;
vengamos a lo d'ayer,
que tan bien es olvidado
como aquello.   180

¿Qué se hizo el rey don Joan?
Los Infantes d'Aragón,
¿qué se hizieron?
¿Qué fue de tanto galán,
qué de tanta invinción   185
que truxeron?
¿Fueron sino devaneos,
qué fueron sino verduras
de las eras,
las justas e los torneos,   190
paramentos, bordaduras
e cimeras?

¿Qué se hizieron las damas,
sus tocados e vestidos,
sus olores?   195
¿Qué se hizieron las llamas
de los fuegos encendidos
d'amadores?
¿Qué se hizo aquel trobar,
las músicas acordadas   200
que tañían?
¿Qué se hizo aquel dançar,
aquellas ropas chapadas
que traían?

Pues el otro, su heredero,   205
don Anrique, iqué poderes

---

181. *el rey don Joan:* Juan II de Castilla.
182. *Los Infantes d'Aragón:* hijos de Fernando I de Antequera, rey de Aragón.
204. Todos estos versos hacen referencia probablemente a un acontecimiento muy preciso: las fiestas celebradas en Valladolid en 1428.
206. *don Anrique:* Enrique IV, heredero de Juan II.

alcançava!
¡Cuán blando, cuán halaguero
el mundo con sus plazeres
se le dava!   210
Mas verás cuán enemigo,
cuán contrario, cuán cruel
se le mostró;
haviéndole seido amigo,
¡cuán poco duró con él   215
lo que le dio!

Las dádivas desmedidas,
los edeficios reales
llenos d'oro,
las baxillas tan fabridas,   220
los enriques e reales
del tesoro,
los jaezes, los cavallos
de sus gentes e atavíos
tan sobrados,   225
¿dónde iremos a buscallos?,
¿qué fueron sino rocíos
de los prados?

Pues su hermano el inocente,
qu'en su vida sucessor   230
le fizieron,
¡qué corte tan excelente
tuvo e cuánto grand señor
le siguieron!
Mas, como fuesse mortal,   235
metióle la Muerte luego
en su fragua.
¡Oh, juizio divinal,
cuando más ardía el fuego,
echaste agua!   240

---

229. Se refiere al infante don Alfonso, proclamado rey en 1465, tras la deposición de Enrique IV. Murió en 1468, a los catorce años de edad.

Pues aquel grand condestable,
maestre que conoscimos
tan privado,
non cumple que d'él se hable,
mas sólo cómo lo vimos   245
degollado.
Sus infinitos tesoros,
sus villas e sus lugares,
su mandar,
¿qué le fueron sino lloros?,   250
¿qué fueron sino pesares
al dexar?

E los otros dos hermanos,
maestres tan prosperados
como reyes,   255
qu'a los grandes e medianos
truxieron tan sojuzgados
a sus leyes;
aquella prosperidad,
qu'en tan alto fue subida   260
y ensalzada,
¿qué fue sino claridad
que cuando más encendida
fue amatada?

Tantos duques excelentes,   265
tantos marqueses e condes
e varones
como vimos tan potentes,
di, Muerte, ¿dó los escondes
e traspones?   270
E las sus claras hazañas
que hizieron en las guerras

---

241. *aquel grand Condestable:* don Álvaro de Luna, verdadero árbitro de la política castellana durante el reinado de Juan II.

253. *los otros dos hermanos:* don Juan Pacheco, maestre de Santiago, y don Pedro Girón, maestre de Calatrava. Al igual que don Álvaro, fueron enemigos de los Manrique.

y en las pazes,
cuando tú, cruda, t'ensañas,
con tu fuerça las atierras   275
e desfazes.

Las huestes inumerables,
los pendones, estandartes
e vanderas,
los castillos impugnables,   280
los muros e valuartes
e barreras,
la cava honda, chapada,
o cualquier otro reparo,
¿qué aprovecha?   285
Cuando tú vienes airada,
todo lo passas de claro
con tu flecha.

Aquél de buenos abrigo,
amado por virtuoso   290
de la gente,
el maestre don Rodrigo
Manrique, tanto famoso
e tan valiente;
sus hechos grandes e claros   295
non cumple que los alabe,
pues los vieron,
ni los quiero hazer caros,
pues qu'el mundo todo sabe
cuáles fueron.   300

Amigo de sus amigos,
¡qué señor para criados
e parientes!
¡Qué enemigo d'enemigos!
¡Qué maestro d'esforçados   305
e valientes!
¡Qué seso para discretos!
¡Qué gracia para donosos!

          ¡Qué razón!
          ¡Qué benino a los sujetos!   310
          ¡A los bravos e dañosos,
          qué león!

          En ventura, Octaviano;
          Julio César en vencer
          e batallar;   315
          en la virtud, Africano;
          Aníbal en el saber
          e trabajar;
          en la bondad, un Trajano;
          Tito en liberalidad   320
          con alegría;
          en su braço, Abreliano;
          Marco Atilio en la verdad
          que prometía.

          Antoño Pío en clemencia;   325
          Marco Aurelio en igualdad
          del semblante;
          Adriano en elocuencia;
          Teodosio en humanidad
          e buen talante.   330
          Aurelio Alexandre fue
          en deciplina e rigor
          de la guerra;

313-336. Esas comparaciones encadenadas, de carácter encomiástico y erudito, constituyen un tópico en la poesía medieval. Muchos de esos nombres aparecen en la *Primera Crónica General* de Alfonso X (cfr. Ernst R. Curtius: «Jorge Manrique und der Kaisergedanke», *ZRPh*, LII [1932], págs. 129-152).

316. *Africano:* Escipión el Africano.

323. *Marco Atilio:* caudillo romano de la primera guerra púnica. Dejado en libertad, bajo promesa de retorno, para que negociara su canje por ciertos prisioneros cartagineses, convenció al senado de lo contrario y no dudó en regresar a Cartago (cfr. María Rosa Lida, *Estudios...*, ob. cit., pág. 173).

325. *Antoño Pío:* emperador romano (138-161).

326-327. *igualdad del semblante:* 'impasibilidad ante la buena y la mala fortuna'.

331. *Aurelio Alexandre:* el emperador Aurelio Severo Alejandro (222-235) fue asesinado por sus propios soldados.

un Costantino en la fe,
Camilo en el grand amor 335
de su tierra.

Non dexó grandes tesoros,
ni alcançó muchas riquezas
ni baxillas;
mas fizo guerra a los moros, 340
ganando sus fortalezas
en sus villas;
y en las lides que venció,
cuántos moros e cavallos
se perdieron; 345
y en este oficio ganó
las rentas e los vasallos
que le dieron.

Pues por su honra y estado,
en otros tiempos pasados 350
¿cómo s'huvo?
Quedando desmamparado,
con hermanos e criados
se sostuvo.
Después que fechos famosos 355
fizo en esta misma guerra
que hazía,
fizo tratos tan honrosos
que le dieron aun más tierra
que tenía. 360

Estas sus viejas hestorias,
que con su braço pintó
en joventud,
con otras nuevas victorias
agora las renovó 365
en senectud.
Por su grand habilidad,

---

335. *Camilo:* dictador romano, vencedor de los galos.

por méritos e ancianía
bien gastada,
alcançó la dignidad 370
de la grand Cavallería
del Espada.

E sus villas e sus tierras,
ocupadas de tiranos
las halló; 375
mas por cercos e por guerras
e por fuerça de sus manos
las cobró.
Pues nuestro rey natural,
si de las obras que obró 380
fue servido,
dígalo el de Portogal,
y en Castilla quien siguió
su partido.

Después de puesta la vida 385
tantas vezes por su ley
al tablero;
después de tan bien servida
la corona de su rey
verdadero; 390
después de tanta hazaña
a que non puede bastar
cuenta cierta,
en la su villa d'Ocaña
vino la muerte a llamar 395
a su puerta,

diziendo: «Buen cavallero,
dexad el mundo engañoso
e su halago;
vuestro corazón d'azero 400
muestre su esfuerço famoso

371-372. *Cavallería del Espada:* la Orden de Santiago.

en este trago;
e pues de vida e salud
fezistes tan poca cuenta
por la fama, 405
esfuércese la virtud
para sofrir esta afruenta
que vos llama.

»Non se vos haga tan amarga
la batalla temerosa 410
qu'esperáis,
pues otra vida más larga
de la fama gloriosa
acá dexáis;
aunqu'esta vida d'honor 415
tampoco non es eternal
ni verdadera;
mas, con todo, es muy mejor
que la otra temporal,
perescedera. 420

»El bivir qu'es perdurable
non se gana con estados
mundanales,
ni con vida delectable
donde moran los pecados 425
infernales;
mas los buenos religiosos
gánanlo con oraciones
e con lloros;
los cavalleros famosos, 430
con trabajos e aflictiones
contra moros.

»E pues vos, claro varón,
tanta sangre derramastes
de paganos, 435
esperad el galardón
que en este mundo ganastes

por las manos;
e con esta confiança
e con la fe tan entera 440
que tenéis,
partid con buena esperança,
qu'estotra vida tercera
ganaréis.»

[Responde el Maestre]
«Non tengamos tiempo ya 445
en esta vida mesquina
por tal modo,
que mi voluntad está
conforme con la divina
para todo; 450
e consiento en mi morir
con voluntad plazentera,
clara e pura,
que querer hombre vivir
cuando Dios quiere que muera, 455
es locura.

[Del Maestre a Jesús]
»Tú que, por nuestra maldad,
tomaste forma servil
e baxo nombre;
Tú, que a tu divinidad 460
juntaste cosa tan vil
como es el hombre;
Tú, que tan grandes tormentos
sofriste sin resistencia
en tu persona, 465
non por mis merescimientos,
mas por tu sola clemencia
me perdona.»

Fin
Assí, con tal entender,
todos sentidos humanos 470

                    conservados,
                    cercado de su mujer
                    y de sus hijos e hermanos
                    e criados,
                    dio el alma a quien ge la dio   475
                    (el cual la ponga en el cielo
                    en su gloria),
                    que aunque la vida perdió,
                    dexónos harto consuelo
                    su memoria.   480

---

476. Cortina imprime «(el cual la dio en el cielo [...])». Sigo a FD, II, página 234a.

FRAY ÍÑIGO DE MENDOZA

Descendía de la familia conversa de los Cartagena y de una rama segundona de los Mendoza. Nació probablemente en Burgos, algo después de 1424, y profesó en la orden franciscana en una fecha que no podemos precisar. Siguió a la corte de Enrique IV y, más tarde, a la de los Reyes Católicos, donde parece haber representado los intereses del grupo castellanista, en oposición más o menos velada el rey don Fernando. En 1495 estaba ya retirado de la vida cortesana, y desde esa fecha ocupó cargos de relativa importancia en su Orden. Había muerto ya en 1508.

Mendoza representa una orientación religiosa fuertemente influida por la observancia franciscana, y caracterizada por su simplicidad evangélica, su afectividad y su atención al Nacimiento y la Pasión de Cristo. Sus Coplas de Vita Christi *son un buen ejemplo de esa orientación espiritual, además de una violenta crítica contra Enrique IV y la caótica situación del reino. Dentro de esa misma línea hay que situar las* Coplas de Mingo Revulgo, *cuya atribución al franciscano parece hoy bastante segura. La ficción alegórica es transparente: el pastor Mingo Revulgo, que representa al pueblo, se lamenta de la decadencia de Castilla ante el profeta Gil Arribato, quien lo responsabiliza en parte de la situación y lo invita al arrepentimiento.*

MENDOZA, Íñigo de, *Cancionero de fray Íñigo de Mendoza,* ed. Julio Rodríguez-Puértolas, Madrid, Espasa-Calpe, 1968.
— *Coplas de Vita Christi,* ed. Marco Massoli, Messina-Florencia, D'Anna y Università di Firenze, 1977.

CICERI, Marcella, «Le *Coplas de Mingo Revulgo», CN,* XXXVII (1977), págs. 75-149 y 187-266.

Gotor, J. L., «A propósito de las *Coplas de Vita Christi*», *Studi Ispanici*, Pisa, Giardini Editori, 1979, págs. 173-214.

Rodríguez-Puértolas, Julio, *Fray Íñigo de Mendoza y sus «Coplas de Vita Christi»*, Madrid, Gredos, 1968.

Stern, Charlotte, «The *Coplas de Mingo Revulgo* and the early Spanish drama», *HR*, 44 (1976), págs. 311-322.

Sigo el texto de Marcella Ciceri: «Le *Coplas...*», art. cit.

88

—Mingo Revulgo, Mingo,
ah Mingo Revulgo, ahao,
¿qué 's de tu sayo de blao?
¿Non lo vistes en domingo?
¿Qué 's de tu jubón bermejo? 5
¿Por qué traes tal sobrecejo?
Andas, esta madrugada,
la cabeça desgreñada,
¿no te llotras de buen rejo?

La color tienes marrida, 10
el cospanço rechinado,
andas de valle en collado
como res que va perdida;
y no oteas si te vas
adelante o caratás, 15
çanqueando con los pies,
dando trancos al través,
que no sabes dó te estás.

—A la he, Gil Arribato,
sé qu' en fuerte hora allá echamos 20
cuando a Candaulo cobramos
por pastor de nuestro hato.

---

9. *¿no te llotras de buen rejo?:* «no estás en el vigor e fuerça que deves estar» (Pulgar, pág. 104).

21. *Candaulo:* rey de Lidia, famoso por su mal gobierno. Aquí, Enrique IV.

Ándase tras los zagales
por estos andurriales,
todo el día embevecido,   25
holgazando sin sentido,
que no mira nuestros males.

Oja, oja los ganados
y la burra con los perros,
cuáles andan pollos cerros   30
perdidos, descarriados.
Pollos santos te prometo
qu' este dañado baltrueto
—¡que nol medre Dios las cejas!—
ha dexado las ovejas   35
por folgar tras cada seto.

Allá por esas quebradas
verás balando corderos,
por acá muertos carneros,
ovejas abarrancadas;   40
los panes todos comidos
y los vedados pacidos,
y aun las huertas de la villa:
tal estrago en Esperilla
nunca vieron los nacidos.   45

¡Oh, mate mala poçoña
a pastor de tal manera,
que tiene cuerno con miera
y no les unta la roña!
Vee los lobos entrar   50
y los ganados balar:
él, risadas, en oíllo,

---

23. Alusión a la homosexualidad del rey.
29. Los perros representan al clero.
30-32. *Pollos:* por los.
44. *Esperilla:* España. Clara deformación del nombre Hesperia (cfr., por ejemplo, *Doctrinal de privados,* v. 10).

271

ni por eso el caramillo
nunca dexa de tocar.

¿Sabes, sabes? El modorro, 55
allá donde and' a grillos,
búrlanle los moçalvillos
que andan con él en el corro;
árманle mil guadramañas:
unol saca las pestañas, 60
otrol pela los cabellos;
así se pierde tras ellos
metido por las cabañas.

Uno le quiebra el cayado,
otro le toma el çurrón, 65
otrol quita el çamarrón,
y él tras ellos desvavado;
y aun el torpe majadero,
que se precia de certero,
fasta aquella zagaleja, 70
la de Nava lusiteja,
le ha traído al retortero.

Trae un lobo carnicero
por medio de las manadas,
porque sigue sus pisadas 75
dize a todos qu' es carnero.
Suéltalo de la majada,
desque da una hondeada,
en tal hora lo compieça
que si ase una cabeça 80
déxala bien estrujada.

---

56. *and' a grillos:* «faziendo obras inútiles» (Anónimo, pág. 124).

68-69. Probable alusión al favorito de Enrique IV, Beltrán de la Cueva, a quien parece dirigida también la copla siguiente (Ciceri, pág. 127).

70-71. Guiomar de Castro, dama portuguesa de la reina, y amante del rey. Puede tratarse también de la propia esposa de Enrique IV, doña Juana de Portugal.

La soldada que le damos,
y aun el pan de los mastines,
cómeselo con ruines
—¡guay de nos que lo pagamos!— 85
y nol veo que ha medrado,
de todo cuanto ha levado,
otros hatos ni jubones
sino un cinto con tachones,
de que anda rodeado. 90

Apacienta el holgazán
las ovejas por do quieren,
comen yerva con que mueren,
mas cuidado non le dan.
Non bi tal desque hombre só, 95
y aun más te digo yo:
aunque eres envisado,
que no atines del ganado
cúyo es ni cúyo no.

Modorrado con el sueño, 100
no lo cura de almagrar
porque non entiende dar
cuenta d'ello a ningún dueño;
cuanto yo no amoldaría
lo de Cristóval Mexía, 105
ni del otro tartamudo,
ni del Meco moro agudo:
todo va por una vía.

¿No ves, necio, las cabañas
y los cerros y los valles, 110

---

83. *los mastines:* aquí, el clero.
105. *Cristóval Mexía:* Cristo.
106. Alusión a Moisés.
107. *del Meco moro agudo:* de Mahoma. El significado de toda la estrofa sería, por tanto, que «en los hábitos que deven traer los judíos e moros, señalados e apartados de los cristianos, no havía la diferencia que deve haver, e que todos traen un hábito» (Pulgar, pág. 141).

>   los collados y las calles
>   arderse con las montañas?
>   ¿No ves cuán desbaratado
>   está todo lo sembrado,
>   las ovejas desparzidas,   115
>   las mestas todas perdidas
>   que no saben dar recabdo?
>
>   Está la perra Justilla,
>   que viste tan denodada,
>   muerta, flaca, trasijada,   120
>   jur' a diez que habríes manzilla;
>   con su fuerça e coraçón
>   cometié al bravo león
>   y matava el lobo viejo;
>   hora un triste de un conejo   125
>   te la mete en un rincón.
>
>   Otros buenos entremeses
>   faze este rabadán:
>   no queriéndole dar pan,
>   ella se come las reses;   130
>   tal que ha fecho en el rebaño,
>   con su fambre, mayor daño,
>   más estrago, fuerça y robo
>   que no el más fambriento lobo
>   de cuantos has visto hogaño.   135
>
>   Azerilla que sufrió
>   siete lobos denodados
>   y ninguno la mordió,
>   todos fueron mordiscados,
>   —¡rape el diablo el saber   140
>   que ella ha de defender!—

---

118. *Justilla:* la justicia.
121. *habríes:* por razones métricas, parece preferible acentuar *habríes*.
136. *Azerilla:* nombre formado sobre la palabra *acero* para designar la fortaleza.
137. Alusión a los siete pecados capitales.

las rodillas tiene floxas,
  contra las ovejas coxas
  muestra todo su poder.

  La otra perra Ventora, 145
  que de lexos barruntava
  y por el rastro sacava
  cualquier bestia robadora,
  y las veredas sabía
  donde el lobo acudiría 150
  y las cuevas raposeras,
  está echada allí en las eras
  doliente de modorría.

  Tempera quitapesares
  que corrié muy concertado, 155
  rebentó por los ijares
  del comer desordenado.
  Ya no muerde ni escarmienta
  a la grand loba fambrienta;
  y los zorros y los osos 160
  cerca d'ella dan mil cosos,
  pero no porque lo sienta.

  Vienen los lobos hinchados
  y las bocas relamiendo,
  los lomos traen ardiendo, 165
  los ojos encarniçados;
  los pechos tienen sumidos,
  los ijares regordidos,
  que non se pueden mover:
  mas después, a los balidos, 170
  ligero saben correr.

---

145. *Ventora:* la prudencia.
154. *Tempera:* la templanza.
163. *los lobos hinchados:* los nobles. Cada una de las cualidades o actitudes que les atribuye el poeta hace referencia a uno de los siete pecados capitales *(hinchados,* a la soberbia; *las bocas relamiendo,* a la gula, etc.).

Abren las bocas raviando
de la sangre que han bevido;
los colmillos regañando
parece que no han comido.   175
Por lo que queda en el hato,
cada hora en grand rebato
nos ponen con sus bramidos;
desque hartos, mas transidos,
parecen cuando no cato.   180

—¡A la he, Revulgo hermano,
por los tus pecados penas!
Si no hazes obras buenas
otro mal tienes de mano:
que si tú enhuziado fueses,   185
caliente tierra pacieses
y verdura todo el año,
no podrías haver daño
en ganados ni en mieses.

Mas no eres embisado   190
de fazer de tus provechos:
échaste a dormir de pechos
siete horas amortiguado.
Torna, tórnate a buen hanço,
enhiéstate ese cospanço,   195
porque puedas rebivir,
si non, meto qu' el morir
te verná de mal relanço.

Si tú fueses sabidor
y entendieses la verdad,   200

---

184. *tienes de mano:* tienes además.
185. *enhuziado fueses:* 'fueses confiado', referencia a la virtud de la Fe.
186-87. Alusión a la Esperanza (v. 186) y a la Caridad (v. 187).
193. *siete horas:* por los siete pecados capitales.
194. *a buen hanço:* «dizen los labradores que está de buen hanço aquél que está a su plazer.» (Pulgar, pág. 222).
198. *de mal relanço:* cuando menos lo esperes.

veríes que por tu ruindad
has havido mal pastor:
saca, saca de tu seno
la ruindad de que estás lleno,
y verás cómo será   205
que éste se castigará
o dará Dios otro bueno.

Los tus hatos, a una mano,
son de mucho mal chotuno,
lo merino y lo cabruno   210
y peor lo castellano:
muévese muy de ligero,
no guarda tino certero
do se suele apacentar,
rebellado al apriscar,   215
manso al tresquiladero.

Cata que se rompe el cielo,
decerrúmase la tierra;
cata qu' el nublo se cierra,
rebellado, ¿no has recelo?   220
Cata que berná el pedrisco
que lleve todo abarrisco
cuanto miras de los ojos:
hinca, hinca los hinojos,
cuanto yo todo me cisco.   225

Del collado aquileño
viene mal zarzaganillo:

---

201. Tal vez sea preferible acentuar *veriés*, para mantener la medida del octosílabo.

209. *mal chotuno*: enfermedad de las ovejas.

210-211. «es de saber que hay lana merina y cabruna e castellana» (Pulgar, pág. 230). Según el propio Pulgar, el poeta designa con esos términos los diferentes reinos peninsulares.

226. *aquileño*: de la parte de Aquilón, es decir, del norte. Hay un recuerdo de *Jeremías* 1, 14, «de Aquilón vendrá todo mal» (Ciceri, pág. 237).

227. Sigo la puntuación que propone *PCS*, pág. 229. Ciceri imprime sin dos puntos, lo que da un sentido diferente.

    muerto, flaco, amarillo
    para todo lo estremeño;
    mira agora qué fortuna,   230
    que ondea la laguna
    sin que corran ventisqueros:
    rebosa pollos oteros,
    no va de buena chotuna.

    Otra cosa más dañosa   235
    veo yo que no has mirado:
    nuestro carnero bezado
    va dar en la reboltosa:
    y aun otra más negrilla,
    qu' el de falsa rabadilla,   240
    muy ligero corredor,
    se mete en el sembrador:
    ¡a la he, faze ruin orilla!

    Yo soñé esta trasnochada
    de que estó estremuloso: 245
    que ni roso ni velloso
    quedará d'esta vegada.
    Echa, échate a dormir,
    que en lo que puedo sentir,
    segund andan estas cosas,   250
    asmo que las tres raviosas
    lobas tienen de venir.

---

229. Pulgar (pág. 238) explica que el ganado que pasa a Extremadura es el más gordo: el sentido del verso será, por tanto, que el infortunio ha de cebarse en los más poderosos.

230-232. Según Pulgar (pág. 238), los marineros temen especialmente el oleaje que se produce cuando no hay viento, ya que «pues no sienten el viento arriba, creen que es intrínsico debaxo del agua, que faze la tempestad más peligrosa».

232. *pollos:* por los.

235-243. Toda la estrofa contiene alusiones astrológicas: el *carnero bezado* es Aries, *la reboltosa* es Marte; *el de falsa rabadilla* es Escorpio; *el sembrador,* Saturno.

246. *ni roso ni velloso:* 'nadie', «ni los chicos ni los grandes» (Pulgar, pág. 243).

251-252. *las tres raviosas lobas:* hambre, guerra y pestilencia.

Tú conosces la amarilla
que siempre anda carleando,
muerta, flaca, sospirando,   255
que a todos pone manzilla,
y aunque traga non se harta,
nin los colmillos aparta
de morder y mordiscar:
non puede mucho tardar   260
qu' el ganado non desparta.

La otra mala traidora,
cruel y muy enemiga,
de todos males amiga,
de sí mesma robadora,   265
que sabe bien los cortijos,
nin dexa madres ni hijos
yazer en sus alvergadas:
en los valles y majadas
sabe los escondredijos.   270

Y aun también la tredentuda,
que come los rezentales
y non dexa los añales
cuando un poco está sañuda,
meto que no olvidará   275
de venir, y aun tragará
atambién su partezilla.
Dime, aquesta tal cuadrilla,
¿a quién non espantará?

Si no tomas mi consejo,   280
Mingo, d'aquesta vegada,
havrás tal pestorejada
que te escuega el pestorejo.
Vete, si quieres, hermano,

---
253. *la amarilla:* el hambre.
262. *mala traidora:* la guerra.
271. *la tredentuda:* la peste. Los comentaristas difieren en la interpretación alegórica de las tres filas de dientes.

al pastor del cerro fano, 285
dile toda tu conseja:
espulgarte ha la pelleja,
podrá ser que vuelvas sano.

Mas, Revulgo, para mientes,
que non bayas por atajos: 290
farás una salsa d'ajos
por temor de las serpientes;
sea morterada cruda,
machacada, muy aguda,
que te faga estorcijar, 295
que non puede peligrar
quien con esta salsa suda.

En el logar de Pascual
asienta el pacentadero,
porque en el sesteadero 300
puedan bien lamer la sal,
con la cual, si no han rendido
la grama y lo mal pacido,
luego lo querrán gormar
y podrán bien sosegar 305
del rebello que han tenido.

Cudo que es menos dañoso
el pacer por lo costero,
que lo alto y hondonero

---

285. *cerro Fano:* «Probablemente será nombre de lugar equivalente a Cerro Mocho [...]» *(DCECH,* citado en Ciceri, pág. 253). Para Pulgar (pág. 255) el verso hace referencia «al sacerdote del templo, porque fano quiere dezir templo». En todo caso, los vv. 281-288 designan el sacramento de la confesión.

289 y ss. Sigue el poeta hablando de la confesión, y de la necesidad de no ocultar los pecados.

291-292. Según explica el anónimo, los caminantes preparan una salsa de ajos que, según creen, les libra de las serpientes.

298-299. «Salmo 22: *instalate in loco Pascual,* refúgiate en el lugar de salvación, en la religión» *(PCS,* pág. 232).

307-310. Elogio de la medianía: lo que está a media altura *(lo costero)* es menos peligroso que lo muy alto o muy bajo.

>jur' a mí qu' es peligroso: 310
>para mientes que te cale
>poner firme, non resvale,
>la pata donde pisares,
>pues hay tantos de pesares
>*in hac lacrimarum vale.* 315

ANTÓN DE MONTORO

Su vida se desarrolla en Montoro y Córdoba, entre 1404 y 1480, aproximadamente. Descendiente de judíos y converso él mismo, vivió en 1473 los motines antisemitas de Córdoba, que estuvieron a punto de costarle la vida, y de los que ha dejado constancia en una de sus composiciones. Varios poetas de la época, como Juan Agraz o Juan de Valladolid, ridiculizaron su linaje y su condición de ropavejero, lo que le obligó a defenderse en poemas violentos o amargamente sarcásticos. Fue protegido de Pedro Fernández de Córdoba, padre del futuro Gran Capitán.

Montoro, Antón de, *Cancionero*, ed. Emilio Cotarelo, Madrid, Imprenta J. Perales, 1900.
— *Cancionero*, ed. Francisco Cantera Burgos y Carlos Carrete Parrondo, Madrid, Editora Nacional, 1984.

Aubrun, Charles V., «Conversos del siglo xvi. A propósito de Antón de Montoro», *Fil*, XIII (1968-1969), págs. 59-63.
Buceta, Erasmo, «Antón de Montoro y el *Cancionero de obras de burlas*», *MPhil*, XVII (1919), págs. 651-658.
Mai, Renate, *Die Dichtung Antón de Montoros, eines Cancionero- Dichters des 15, Jahrhunderts*, Frankfurt, Peter Lang, 1983.
Menéndez Pelayo, Marcelino, *Antología*, II, págs. 303-320.

Textos según la edición de Francisco Cantera y Carlos Carrete Parrondo:
núm. 89: págs. 61-62 (núm. 4)
núm. 90: págs. 133-135 (núm. 35)
núm. 91: pág. 153 (núm. 44)
núm. 92: pág. 174 (núm. 59)
núm. 93: pág. 286 (núm. 125)
núm. 94: pág. 348 (núm. 142a)

89

LOANDO A DON ENRIQUE ENRÍQUEZ*

Como cuando las loçanas
van por donde se desporten,
por los vergeles ufanas,
y ven tan lindas manzanas
que no saven cuál se corten,   5
y por las lindas llevar,
escogidas una a una,
fállanlas todas a par,
y tantas quieren cortar
que jamás cortan ninguna.   10

Fin
Ansí que quien en vos loar
quisiere dar su fatiga
muy más le vale callar,
que tanto puede hablar
que no sabrá qué se diga;   15
pues según vos merecéis
y virtud en vos floresce,
dexando lo que seréis,
numerar lo que valéis
a solo Dios pertenesce.   20

90

A LA REINA DOÑA ISAVEL

¡Oh, ropero amargo, triste,
que no sientes tu dolor!
Setenta años que naciste,

---

* Hijo del almirante de Castilla don Fadrique II y tío de don Fernando el Católico (Cotarelo, págs. 325-326).

15-20. Para una formulación idéntica del tópico del elogio imposible, sólo que referido a la dama, cfr. núm. 121, por ejemplo.

y en todos siempre dixiste:
«*inviolata permansiste*»; 5
y nunca juré al Criador.
Hize el Credo y adorar
ollas de tocino grueso,
torreznos a medio asar,
oír misas y reçar, 10
santiguar y persinar,
y nunca puede matar
este rastro de confeso.

Los hinojos encorvados
y con muy gran devoción, 15
en los días señalados,
con gran devoción contados
y reçados
los nudos de la Pasión,
adorando a Dios y Hombre, 20
por muy alto Señor mío,
por do mi culpa se escombre,
no pude perder el nombre
de viejo puto judío.

Pues, alta reina sin par, 25
en cuyo mando consiste,
gran raçón es de loar
y ensalçar
la muy sancta fe de Cristo.
Pues, reina de gran valor, 30
que la santa fee crecienta,
no quiere Nuestro Señor
con furor,

---

5. Alusión a la creencia cristiana en la inmaculada Concepción.

7-9. El poeta pretende mostrar la sinceridad de su cristianismo comiendo carne de cerdo, alimento prohibido por la religión judía.

12. Carrete recoge en nota la variante *pude* «que parece mejor lectura».

19. Se trataba de hacer nudos en un cordón en recuerdo del Vía Crucis. Véase núm. 96.

26. *consiste:* parece preferible la lectura de Cotarelo *consisto.* Todo el verso significaría entonces «bajo cuyo poder existo».

la muerte del pecador,
   mas que biva y se arrepienta. 35

   Pues, reina de gran estado,
   hija de angélica madre,
   aquel Dios crucificado,
   muy abierto su costado
   e inclinado, 40
   dixo: «Perdónalos, Padre.»
   Pues, reina de auctoridad,
   esta muerte sin sosiego
   cese ya por tu piedad
   y bondad, 45
   hasta allá por Navidad,
   cuando save bien el fuego.

91

A UNA SEÑORA MUY HERMOSA

   No lo consiente firmeza
   ni lo sufre la piedad:
   combida con la belleza
   y despedir con bondad.

   Como los descaminados 5
   siguen a tino de lumbre,
   así ban los livertados
   a vos dar su servidumbre;
   y apenas vuestra belleza
   les ha dicho: «Reposad», 10
   cuando les dice nobleza:
   «Andad, amigos, andad.»

39-40. Cortarelo imprime «muy abierto su costado, / con vituperios bordado / e inclinado» (Cotarelo, pág. 100).

46-47. Referencia sarcástica a las hogueras de la persecución.

3. Sobre la belleza como causa del amor, cfr. núm. 70, v. 13.

92

CANCIÓN DE ANTÓN DE MONTORO

>Tanto la vida me enoja
>por no ser de vos captivo
>que, por Dios, que se me antoja
>*que ha cient mil años que bivo.*
>
>Mas si me decís de sí,   5
>que vos place mi servir,
>parece que ayer nací
>y que hoy tengo de morir;
>pero si bolvéis la hoja,
>enmendad mi desatino,   10
>vos creed que se me antoja
>*que ha cient mil años que bivo.*

93

OTRA DEL ROPERO

>Guardas puestas por concejo:
>dexalde pasar y entre,
>un cuero de vino añejo
>que lleva Juan Marmolejo
>metido dentro en su vientre: 5
>y pasito, no rebiente.

---

4. Juan Marmolejo era también poeta. Sus composiciones aparecen recogidas en varios cancioneros.

94

EL DICHO ANTÓN DE MONTORO A JUAN POETA POR UNA CANCIÓN QUE LE FURTÓ E LE DIO A LA REINA*

>Alta reina de Castilla,
>pimpollo de noble vid,
>esconded vuestra baxilla
>de Juan de Valladolid.
>Porqu'es un fuerte motivo, 5
>y tal que a todos empescie,
>que quien furta lo invesible
>robará lo que paresce.

---

* Juan Poeta, o Juan de Valladolid, pertenecía también al grupo de los conversos. Hombre de origen humilde y vida azarosa, pasó a Italia con Alfonso V, y parece haber alcanzado allí cierta fama como astrólogo y versificador (Cotarelo, págs. 341 y ss.) Sus poemas aparecen también en varios cancioneros.

JUAN ÁLVAREZ GATO

Nació en Madrid, en una fecha que debe situarse en la década de 1440 a 1450, y murió entre 1510 y 1512. Descendiente de una modesta familia de judíos conversos entró muy pronto al servicio de los poderosos Arias de Ávila, también cristianos nuevos y verdaderos dueños de las finanzas reales. Servidor de Enrique IV, y mayordomo de Isabel la Católica, es significativa su amistad con el arzobispo de Granada, fray Hernando de Talavera, con quien coincide en su religiosidad intimista y tolerante. La poesía amorosa de Álvarez Gato es, en general, superior a sus composiciones morales y religiosas, aunque hay que destacar en este terreno sus trasposiciones a lo divino de la lírica popular. Se trata de una práctica poética que no es absolutamente nueva, pero que gracias a él alcanza una difusión desconocida hasta ese momento.

ÁLVAREZ GATO, Juan, *Obras completas de Juan Álvarez Gato*, ed. Jenaro Artiles, Madrid, C. I. A. P., 1928.

MÁRQUEZ VILLANUEVA, Francisco, *Investigaciones sobre Juan Álvarez Gato. Contribución al conocimiento de la literatura castellana del siglo XV*, Madrid, RAE, 1960. (Hay una 2.ª edición ampliada, Madrid, RAE, 1974.)

RUFFINI, Mario, *Observaciones filológicas sobre la lengua poética de Álvarez Gato*, Sevilla, Católica Española, 1953.

Textos según la edición de Jenaro Artiles:
núm. 95: pág. 8 (núm. 3)
núm. 96: pág. 9 (núm. 4)
núm. 97: págs. 17-18 (núm. 9)
núm. 98: pág. 31 (núm. 26)
núm. 99: págs. 42-43 (núm. 36)
núm. 100: págs. 70-71 (núm.51)

núm. 101: págs. 97-98 (núm. 57)
núm. 102: págs. 138-139 (núm. 78)
núm. 103: págs. 152-153 (núm. 88)

95

PORQUE LOS QUE SERVÍAN A SU AMIGA LE VENÍAN A PEDIR CONSEJO, NO SABIENDO QUE ÉL LA SERVÍA

>Como ya mi mal es viejo
>y sé mucho de dolores,
>viénenme a pedir consejo
>cuantos vos matáis d'amores.
>No sabiendo que y'os sigo,   5
>dízenme toda su gana,
>su dolor, su desabrigo,
>y contéceles comigo
>como a los que van por lana.

>Uno dice que os dessea   10
>y que vos le amáis y os ama;
>yo no sé si me lo crea,
>mas assí suena la fama.
>Ya paresce por razón,
>si por obra lo ponéis,   15
>no errava el coraçón
>cuando dixe en mi canción:
>*Quiera Dios no me toquéis.*

96

PORQUE EL VIERNES SANTO VIDO A SU AMIGA HAZER LOS NUDOS DE LA PASSIÓN, EN UN CORDÓN DE SEDA*

>Gran belleza poderosa
>a do gracia no esquivó,

---
18. No se conserva esa canción de Álvarez Gato.
* Cfr. núm. 90, v. 19.

destreza no fallesció;
hermosa, que tan hermosa
nunca en el mundo nasció: 5
hoy mirand'os a porfía
tal passión passé por vos,
que no escuché la de Dios,
con la ravia de la mía.

Los nudos qu'en el cordón 10
distes vos alegre y leda,
como nudos de passión,
vos los distes en la seda,
yo los di en el coraçón;
vos distes los nudos tales 15
por nombrar a Dios loores,
yo para nombre d'amores;
vos para sanar de males,
yo para crescer dolores.

97

OTRA CANCIÓN DE JUAN ÁLVAREZ GATO*

Ninguno sufra dolor
por correr tras beneficios,
que las fuerças del amor
no se ganan por servicios.

Los grados y el galardón 5
que de sí da la beldad,
ninguno sufre razón,
mas todos la voluntad.
Quien menos es amador
recibe más beneficios, 10
que las fuerças del amor
no se ganan con servicios.

---

* Así en *CG 1511;* aunque *MP 2* lo atribuye a Guevara.

98

CANCIÓN QUE HAZIÉ A LO EN QU'ÉL ESTABA

No le des prisa, dolor,
a mi tormento crescido,
que a las vezes el olvido
es un concierto d'amor.

Que do más la pena hiere, 5
allí está el querer callado,
y lo más disimulado
aquello es lo que se quiere;
aunqu' es el daño mayor
del huego no conoscido, 10
a las vezes el olvido
es un concierto d'amor.

99

PORQUE LE DIXO UNA SEÑORA QUE SIRVIÉ QUE SE CASASE CON ELLA

Dezís: «Casemos los dos
porque d'este mal no muera.»
Señora, no plega a Dios,
siendo mi señora vos,
qu'os haga mi compañera. 5
Que, pues amor verdadero
no quiere premio ni fuerça,
aunque me veré que muero,
nunca lo querré, ni quiero
que por mi parte se tuerça. 10

Amarnos amos a dos
con una fe muy entera,

queramos esto los dos;
mas no que le plega a Dios,
siendo mi señora vos, 15
qu'os haga mi compañera.

100

OTRAS

Horas eres hablestana,
otras horas sorda muda,
otras horas muy sesuda,
otras vezes grande ufana.
Si te digo mi deseo, 5
muestras ira que m'espanta;
vome triste, que lo creo;
dende a poco que te veo
hállote tornada santa.

Tórnote a dezir mis quexas: 10
ni las oyes ni defiendes,
ni las tomas ni las dexas,
ni t'entiendo ni m'entiendes.
Si me vo, sales ma a ver,
paresces perro escusero; 15
necio quiero, dama, ser;
dime claro tu querer:
«Esto quiero, esto no quiero.»

Y, pues sabes que te sigo
con mayor amor qu'hermano, 20
el perro del hortelano
no lo deves ser comigo.
Dime luego desd'agora
si seré de ti querido

---

14. *sáles ma a ver:* «*ma* por *me*» (Artiles, pág. 71).

u despídeme en estora: 25
que biuda só yo, señora,
que no faltará marido.

Cabo
Si te do pesar u hize,
no te maravilles, no;
que quien ravia como yo 30
lo que no quiere no dize:
piensa qué responderás,
que si m'has por despedido,
lo servido gozarás,
pero nunca me verás 35
mudado ni arrepentido.

101

AL REY PORQUE DAVA MUY LIGERAMENTE LO DE SU CORONA REAL*

Mira, mira, rey muy ciego,
y miren tus aparceros,
que las prendas y dineros,
cuando mucho dura el juego,
quédanse en los tablajeros. 5
Acallanta tantos lloros,
y reguarda, rey muy saje,
cómo en este tal viaje
tus reinos y tus tesoros
no se vayan en tablaje. 10

---

26. «Biuda es ke no la faltará marido. Dízese de kosa buena vendible, por metáfora de las biudas ke kedan rricas [...]» (Correas).
* El poema va dirigido a Enrique IV.

102

UN CANTAR QUE DIZEN: «DIME, SEÑORA, DI», ENDEREÇADO A NUESTRA SEÑORA

Dime, Señora, di,
cuando parta d'esta tierra,
si te acordarás de mí.

Cuando ya sean publicados
mis tiempos, en mal gastados, 5
y todos cuantos pecados
yo mesquino cometí,
si te acordarás de mí.

En el siglo duradero
del juizio postrimero, 10
do por mi remedio espero
los dulces ruegos de ti,
si te acordarás de mí.

Cuando yo esté en el afrenta
de la muy estrecha cuenta 15
de cuantos bienes y renta
de tu Hijo rescebí,
si te acordarás de mí.

Cabo
Cuando mi alma cuitada,
temiendo ser condenada, 20
de hallarse muy culpada,
terná mil quexas de sí,
si te acordarás de mí.

103

AL NACIMIENTO, PARA LOS QUE ALCANÇARON A GUSTAR DE LA CONTEMPLACIÓN, HAVIENDO VENCIDO LOS CONTRARIOS, Y LO PERDIERON POR MALA GUARDA Y TORNARON A LOS PECADOS

Pídote, por tu venida,
que hagas esto por mí,
que llore lo que perdí.

Y que sea tal mi dolor
de haverte desconocido, 5
que iguale con lo perdido,
porque perdones, Señor;
que si lloro mi caída,
cierto só, Señor, de ti,
que me des lo que perdí. 10

Pues embía sin detener,
por honra del Nascimiento,
el triste arrepentimiento
que sin ti no puede ser;
y Josepe y la parida 15
me ganen, Señor, de ti
que llore lo que perdí.

Letra

Venida es venida
al mundo la vida.

Venida es al suelo 20
la gracia del cielo,
a darnos consuelo
y gloria complida.

Nacido ha en Belén
el qu'es nuestro bien: 25

venido es en quien
por Él fue escogida.

En un portalejo,
con pobre aparejo,
servido d'un viejo, 30
su guarda escogida.

La piedra preciosa,
ni la fresca rosa
no es tan hermosa
como la parida. 35

*Venida es venida
al mundo la vida.*

FRAY AMBROSIO MONTESINO

Franciscano, como fray Íñigo de Mendoza, estuvo vinculado a San Juan de los Reyes casi desde la misma fundación del monasterio (1476). Fue amigo del Cardenal Cisneros, y predicador de los Reyes Católicos, para quienes tradujo en 1503 la Vita Christi *de Ludolfo de Sajonia, uno de los textos decisivos en la espiritualidad de la época. Su poesía religiosa está próxima a la de Mendoza por su orientación cristocéntrica, por el énfasis en la afectividad y el deseo de aproximar los misterios a las experiencias más cotidianas y hasta triviales. Se explica así que escribiera algunas de las primeras y más célebres versiones a lo divino de cantares populares. No conocemos la fecha de su muerte, aunque probablemente haya que situarla en 1513.*

Romancero y cancionero sagrados. Colección de poesías cristianas, morales y divinas, selección de Justo de Sancha, Madrid, Atlas, 1950 (BAE, XXXV), págs. 401-466.

ÁLVAREZ PELLITERO, Ana María, *La obra lingüística y literaria de fray Ambrosio Montesino*, Valladolid, Universidad de Valladolid, 1976.

BATAILLON, Marcel, «Chanson pieuse et poésie de devotion. Fray Ambrosio de Montesino», *BHi*, XXXV (1925), págs. 228-238.

BORELAND, H., «El diablo en Belén, un estudio de las *Coplas del Infante y el Pecado* de fray Ambrosio de Montesino», *RFE*, LIX (1977), págs. 225-257.

Sigo el texto del *Romancero y cancionero sagrados*, págs. 437 y 459.

104

(ESTE ROMANCE DEL NASCIMIENTO DE NUESTRO SALVADOR ME-
TRIFICÓ FRAY AMBROSIO MONTESINO, A PEDIMENTO DE LA SEÑO-
RA DOÑA JUANA DE HERRERA, PRIORA DE SANTO DOMINGO EL
REAL, DE TOLEDO)

Ya son vivos nuestros tiempos
y muertos nuestros temores;
de otro sol se sirve el mundo,
la luna de otros colores;
de la noche hacen día   5
los cielos con resplandores.
Despierte el seso turbado
con tan divinas labores,
que nascida es ya en Betleem
la luz de los pecadores   10
para reparar la culpa
de nuestros antecesores.
Este es el Rey de los reyes
y Señor de los señores,
concebido como flor   15
y nacido sin dolores:
de dentro consiste Dios,
sin tener superiores,
de fuera padesce frío
de muy ásperos rigores.   20
Fueron de su nascimiento
ángeles albriciadores;
do servían serafines
de muy suaves cantores,
diciendo: *Gloria in excelsis*,   25
con tiples y con tenores;
mas oíd las contrabajas
de armonía no menores;
que el Príncipe por quien cantan
lloró con bajos clamores,   30
por ensayarse en el heno
a otros plantos mayores,

con los cuales dio su alma
en la cruz, por mis errores.
Vestido de alegres luces   35
un ángel de los mejores,
revelando este misterio,
esto dijo a los pastores:
«La Virgen, llave del cielo,
corona de emperadores,   40
hoy es parida de un hijo
más hermoso que las flores,
excelente más que el cielo,
más que todos sus primores.
Los reyes le son captivos,   45
los ángeles servidores,
las estrellas todas cuenta
sin arte de contadores,
el mundo soporta entero
sin segundos valedores,   50
en todas sus partes mora
sin verlo los moradores,
con todas las cosas cumple
por cien mil gobernadores;
mas de tanta majestad   55
no curés de haber pavores,
que todo es vena de vida
y cordero sin furores.
Id a Betleem de Judea,
como diestros corredores,   60
y serés d'este tesoro
los primeros inventores
y verésle envuelto en paños,
no en brocados cobertores;
su Madre lo está adorando,   65
cubierta de resplandores,
y de verlo Dios y hombre
vánsele y vienen colores.»
Los pastores d'esta nueva
no fueron despreciadores.   70
A Betleem van, y lo hallan

    sin ricos aparadores,
    sin brasero, sin cortinas,
    sin duques por servidores,
    sin bastón e sin corona   75
    de labor de esmaltadores,
    sin estoque, sin celada,
    sin grandes embajadores;
    mas hállanlo fajadito,
    encogido de temblores;   80
    un pesebre era su trono,
    dos bestias sus valedores,
    heno se viste por oro,
    no ropa de brosladores;
    un portal son sus posadas,   85
    no labrado de pintores,
    común a los cuatro vientos
    y a todos los labradores.
    ¡Oh Dios mío, quién te viera
    en tan bajos disfavores!   90
    Adoraron luego al Niño
    con reverendos honores,
    espantados de su Madre,
    más sabia que los doctores,
    que daba leche al infante   95
    con ojos contempladores.
    ¡Oh flaca naturaleza,
    qué buen par de intercesores
    te puso Dios en el mundo
    para que en el cielo mores!   100
    Pues buen tiempo es ya, mi alma,
    que lo sirvas y lo adores;
    que Tú, Virgen pía y Madre,
    por el *Montesino* implores,
    fray *Ambrosio*, de la orden   105
    muy tuya de los Menores.

105

(FRAY AMBROSIO MONTESINO HIZO ESTAS COPLAS AL DESTIERRO
DE NUESTRO SEÑOR PARA EGIPTO. CÁNTANSE AL SON QUE DICE:
A LA PUERTA ESTÁ PELAYO, / Y LLORA)

> Desterrado parte el Niño,
> y llora.
> Díjole su Madre así,
> *y llora,*
> *callad, mi Señor, agora.*
>
> Oíd llantos de amargura,
> pobreza, temor, tristura,
> aguas, vientos, noche escura,
> con que va Nuestra Señora,
> *y llora;*
> *callad, mi Señor, agora.*
>
> El destierro que sofrís
> es la llave con que abrís
> al mundo, que redimís,
> la ciudad en que Dios mora,
> *y llora;*
> *callad, mi Señor, agora.*
>
> No puede quedar en esto,
> morirés, y no tan presto;
> mas la cruz do serás puesto
> me traspasa desde agora,
> *y llora;*
> *callad, mi Señor, agora.*
>
> Callad vos, mi luz e aviso,
> pues que vuestro Padre quiso
> que seáis del paraíso
> flor que nunca se desflora,
> *y llora;*
> *callad, mi Señor, agora.*

    Esas lágrimas corrientes   30
    que lloráis, tan excelentes,
    son baptismo de las gentes,
    que su partido mejora,
    y llora;
    callad, mi Señor, agora.   35

    ¡Oh gran Rey de mis entrañas,
    cómo is por las montañas,
    huyendo a tierras extrañas
    de la mano matadora!
    Y llora;   40
    callad, mi Señor, agora.

    Este frío no os fatigue,
    ni Herodes, que os persigue,
    por el gran bien que se sigue
    d'esta vida penadora,   45
    y llora;
    callad, mi Señor, agora.

    Por la ira herodiana
    que sofrís, Hijo, de gana,
    dais la gloria soberana   50
    al que tal destierro adora,
    y llora;
    callad, mi Señor, agora.

    Vos tomáis este viaje
    por guardar el homenaje   55
    que hecistes al linaje
    de la gente pecadora,
    y llora;
    callad, mi Señor, agora.

    Con su Hijo va huyendo,   60
    ya cansado, ya temiendo,
    ya temblando, ya corriendo
    tras la fe, su guiadora,

y llora;
callad, mi Señor, agora. 65

Llora el Niño del hostigo,
del agua y del desabrigo
con la Madre, que es testigo,
nuestra luz alumbradora,
y llora; 70
callad, mi Señor, agora.

¡Oh cuáles van caminando,
temiendo y atrás mirando
si los iba ya alcanzando
la gente perseguidora!, 75
y llora;
callad, mi Señor, agora.

A la Virgen sin mancilla
la verde palma se humilla,
en señal de maravilla, 80
que es del cielo emperadora,
y llora;
callad, mi Señor, agora.

Estando el Niño en sus brazos,
fajadillo de retazos, 85
se hicieron mil pedazos
los ídolos a deshora,
y llora;
callad, mi Señor, agora.

Fin
¡Oh si supieses, Egito, 90
cuánto ya eres bendito
por el tesoro infinito
que hoy en ti se tesora!
Y llora;
callad, mi Señor, agora. 95

HERNÁN MEXÍA

Veinticuatro de Jaén y hombre de extensa erudición, Hernán Mexía mantuvo una estrecha amistad con Álvarez Gato, quien lo consideró siempre como maestro y modelo de sabiduría. En 1468 participó en una fallida conspiración contra el condestable Lucas de Iranzo, y durante algún tiempo apoyó al duque de Arévalo, partidario de Alfonso V de Portugal en su enfrentamiento a los Reyes Católicos. No obstante, no debió de tardar mucho en recuperar la confianza de los reyes, a juzgar por las misiones que se le encomendaron desde 1476. Vivía en Jaén todavía en 1498.

MÁRQUEZ VILLANUEVA, Francisco, *Investigaciones sobre Juan Álvarez Gato. Contribución al conocimiento de la literatura castellana del siglo XV*, Madrid, RAE, 1960, págs. 161-163, especialmente.
MENÉNDEZ PELAYO, Marcelino, *Antología*, II, págs. 334-337.

Texto según *CG 1511*, f. 72v.

106

OTRAS SUYAS PORQUE UN AMIGO SUYO IVA DONDE SU AMIGA
ESTAVA

Toda se buelve en manzilla
el embidia qu'he de vos,
porque partís de Sevilla
a do será maravilla
bolver, si n'os buelve Dios. 5

Porque verés donde vais
una dama, si miráis,
que de vella, si la veis,
es forçoso qu'os sintáis
tal que si a bolver prováis,   10
no's possible qu'escapéis.

Vuestros ojos, que serán
preciosos desque llegardes,
la gloria qu'ellos havrán,
llorando la pagarán   15
a la buelta, si tornardes.
Porque tal es su figura
d'esta señora que os digo,
qu'os verés en tal tristura,
en tal pena y desventura,   20
que verés mi desabrigo,
mi congoxa y mi ventura.

Señales de conoscella
en vos las conoceréis,
porque sentirés en vella   25
passión que recude d'ella
si delante la tenéis.
Que señas no pueden ser
dallas de tan gran poder,
ni se podrán escrevir,   30
qu'es menester el saber
de quien las pudo hazer
para podellas dezir.

Fin
Y si n'os embaraçáis
de vella tanto hermosa,   35
suplic'os que le digáis

28-33. Para el elogio imposible, cfr. núm. 30, vv. 51-56.
34-44. El mensajero es un personaje habitual. Puede tratarse también de mensajeros no humanos (en relación con ese motivo, cfr. núm. 152).

la passión que me dexáis,
de la muerte desseosa.
Y qu'estó dubdoso y cierto,
acompañado y desierto 40
de su vista y no la veo,
ni estó bivo ni estó muerto,
ni ando errado ni acierto
en la muerte que posseo.

RODRIGO COTA

Nació probablemente entre 1430 y 1440, miembro de una acomodada familia de conversos, unida a los Arias de Ávila por lazos económicos y de parentesco. Fue jurado de Toledo y vecino de Torrejón entre 1477 y 1483. Los documentos lo presentan como hombre «llano e abonado e hábil», envuelto en varios pleitos, incluso con su propio hijo, don Juan de Sandoval. Vivía todavía en 1505.

Su obra más importante es el Diálogo entre el Amor y un viejo, *concebida quizá no sólo para la lectura, sino también para la representación. En todo caso, el texto es mucho menos estático que los debates tradicionales, en la medida en que hay un progreso a partir de la situación inicial. Poco a poco el viejo va cediendo ante las palabras de su oponente, y termina por entregarse a él, lo que aprovecha el Amor para abandonar toda simulación y burlarse cruelmente de su interlocutor. La amargura de ese desenlace ha llevado a ver en la obra una manifestación del pesimismo de los conversos, paralela en ese sentido a* La Celestina *de Rojas.*

Cota, Rodrigo, *Diálogo entre el Amor y un viejo*, ed. Elisa Aragone, Florencia, Le Monnier, 1961.

Cantera Burgos, Francisco, *El poeta Ruy Sánchez Cota (Rodrigo Cota) y su familia de judíos conversos*, Madrid, Universidad de Madrid, 1970.

Glenn, R. F., «Rodrigo Cota's *Diálogo entre el Amor y un viejo*, debate or drama?», *HispW*, XLVIII (1965), págs. 51-56.

Sigo el texto de *CG 1511*, f. 72v.a.-75v.b, teniendo a la vista la ed. de Aragone. Introduzco, sin indicarlo, alguna de sus ligeras enmiendas a *CG 1511*.

107

COMIENÇA UNA OBRA DE RODRIGO COTA A MANERA DE DIÁLOGO ENTR' EL AMOR Y UN VIEJO QUE, ESCARMENTADO D'ÉL, MUY RETRAÍDO, SE FIGURA EN UNA HUERTA SECA Y DESTRUIDA, DO LA CASA DEL PLAZER DERRIBADA SE MUESTRA, CERRADA LA PUERTA EN UNA POBREZILLA CHOÇA METIDO; AL CUAL SÚBITAMENTE PARESCIÓ EL AMOR CON SUS MINISTROS, Y AQUÉL HÚMILMENTE PROCEDIENDO, Y EL VIEJO EN ÁSPERA MANERA REPLICANDO, VAN DISCURRIENDO POR SU HABLA, FASTA QU'EL VIEJO DEL AMOR FUE VENCIDO; Y COMENÇÓ A HABLAR EL VIEJO EN LA MANERA SIGUIENTE:

Cerrada estava mi puerta:
¿a qué vienes? ¿por dó entraste?
¿Di, ladrón, por qué saltaste
las paredes de mi huerta?
La edad y la razón 5
ya de ti m'han libertado;
¡dexa el pobre coraçón
retraído en su rincón
contemplar cuál l'has parado!

Cuanto más qu'este vergel 10
no produze locas flores,
ni los frutos y dulçores
que soliés hallar en él.
Sus verduras y hollajes
y delicados frutales, 15
hechos son todos salvajes,
convertidos en linajes
denatíos de eriales.

La beldad d'este jardín
ya no temo que la halles, 20
ni las ordenadas calles,
ni los muros de jazmín,
ni los arroyos corrientes,
de bivas aguas notables,

ni las alvercas ni fuentes, 25
ni las aves produzientes
los cantos tan consolables.

Ya la casa se deshizo,
de sotil lavor estraña,
y tornósse esta cabaña 30
de cañuelas de carrizo.
De los frutos hize truecos,
por escaparme de ti,
por aquellos troncos secos,
carcomidos, todos huecos, 35
que parescen cerca mí.

Sal de huerto miserable,
ve buscar dulce floresta,
que tú no puedes en ésta
hazer vida deleitable; 40
ni tú ni tus servidores
podés bien estar comigo,
que, aunqu'estén llenos de flores,
yo sé bien cuántos dolores
ellos traen siempre consigo. 45

Tú traidor eres, Amor,
de los tuyos enemigo,
y los que biven contigo
son ministros de dolor.
Sábete que sé que son 50
afán, desdén y desseo,
sospiro, celos, passión,
osar, temer, afición,
guerra, saña, devaneo,

tormento y desesperança, 55
engaños con ceguedad,
lloros y cativiad,
congoxa, ravia, mudança,
tristeza, dubda, coraje,

lisonja, troque y espina, 60
y otros mil d'este linaje,
que con su falso visaje
su forma nos desatina.

Amor
En tu habla representas
que nos has bien conoscido. 65

El Viejo
Sí, que no tengo en olvido
cómo hieres y atormentas:
esta huerta destruida
manifiesta tu centella;
dexa mi cansada vida, 70
sana ya de tu herida
más que tú de su querella.

Amor
Pues estás tan criminal,
hablar quiero con sossiego,
porque no encendamos huego 75
como yesca y pedernal:
y pues soy Amor llamado,
hablaré con dulcedumbre,
recibiendo muy temprado
tu hablar tan denodado 80
en panes de dulcedumbre.

El Viejo
Blanda cara de alacrán,
fines fieros y raviosos,
los potajes ponçoñosos
en sabor dulce se dan: 85
como el más blando licor
es muy más penetrativo,

81-82. La comparación es tradicional. E. Aragone recoge ejemplos referidos a la mujer y a la Fortuna.

piensas tú con tu dulçor
penetrar el desamor
en que me hallas esquivo.   90

Las culebras y serpientes
y las cosas enconadas
son muy blandas y pintadas
y a la vista muy plazientes;
mas un secreto venino   95
dexando pueden llegar,
cual, según que yo adevino,
dexarías en el camino
que comigo quies llevar.

Amor
A la habla que te hago   100
¿por qué cierras las orejas?

Viejo
Porque muerden las abejas
aunque llegan con halago.

Amor
No me vayas atajando,
que yo, lo que quieres, quiero   105

Viejo
Ni m'estés tú falagando,
que, aunque agora vienes blando,
bien sé qu' eres escusero.

Amor
Escucha, padre, señor,
que por mal trocaré bienes: 110
por ultrajes y desdenes
quiero darte gran honor.
A ti qu'estás más dispuesto
para me contradezir;
assí tengo presupuesto   115

de sofrir tu duro gesto,
porque sufras mi servir.

Viejo
¡Ve d'ahí, pan de çaraças,
vete, carne de señuelo,
vete, mal cevo de anzuelo, 120
tira allá, que m'embaraças!:
reclamo de paxarero,
falso cerro de vallena,
el qu'es cauto marinero,
no se vence muy ligero 125
del cantar de la serena.

Amor
Tu rigor no dé querella
que manzille tu bondad,
y, pues tienes justedad,
sigue los caminos d'ella. 130
Al culpado, si es aussente,
lo llaman para juzgar,
pues, ¿por cuál inconviniente
al presente ignocente
no te plaze d'escuchar? 135

El Viejo
Habla ya, di tus razones,
di tus enconados quexos;
pero dímelos de lexos,
el aire no me enfeciones:
que, según sé de tus nuevas, 140
si te llegas cerca mí,
tú farás tan dulces pruevas,
qu' el ultraje que hora llevas
ésse lleve yo de ti.

---

123. Los navegantes suelen tomar a las ballenas por islas, y acampan sobre su cuerpo. El animal, entonces, se sumerge, arrastrando a los marineros y sus barcos. El relato está ya en el *Fisiólogo* y reaparece infinidad de veces en la literatura universal (cfr., por ejemplo, la historia de Simbad).

Amor
Nunca Dios tal maleficio 145
te permita conseguir,
antes, para te servir
purifique mi servicio;
cual en tanto grado cresca
que más no pueda subir, 150
porque loe y agradesca
y tan gran merced meresca
cual me hazéis en oír.

Por estimados provechos,
a vos, gratos coraçones, 155
con muy bivas aficiones
os meto dentro en mis pechos;
porque pueda agradescer
ser oído aqueste día,
do haré bien conoscer 160
cuánto yerro puede ser
desechar mi compañía.

Y ¿ladrón llamas a uno,
sin que tengas más enojos
que, sin ser ante tus ojos, 165
no jamás llegó a ninguno?
Y pues hurto nunca huvo
ante la vista del hombre,
¿qué respecto aquí se tuvo?
¿o por cuál razón te plugo 170
darme tan impropio nombre?

El Viejo
No despiertes que más quiebre,
¡deshonra bivos y muertos,
que a nuestros ojos abiertos
echas sueño como liebre! 175

---

172. En *CG 1511* falta *El Viejo*, al igual que *Amor* ante v. 181. El sentido del verso parece ser «no me provoques de manera que se rompa la cuerda».

313

No te quiero más dezir;
déxame de tu conquista:
tú nos sueles embair,
tú nos sabes enxerir,
como egibcio, nuestra vista.   180

Amor
Soy alegre que me abras
y tu saña notifiques,
aunque a mí me damnifiques
por rotura de palabras;
qu'el furor qu'es encerrado,   185
do se encierra, más empesce;
la vengança en el airado
es calor vaporizado
que no dura y envanesce.

Porque a mí, que desechaste,   190
ames tú con afición,
ten comigo la razón:
faré salva que te baste.
Y será desculpación
de tu quexa y de la mía:,   195
yo salvarmhe de ladrón;
tú serás en conclusión
no tachado en cortesía.

Comúnmente todavía
han los viejos un vezino,   200
enconado, muy malino,
governado en sangre fría;
llámasse Malenconía,
¡amarga conversación!
Quien por tal estremo guía,   205
ciertamente se desvía
lexos de mi condición.

179-180. *enxerir:* aquí, «mezclar lo verdadero y lo falso». Son proverbiales los engaños de los egipcios o gitanos.

Éste morava contigo
en el tiempo que me viste,
y por esto te encendiste   210
en rigor tanto comigo.
Mas después que t'he sentido
que me quieres dar audiencia,
de mi miedo muy vencido,
culpado, despavorido,   215
se partió de tu presencia.

Donde mora este maldito
no jamás hay alegría,
ni honor, ni cortesía,
ni ningún buen apetito.   220
Pero donde yo me llego,
todo mal y pena quito;
de los yelos saco fuego,
y a los viejos meto en juego
y a los muertos ressuscito.   225

Al rudo hago discreto,
el grossero muy polido,
desembuelto al encogido,
y al invirtuoso, neto;
al covarde, esforçado,   230
al escasso, liberal,
bien regido, al destemplado,
muy cortés y mesurado
al que no suele ser tal.

Yo hallo el sumo deleite,   235
yo formo el fausto y arreo,
y también cubro lo feo
con la capa del afeite;
yo hago fiestas de sala
y mando vestirse rico;   240

208-211, 212-216. En *CG 1511* estos versos aparecen, por error, en el orden inverso.

yo también quiero que vala
el misterio de la gala
cuando está en lo pobrezico.

Yo las coplas y canciones,
yo la música suave; 245
yo demuestro aquel que sabe
las sotiles invenciones;
yo fago bolar mis llamas
por lo bueno y por lo malo,
yo hago servir las damas, 250
yo, las perfumadas camas,
golosinas y regalo.

Yo bailar en lindo son,
yo las danças y corsautes,
y aquesto son los farautes 255
que yo embío al coraçón:
en las armas festejar
invinciones muy discretas,
el justar y tornear,
en la ley de batallar, 260
trances y armas secretas.

Visito los pobrezillos,
fuello las casas reales;
de los senos virginales
sé yo bien los rinconcillos. 265
Mis pihuelas y mis lonjas
a los religiosos atan;
no lo tomes por lisonjas,
sino ve, mira las monjas,
verás cuán dulce me tratan. 270

Yo hallo las argentadas,
yo, las mudas y cerillas,
luzentoras, unturillas,
y las aguas estiladas;
yo, la líquida estoraque 275

y el licor de las rasuras;
yo también cómo se saque
la pequilla que no taque
las lindas acataduras.

Yo mostré retir en plata,
la vaquilla y alacrán,
y hazer el solimán
que en el fuego se desata;
yo, mil modos de colores
para lo descolorido,
mil pinturas, mil primores;
mil remedios dan amores
con que enhiestan lo caído.

Yo hago las rugas viejas
dexar el rostro estirado,
y sé cómo el cuero atado
se tiene tras las orejas,
y el arte de los ungüentes
que para esto aprovecha;
sé dar cejas en las frentes;
contrahago nuevos dientes
do natura los desecha.

Yo las aguas y lexías
para los cabellos roxos;
aprieto los miembros floxos
y do carne en las enzías.
A la habla temulenta
turbada por senetud,
yo la hago tan esenta,
que su tono representa
la forma de juventud.

Sin daño de la salud,
puedo, con mi suficiencia,
convertir el impotencia
en muy potente virtud:

       sin calientes confaciones,
       sin comeres muy abastos,
       sin conservas ni piñones,
       estincos, sateriones,
       atincar, ni otros gastos.   315

       En el aire mis espuelas
       fieren a todas las aves,
       y en los muy hondos concaves
       las reptilias pequeñuelas.
       Toda bestia de la tierra   320
       y pescado de la mar
       so mi gran poder s'encierra,
       sin poderse de mi guerra
       con sus fuerças amparar.

       Algún ave que librar   325
       se quiso de mi conquista,
       solamente con la vista
       le di premia d' engendrar:
       mi poder tan absoluto
       que por todo cabo siembra,   330
       mira cómo lo secuto:
       árbol hay que no da fruto
       do no nasce macho y hembra.

       Pues que ves que mi poder
       tan luengamente s'estiende,   335
       do ninguno se defiende
       no te pienses defender:
       y a quien buena ventura
       tienen todos de seguir,
       recibe, pues que precura   340
       no hazerte desmesura,
       mas de muerto rebevir.

313-315. Se consideraba que los piñones eran afrodisiacos. Lo mismo de estincos, sateriones y atincar.
325-328.   Ignoro a qué ave se refieren estos versos.

El Viejo
Según siento de tu trato
en que armas contra mí,
podré bien dezir por ti: 345
«¡Qué buen amigo es el gato!»
El que nunca por nivel
de razón justa se adiestra,
nunca da dulce sin hiel,
mas es tal como la miel   350
do se muere la maestra.

Robador fiero sin asco,
ladrón de dulce despojo,
bien sabes quebrar el ojo
y después untar el caxco.   355
¡Oh muy halagüeña pena,
ciega lumbre, sotil ascua!
¡Oh plazer de mala mena,
sin ochavas en cadena
nunca diste buena pascua!   360

Maestra lengua d' engaños,
pregonero de tus bienes,
dime agora, ¿por qué tienes
so silencio tantos daños?
Que aunque más doblado seas   365
y más pintes tu deleite,

---

346. Es proverbial el carácter traicionero del gato.

350-351. E. Aragone recoge la afirmación de G. Alonso de Herrera: «en faltando la maestra, luego perece la colmena».

354-355. Golpear en lo más sensible y halagar a continuación.

359-360. Alusión a la costumbre de dejar en libertad a los presos durante las fiestas importantes. Al autor opone la Pascua feliz, a la *octava* u *ochava*, que el preso tiene que pasar *en cadena;* cfr. Joseph E. Gillet, *«Las ochavas en cadena,* a proverb in Rodrigo Cota and Diego Sánchez Badajoz», *RPhil*, VI (1953), págs. 264-267.

estas cosas do te arreas,
   son diformes caras feas,
   encubiertas del afeite.

   Y como te glorificas						370
   en tus deleitosas obras;
   ¿por qué callas las çoçobras,
   do lo bivo mortificas?
   Di, maldito, ¿por qué quieres
   encobrir tal enemiga?						375
   Sábete que sé quién eres,
   y, si tú no lo dixeres,
   qu'está aquí quien te lo diga.

   Al libre hazes cativo,
   al alegre mucho triste;						380
   do ningún pesar consiste
   pones modo pensativo.
   Tú ensuzias muchas camas
   con aguda ravia fuerte;
   tú manzillas muchas famas,					385
   y tú hazes con tus llamas
   mil vezes pedir la muerte.

   Tú hallas las tristes yervas
   y tú los tristes potajes,
   tú mestizas los linajes,						390
   tú limpieza no conservas.
   Tú doctrinas de malicia,
   tú quebrantas lealtad;
   tú, con tu carnal cobdicia,
   tú vas contra pudicicia,						395
   sin freno d'honestidad.

   Tú vas a los adevinos
   tú buscas los hechizeros,
   tú consientes los agüeros
   y prenósticos mezquinos;						400
   creyendo con vanidad

acreer por abusiones
lo que deleite y beldad
y luenga conformidad
ponen en los coraçones.   405

Tú nos metes en bollicio,
tú nos quitas el sossiego;
tú, con tu sentido ciego,
pones alas en el vicio;
tú destruyes la salud,   410
tú rematas el saber,
tú hazes en senetud
la hazienda y la virtud
y el auctoridad caer.

El Amor
No me trates más, señor,   415
en contino vituperio,
que, si oyes mi misterio,
convertirlo has en loor.
Verdad es que inconviniente
alguno suelo causar,   420
porque del amor la gente
entre frío y muy ardiente
no saben medio tomar.

El ave que, con sentido,
su hijo muestr' a bolar,   425
ni lo manda abalançar,
ni que buele con el nido.
Y quien no 'sta proveído
de tomar término cierto,
muchas vezes es caído;   430
y el amor, apercebido
quiere el hombre, que no muerto.

D'allí dizen qu'es locura
atreverse por amar;

       mas allí está más ganar   435
       donde está más aventura.
       Sin mojarse, el pescador
       nunca coma muy gran pez;
       no hay plazer do no hay dolor;
       nunca ríe con sabor   440
       quien no llora alguna vez.

       Razón es muy conoscida,
       que las cosas más amadas,
       con afán son alcançadas
       y trabajo en esta vida.   445
       La más deleitosa obra
       qu' en este mundo se cree,
       es do más trabajo sobra,
       que lo que sin él se cobra,
       sin deleite se possee.   450

       Siempre uso d'esta astucia
       para ser más conservado,
       que con bien y mal mezclado,
       pongo en mí mayor acucia.
       Y rebuelto allí un poquito   455
       con sabor de algún rigor,
       el desseo más incito;
       que amortigua el apetito
       el dulçor sobre dulçor.

       No lo pruevo con milagro;   460
       cosa es sabida, llana,
       que se despierta la gana
       de comer, con dulce agro.
       Assí yo, con galardón,
       muchas vezes mezclo pena;   465
       que en la paz de dissensión,
       entre amantes, la cuistión
       reintegra la cadena.

435-436. Cfr. núm. 145.

Porque no traiga fastío
mi dulce conversación, 470
busco causa y ocasión
con que a tiempos la desvío.
Que lo que sale del uso
contino, sabe mejor,
y por esto te dispuso 475
mi querer, porque de yuso
subas costumbre mayor.

Por ende, si con dulçura
me quieres obedescer,
yo haré reconoscer 480
en ti muy nueva frescura:
ponert'he en el coraçón
este mi bivo alboroço;
serás en esta sazón
de la misma condición 485
qu'eras cuando lindo moço.

De verdura muy gentil
tu huerta renovaré;
la casa fabricaré
de obra rica, sotil; 490
sanaré las plantas secas,
quemadas por los friores:
en muy gran simpleza pecas,
viejo triste, si no truecas
tus espinas por mis flores. 495

El Viejo
Allégate un poco más:
tienes tan lindas razones,
que sofrirt'he que m'encones
por la gloria que me das:
los tus dichos alcahuetes, 500
con verdad o con engaño,
en el alma me los metes

por lo dulce que prometes,
d'esperar es todo'l año.

El Amor
Abracémonos entramos, 505
desnudos sin otro medio;
sentirás en ti remedio,
en tu huerta frescos ramos.

El Viejo
¡Vente a mí, muy dulce Amor,
vente a mí, braços abiertos! 510
Ves aquí tu servidor,
hecho siervo de señor,
sin tener tus dones ciertos.

Amor
Hete aquí bien abraçado;
dime, ¿qué sientes agora? 515

Viejo
Siento ravia matadora,
plazer lleno de cuidado;
siento fuego muy crescido,
siento mal y no lo veo;
sin rotura estó herido; 520
no te quiero ver partido,
ni apartado de desseo.

Amor
Agora verás, don Viejo,
conservar la fama casta;
aquí te veré do basta 525
tu saber y tu consejo.
Porque con sobervia y riña
me diste contradición,
seguirás estrecha liña
en amores de una niña 530
de muy duro coraçón.

Y sabe que te revelo
una dolorida nueva,
do sabrás cómo se ceva
quien se mete en mi señuelo.   535
Amarás más que Macías,
hallarás esquividad,
sentirás las plagas mías,
y fenescerán tus días
en ciega catividad.   540

¡Oh viejo triste, liviano!
¿Cuál error pudo bastar
que te havía de tornar
ruvio tu cabello cano?
¿Y essos ojos descozidos,   545
qu' eran para enamorar?
¿Y essos beços tan sumidos,
dientes y muelas podridos,
qu'eran dulces de besar?

Conviene también que notes   550
que es muy más digna cosa,
en tu boca gargajosa,
Pater nostres, que no motes:
y el tosser, que las canciones,
y el bordón, que no el espada;   555
y las botas y calçones,
que las nuevas invenciones,
ni la ropa muy trepada.

¡Oh marchito corcobado!,
a ti era más anexo   560
del ijar contino quexo,
que sospiro enamorado.
Y en tu mano provechoso
para en tu flaca salud
más un trapo lagañoso   565
para el ojo lagrimoso,
que vihuela ni laúd.

¡Mira tu negro garguero,
de pesgo seco, pegado;
cuán crudío y arrugado   570
tienes, viejo triste, el cuero!
¡Mira en esse ronco pecho
cómo el huélfago t'escarva;
mira tu ressollo estrecho,
que no escupes más derecho   575
de cuanto ensuzias la barva!

¡Viejo triste entre los viejos
que de amores te atormentas!,
¡mira cómo tus artejos
parescen sartas de cuentas!   580
Y las uñas tan crescidas,
y los pies llenos de callos,
y tus carnes consumidas,
y tus piernas encogidas,
¡cuáles son para cavallos!   585

¡Amargo viejo, denuesto
de la humana natura!
¿Tú no miras tu figura
y vergüença de tu gesto?
¿Y no vees la ligereza   590
que tienes para escalar?
¿Qué donaire y gentileza,
y qué fuerça, y qué destreza
la tuya para justar?

¡Quién te viesse entremetido   595
en cosas dulces de amores,
y venirte los dolores
y atravessarte el gemido!
¡Oh quién te oyesse cantar:
Señora de alta guisa,   600
y temblar y gagadear;
los gallillos engrifar,
tu dama muerta de risa!

¡Oh maldad envejescida!,
¡oh vejez mala de malo!, 605
¡alma biva en seco palo,
biva muerte y muerta vida!
Depravado y obstinado,
desseoso de pecar,
¡mira, malaventurado, 610
que te dexa a ti el pecado,
y tú nol quieres dexar!

El Viejo
El cual hipnal muerde, muere
por grave sueño pesado;
assí haze el desdichado 615
a quien tu saeta fiere.
¿A dó estavas, mi sentido?;
dime, ¿cómo te dormiste?
Durmióse triste, perdido,
como haze el dolorido 620
qu'escuchó de quien oíste.

Cabo
Pues en ti tuve esperança,
tú perdona mi pecar;
gran linaje de vengança
es las culpas perdonar. 625
Si del precio del vencido
del que vence es el honor,
yo, de ti tan combatido,
no seré flaco, caído,
ni tú fuerte vencedor. 630

COSTANA

Tenemos noticia de un Pedro Díaz de Costana, maestro de teología en la Universidad de Salamanca, deán de Toledo e inquisidor en 1488. No obstante, es problemática su identificacón con el poeta. Francisco Rico menciona un Francisco de la Costana, mozo de capilla desde 1488 y capellán desde 1502.

MENÉNDEZ PELAYO, Marcelino, *Antología*, III, pág. 155.
RICO, Francisco, *Primera cuarentena*, Barcelona, Quaderns Crema, 1982, págs. 117-118.
Texto según *CG 1511*, f. 78r.a-79r.b.

108

AQUÍ COMIENÇAN LAS OBRAS DE COSTANA Y ESTA PRIMERA ES UNOS CONJUROS DE AMOR QUE HIZO A SU AMIGA, CONJURÁNDOLA CON TODAS LAS FUERÇAS DEL AMOR

La grandeza de mis males,
qu' Amor cresce cada día,
peligrosos,
a los brutos animales,
si los viesse, les haría   5
ser piadosos.
Y tú, perversa malvada,
tan cruel como hermosa,
siempre huyes
de te dar poco ni nada   10

d' esta mi vida raviosa,
que destruyes.

Ni te puede dar pesar
este Amor, ni su poder
sabe dar medio   15
para te hazer mirar
qu' es razón ya de querer
mi remedio.
Y mi dolor, mi enemigo,
con qu' a muerte y disfavores   20
me condenas,
no tiene poder contigo
que dolor te dé dolores
de mis penas.

Y pues mi fe, qu' es mi daño,   25
tan gran ultraje recibe,
padesciendo,
y mi servir sin engaño
más te ofende que te sirve,
bien sirviendo,   30
¡oh, sin piedad, por qué ciegas!,
have piedad; algún día
puede ser
qu' este Amor que agora niegas
quebrante tu gran porfía   35
su poder.

Començça el conjuro
Y pues su cerrado sello
assentó en el pecho mío,
tan sellado,
a él solo me querello,   40
con él solo desafío
tu desgrado.
Con él conjuro tus sañas,
que te quiera descobrir
pensamientos,   45

       por que tus sotiles mañas
       se conviertan en sofrir
       mil tormentos.

       Aquella fuerça gigante,
       con que Amor derriba y cansa   50
       el animal
       que viene humilde delante
       la donzella que le amansa,
       desigual,
       torne tu fiera esquiveza,   55
       que contra mí siempre vi
       ser tan fuerte,
       en tan humilde tristeza,
       que tus males ante mí
       pidan muerte.   60

       Aquel Amor con que viene
       la triste cierva engañada,
       bramando,
       donde el ballestero tiene
       su muerte muy concertada,   65
       en allegando,
       te ponga tal compassión
       que vayas ciega perdida,
       muy de veras,
       a quitarme de passión,   70
       tanto que por darme vida
       morir quieras.

       Aquel Amor, que publica
       con su llanto d' amargura

49-54. Según la tradición, sólo una doncella podía cazar al unicornio, ya que éste acudiría a apoyar la cabeza en su regazo. En una invención de justadores se lee: «Sacó don Diego López de Haro un olicornio que se toma en las haldas de alguna donzella [...]» (*CG 1511*, f. 141, v.a.). Cfr. también núm. 128.

73-81. La lealtad conyugal de la tórtola es un motivo bien conocido, que retoman tanto el romancero como la poesía cancioneril (por ejemplo, Gómez Manrique, «Tales volvimos, señor», en FD, II, pág. 111, o Garci Sánchez de Badajoz, «Ansias y pasiones mías», en Gallagher, págs. 137-138).

  desmedido 75
la biuda tortolica,
cuando llora con tristura
su marido,
y se busca soledad
donde su llanto concierte 80
muy esquivo,
te haga haver piadad
de la dolorosa muerte
que recibo.

Aquel Amor tan derecho 85
y querencias tan estrañas,
sin temor,
del ave que rompe el pecho
y da comer sus atrañas
por amor, 90
en ti misma lo recibas,
y tan poderoso sea
con sus llamas,
que rompas tus carnes bivas
porque yo sólo te crea 95
que me amas.

Aquel Amor que tomar
suele con bozes trocadas,
con que ofende
al tiempo del reclamar, 100
a las aves no domadas,
y las prende,
a las bozes del reclamo
de mi mal, que no t' olvida,
dé dulçura; 105
tal tú vengas do te llamo

85-90. Referencia al pelícano, que se desgarra el pecho para dar de comer a sus hijos (cfr. Garci Sánchez, «Ansias y pasiones mías», en Gallagher, pág. 137; o *CG 1511*, f. 142 r.c.).

enredada, combatida
de tristura.

Aquella ravia sin ruego,
aquel dolor del abismo 110
tan sin vicio,
con qu' el Fénix haze el fuego
en que haze de sí mismo
sacrificio,
si crueza tal consiente, 115
tal dolor tú siempre tengas
por quererme,
que la misma ansia que siente,
sientas tú hasta que vengas
a valerme. 120

Aquel Amor que desdeña
la donzella requerida
y encerrada,
que d'esquiva y çahareña
Amor le torna vencida, 125
muy penada,
y su libertad esenta
quebranta con fuerça grande
su poder,
te ponga tal sobrevienta, 130
que por remedio te mande
obedescer.

Aquel Amor no fengido,
con que la madre no calla,
muy cruel, 135
cuando su hijo ha perdido,
y le busca y nunca halla
rastro d'él,
y jamás cierra la boca,
preguntando por las calles 140

---

135. *muy cruel:* acompaña a *Amor no fengido.*

do estuvieron,
tal te vea venir loca,
preguntando a cuantos halles
si me vieron.

Aquella celosa ira, 145
que Amor rebuelve a deshora,
de enemigo,
con que la triste Deanira
hizo llevar la alcandora
a su amigo, 150
y aquellas llamas esquivas
con que sus fuerças tan fuertes
fenesció,
s' enciendan en ti más bivas,
porque mueras de mil muertes 155
como yo.

Exclamación al Amor
¡Oh Amor! ¿y dónde miras?
Tu fuerça, que no paresce,
dime dóla.
¿Contra quién obran tus iras? 160
¿Quién mejor te las meresce
qu' ésta sola?
Buelve tus sañas en ella,
muestre tu poder complido
cuánto puede, 165
porque con muerte de aquélla
que tus leyes ha rompido
firmes queden.

A éste con ravia pido
que de su mano herida 170

---

147. *Deanira:* Deyanira, esposa de Hércules. Temerosa de haber perdido el amor de su marido, le envía una túnica empapada en la sangre del centauro Neso, a la que atribuye propiedades mágicas. Pero el supuesto filtro de amor es, en realidad, un veneno que abrasa la piel del héroe. Deyanira, desesperada, se suicida, y Hércules se hace quemar sobre una pira en el monte Eta.

          tal te veas,
          cual se vio la reina Dido
          a la muy triste partida
          de su Eneas.
          Y con el golpe mortal   175
          que dio fin a sus amores
          te conjuro,
          que tu bevir desleal
          no jamás de sus dolores
          veas seguro.   180

          Aquella ravia secreta
          de celos, amor y pena,
          mal sin medio,
          con que se quexa Fiometa,
          buscando piedad ajena   185
          por remedio,
          a ti, muy desconoscida,
          tan cruelmente te dexe,
          yo partido,
          que con muy penosa vida   190
          llorando tu fe se quexe
          del olvido.

          Aquel Amor que penava
          a la muy triste Medea
          con porfía,   195
          cuando sus hijos matava
          y d' amor cruel pelea
          la vencía,
          a tu mucha discreción
          ponga tales embaraços   200

175-176. Alusión al suicidio de Dido.
184. *Fiometa:* Fiammetta, personaje cuyas desventuras amorosas relata Boccaccio en la *Elegia di Madonna Fiammetta*. Los vv. 185-186 aluden al comienzo del texto italiano, donde la protagonista se dirige a las lectoras, con la intención «narrando i casi miei, di farvi, s'io posso, pietose».
196-198. Celosa por la infidelidad de Jasón, Medea se venga dando muerte a los hijos que había tenido con él.

y tal cisma:
porque crea tu passión,
ante mí hagas pedaços
a ti misma.

Y no olvide las querellas 205
de las penas que comigo
siempre peno,
pues es más lo poco d'ellas
que lo mucho que te digo
de lo ajeno. 210
Con todas conjuro fuerte
qu' este Amor te dé passión
tan sin calma,
que al cabo ya de tu muerte,
pidiéndome compassión 215
des el alma.

Y entonces verás aquel
tu amador, que vencido
nunca quede,
ser contra ti más cruel 220
qu' el covarde combatido
cuando puede,
por te hazer ya pensar
qu' es justa causa d' amor, 225
conoscida,
al triste quitar pesar,
y al que muere con dolor
dalle vida.

Mas ¡guay de mí!, que recelo 230
que si cual digo te vees,
a la muerte,
las rodillas por el suelo
me verás ante tus pies
a valerte.

---

205. *Y no olvide:* el sujeto es *Amor.*

335

Porque cuando más quexoso 235
y cuando más de ti huya
yo cativo,
no quiero serte enojoso,
pues mi vida está en la tuya
mientra bivo. 240

Y pues ella ya está tal
que de morir por ti cierto
no hay tardança,
no des más mal a mi mal,
que dar muerte al qu' está muerto 245
no 's vengança.
Mas esconde la crueza
qu' el día en que tú nasciste
te nasció,
para mirar la tristeza 250
d' este tu cativo triste
que só yo.

No me juzgues tu enemigo,
que mi fe lo contradize
y lo deshaze, 255
que si algo aquí te digo
no só yo quien te lo dize,
ni me plaze.
Mas d' Amor que va delante
si de tal razón s'entabla 260
quexa d'él,
qu' en la boca del amante
el dolor es el que habla,
que no él.

Fin
Amor, que prende y quebranta, 265
fuerça que fuerças derriba
muy entera,

255-264. Para un motivo semejante, cfr. núm. 100.

y al mismo temor espanta,
y a lo más libre cativa
sin que quiera,						270
a ti, muy desconoscida,
tan cruelmente cative,
pues que sabe,
que la mi penosa vida,
qu' en tal dolor siempre bive,				275
no s' acabe.

GUEVARA

Meléndez Pelayo lo supone padre o tío de fray Antonio de Guevara, el famoso obispo de Mondoñedo. Comenzó a escribir en tiempos de Enrique IV, y fue partidario del infante don Alfonso, según puede deducirse de sus propias composiciones. Guevara es uno de los poetas de cancionero que muestra una mayor sensibilidad hacia la naturaleza, a la que relaciona —por contraste o como caja de resonancia— con sus propios sentimientos.

MENÉNDEZ PELAYO, Marcelino, *Antología*, III, págs. 153-155.

Textos según *CG 1511*, f. 102r.a-102v.a; f. 104r.c.

109

AQUÍ COMIENÇAN LAS OBRAS DE GUEVARA

> El seso turvio pensando,
> la vida muerte sintiendo,
> los ojos tristes llorando,
> la boz cuitada plañendo,
> bivo yo, triste, sin vida, 5
> ya partido,

6-8. «*ya partido, no partido* (es decir, sin que mi alma se aleje de donde vos estáis), *de partida me despido*». A no ser que se entienda y se puntúe de manera diferente: «ya partido, no partido de partida (es decir, sin conseguir apartar mi pensamiento del momento de la despedida), me despido».

no partido, de partida
me despido.

Y voy adonde el morir
buscaré 'n tierras ajenas,
qu'en tantos males y penas
ya no puedo más bevir.
A do yo, triste cativo,
no muriendo,
seré muerto siendo bivo,
no te viendo.

Y las aves dulces, ledas,
cantarán sus alvoradas,
y a vista de sus amadas
harán los pavos las ruedas.
Pues a mí, triste, no queda
sino fuerte,
de sin verte, ver la rueda
de mi muerte.

Y verás cómo s'encienden
las mis coplas en tormentos,
tan altas en pensamientos
que muy pocos las entienden.
Y verás que siempre bivos
dieron males,
pero no males iguales
de los míos.

Allí verás mi querer
que no te quiso por vicio,
y verás más mi servicio,
más triste que mi plazer.
Y verás cómo se parte,
siendo biva,
mi sola fe, que sin arte
fue cativa.

       Y verás allí los años
       que serví tan sin mesura,
       y verás a mi tristura
       más triste que mis engaños.
       Y verás cómo trocaste   45
       sin derecho
       mi querer y desamaste
       tu provecho.

       Y no llores mi tormenta,
       mas assí tú bevirás,   50
       que jamás no hallarás
       quien tal afán te consienta.
       Do serás importunada,
       no querida
       requerida, más burlada   55
       que servida.

                Cabo
       Y con esta fe llorosa,
       sin qu'a mi seso t'ascondas,
       bogaré en las altas ondas
       d'aquella mar peligrosa.   60
       Do si bivo, beviré
       con gran dolor,
       y si muero, moriré
       tu servidor.

                  110

           ESPARSA DE GUEVARA

       Las aves andan bolando
       cantando canciones ledas,

45-55. Cfr. el tono más jactancioso de Mena: «que si muero en este fuego, / non fallaréis así luego / cada día un Joan de Mena» («¡Guay de aquel hombre que mira!», en Pérez Priego, pág. 100).

       las verdes hojas temblando,
       las aguas dulces sonando,
       los pavos hazen las ruedas.
       Yo, sin ventura amador,
       contemplando mi tristura,
       deshago por mi dolor
       la gentil rueda d' amor
       que hize por mi ventura.

MARQUÉS DE ASTORGA

Este poeta debe ser identificado, probablemente, con Pedro Álvarez Osorio, segundo marqués de Astorga y tercer conde de Trastámara, que contaba doce años en 1471, fecha en que sucedió a su padre. Destacó, primero, en las guerras entre Castilla y Portugal y, más tarde, en las campañas granadinas. Murió en agosto de 1505.

CMP, pág. 207.

Texto según *CG 1511*, f. 113r.b-114r.c.

111

COPLAS DEL MARQUÉS D'ASTORGA A SU AMIGA

> Esperança mía, por quien
> padesce mi coraçón
> dolorido,
> ya, señora, ten por bien
> de me dar el gualardón 5
> que te pido:
> y pues punto d'alegría
> no tengo, si tú me dexas,
> muerto só:
> vida de la vida mía, 10
> ¿a quién contaré mis quexas
> si a ti no?

Aquel dios d'Amor tan grande,
que consuela los vencidos
amadores,   15
demando soluto mande
que hieran en tus oídos
mis clamores;
y la justa piadad,
qu' a persona tan hermosa   20
pertenesce,
incline tu voluntad
a mi vida dolorosa,
que padesce.

Y aquel tanto dessear   25
que haze ser porfiado
al amante,
que no le dexa mudar,
mas cuanto más penado,
más costante;   30
y lo que haze andar mustias
a las amantes mujeres
medio muertas,
te haga que mis angustias
en señalados plazeres   35
me conviertas.

Y aquel gran dolor que suele
inclinar las más esentas
a mesura,
te duela, que si te duele,   40
no puede ser que no sientas
mi tristura:
do quiçá podrá nascer
que con la penada vida
que biviesses,   45
viendo mi gran padescer,
tú mesma de ti vencida
te venciesses.

Torre d'homenaje fuerte,
fortaleza, que tan bella 50
me paresce,
congoxa d'amor despierte
tu coraçón, que sin ella
s'adormesce;
arco de flechas raviosas 55
que mi salud desesperas,
sabe cierto,
que si todas estas cosas
no te hazen que me quieras,
yo soy muerto. 60

Escucha los mensajeros
que lievan nuevas estrañas;
que te harten
mis sospiros verdaderos,
que m'arrancan las entrañas 65
cuando parten;
y siente mi gran passión
con que yo te los embío
padesciente,
y sienta tu coraçón 70
la grave pena qu' el mío
por ti siente.

Que si no te veo, muero
con la soledad que acusa
mi venida, 75
y, en viéndote, desespero,
en pensar que no s'escusa
la partida.
Entonce siento un plazer
rebuelto con un dolor 80
que m'engaña,
y cuando quiero escoger,

73-78. Esa disyuntiva es tópica (por ejemplo, núms. 113, 114 y 117).

lo que pienso qu'es mejor
más me daña.

Yo soy tal como'l doliente 85
a quien la dolencia estrecha
se le alarga,
que lo malo l'es plaziente,
y lo que más l'aprovecha
más le amarga. 90
Es mi vida una morada
donde vienen los tormentos,
cuya puerta
a mis bienes es cerrada,
a mis tristes pensamientos 95
muy abierta.

Mas con la sobra del miedo,
la mi lengua tornaría
medio muda;
no haré poco si puedo 100
recontar la pena mía,
qu'es sin dubda;
ante ti el seso mío
siente tantos alboroços
de turbado, 105
como cuando va el judío
por el monte de Toroços
al mercado.

Que mil años estoviesse
mirando tu gentileza, 110
partiría,
al tiempo que me partiesse
con essa misma tristeza
quedaría:
tal paresco yo en pensar 115

---

107. *monte de Toroços:* lugar donde se ajusticiaba a los delincuentes de la Santa Hermandad.

345

atajar por tal camino
mis passiones,
como quien piensa matar
con un gran montón de lino
los tizones. 120

Aquel gran fuego d'amar,
que mis entrañas atiza,
tal me tiene:
ni me dexa de quemar,
ni me convierte en ceniza, 125
porque pene;
mas fuego qu'assí s'emprende
¿quién podrá sofrir, señora,
vida mía,
que su flama que m'enciende 130
dos tanto me quema agora
que solía?

Y aqueste papel morado
de la tinta con qu'escrivo
el mal que tengo, 135
ya deve ser enojado;
¿pues qué haré yo, cativo,
que sostengo
muchas más tribulaciones,
qu'es impossible contar? 140
Pues tú cata,
remedio de mis passiones,
cómo me puedas sanar
bien, o mata.

Que mi lengua te alabe; 145
en aquestos mis renglones
ya concluyo,
pues que todo el mundo sabe
que tengo cien mil razones
de ser tuyo; 150
y esta mi grossera mano

no piensa poder loarte,
ni s'atreve,
porque mi seso villano
no puede saber mirarte 155
cuanto deve.

Assí que los tus loores
recontar en ningún modo
yo no quiero,
ni, grave, de mis dolores, 160
pues que sabe el mundo todo
de qué muero:
que mi sentido en lo uno
he miedo que se turbasse
con amor; 165
¿quién no sería importuno
si todo escrevir pensasse
su dolor?

Cabo
Dime para cuándo guardas
d'esta mi pena tan fuerte 170
delibrarme;
cata que si mucho tardas
poco tardará la muerte
de llevarme;
y todo será dezir: 175
«Assí goze, que de veras
he pesar.»
¡Oh qué buen arrepentir!
¡Oh qué donosas maneras
de matar! 180

VIZCONDE DE ALTAMIRA

Alonso Pérez de Vivero, segundo vizconde de Altamira, nació en 1458 y murió en 1508. Era hijo de don Juan de Vivero, contador mayor y personaje de enorme riqueza e influencia en tiempos de Enrique IV.

Avalle-Arce caracteriza al poeta como un producto típico del reinado de los Reyes Católicos, y enfatiza su «desengaño finisecular», su tendencia a filosofar, y el prestigio del que gozó hasta bien entrado el siglo XVI.

AVALLE-ARCE, Juan Bautista, «Tres poetas del *Cancionero general* (II): el Vizconde de Altamira», en su libro *Temas hispánicos medievales. Literatura e historia*, Madrid, Gredos, 1974, págs. 316-338.

Textos según *CG 1511*, f. 52r.c; f. 127r.b-c; f. 147r.b-c. Cfr. también número 168.

112

ESPARSA SUYA*

Señora de hermosura,
guía de los desdichados,
fuente do mana tristura

---

* La composición se presenta como una plegaria *(señora de hermosura, guía de los desdichados, carrera de los errados, los qu'en ti esperan)*. Sólo que aquí no se trata de una mediadora o de una divinidad benigna, sino destructora.

    y donde nascen cuidados.
    Carrera de los errados 5
    porqu'en el camino mueran,
    dolor de los qu'en ti esperan
    si piensan ser remediados.

113

OTRA DEL VIZCONDE D' ALTAMIRA

    Con dos cuidados guerreo
    que me dan pena y sospiro,
    el uno, cuando n'os veo,
    el otro, cuando vos miro.

    Mirand'os, d'amores muero 5
    sin me poder remediar;
    n'os mirando, desespero
    por tornaros a mirar.
    Lo uno cresc'en sospiro,
    lo otro causa desseo, 10
    del que peno cuand'os miro
    y muero cuando n'os veo.

114

OTRO DEL VIZCONDE D'ALTAMIRA

    ¿Qué mayor desaventura
    pudo ser
    que veros para n'os ver?

1-12. Cfr. núm. 111, vv. 73-78.
5. *muero: muere* en el texto.

Miraros y mi partida
m'han dado tanta passión,   5
que de ver biva la vida
se lastima el coraçón.
¿Pues para qué 's la ventura,
qu' el plazer
ya no tiene qué perder?   10

Que si mirand'os penava,
más peno agora en no veros,
porqu'en veros contemplava
la gloria qu'era quereros.
¿Pues qué 'spera la ventura   15
más de ver
nuevas causas de perder?

Quiero sofrir mi tormento,
mi dolor quiero querello,
que mudar ya el pensamiento   20
no puede muerte hazello.
¿Pues qué más quiere tristura
de saber
que no es en muerte el poder?

Fin
La muerte, pues se dessea,   25
vuestra merced me la dé,
porque muriendo se vea
cómo no muere la fe;
y será la sepoltura
el padescer   30
d'haveros visto y n'os ver.

---

8. *la ventura: CMP*, pág. 426b, lee *la vitoria*.
11-14. Para ese motivo, cfr. núm 111, vv. 73-78.

LUIS DE VIVERO

No sabemos apenas nada de la vida de este poeta, hijo de don Juan de Vivero y hermano, por tanto, del vizconde de Altamira.

AVALLE-ARCE, Juan Bautista, «Tres poetas del *Cancionero general (II):* el Vizconde de Altamira», en su libro *Temas hispánicos medievales Literatura e historia*, Madrid, Gredos 1974, pág. 322 y págs. 328-329.

Textos según *CG 1511*, f. 69r.b; f. 69v.b-c.

115

OTRAS SUYAS A SU AMIGA

¡Oh, quién pudiesse deziros
lo que no puedo dezir
de verme assí despedir,
muriendo yo por serviros!
Que con el dolor que siento,   5
ningún sentido me queda
para que deziros pueda
cuánto puede mi tormento.

5-8. En otros poemas el dolor aparece, en cambio, como una fuente de elocuencia (cfr. Gómez Manrique: «Oh, qué materia tan dina», en FD, II, pág. 17, núm. 337).

Y pues mandáis apartarme,
dadme pies para partirme,   10
lengua para despedirme
y manos para matarme.
Porque a la hora que os vi,
os di cuanto en mí tenía,
assí que no soy en mí,   15
mas en vos, señora mía.

Mis lágrimas y sospiros
y cuanto más m'atormenta,
porque a nadie no deis cuenta,
quiero con ellos serviros.   20
Mas pues servicios no pueden,
mandadme tornar la vida,
porque mis huessos no queden
en tierra desconoscida.

Fin
Tornadme la libertad   25
para que pueda partirme,
que de buena voluntad
la daréis por despedirme.
Mi coraçón me bolváis
(y'os lo di), y tan entero,   30
que cual vos me lo tornáis
tal está que no lo quiero.

116

OTRAS SUYAS QUE HIZO EN UNA FIESTA DE NAVIDAD ESTANDO
MUY TRISTE

En la Pascua del nascer
de nuestro Dios que verná,
cada uno salirá
como tuviere el plazer.

Los alegres y contentos, 5
muy bordados, muy vestidos,
y los desfavorescidos
con ropas de pensamientos.

Saldrá el galán amador
a dançar con quien bien quiere, 10
cuanto más si el tal truxere
mezclada pena y favor.
Pero yo, qu'es mi herida
d'un mal y d'otro más fuerte,
saldré a lidiar con la muerte 15
que quiero más qu'a mi vida.

Fin
Aunque mi fe y mi cuidado,
por encobrir mi penar,
quieren comigo acordar
que salga dissimulado 20
un jubón sin alegría,
un sayo de dessear,
una capa de pesar,
que me traigo cada día.

21-24. Cfr. núm. 55, v. 41.

LOPE DE SOSA

Debió de estar relacionado con la familia de los Vivero, a juzgar por las tres preguntas que dirigió a don Luis de Vivero.

CMP, págs. 206-207.

Textos según *CG 1511*, f. 117r.b; f.117r.c.

117

ESPARSA SUYA

Dos cosas no alcanço yo,
qu'el seso no las recibe:
el triste que nunca os vio,
sin veros, por qué nasció,
y el qu'os vido, por qué bive. 5
Ambas penas padescí,
causadas por bien quereros,
mas más graveza sentí
en la congoxa por veros,
qu'en la muerte porque os vi. 10

1-10. Sobre la disyuntiva, veros / no veros, cfr. núm. 111, vv. 73-78.

118

OTRA SUYA A I PARTIDA

Cuando de vos me partiere,
será mi pena tan fuerte,
que del dolor que sintiere
el primer passo que diere
ha de ser el de la muerte. 5
Las leguas parescerán
mayores de lo que son,
pues que dexo el coraçón
do los sospiros vernán.

TAPIA

Es uno de los poetas más ampliamente representados en el Cancionero general *de 1511. Estuvo como soldado en Alhama en 1482, y en el Ampurdán, probablemente antes de la segunda fase de la guerra de las Remensas (1484-1485). A juzgar por sus composiciones, debió de estar relacionado con los grandes señores de su tiempo, como los duques del Infantado, el almirante de Castilla o Diego López de Ayala. No parece probable que pueda ser identificado con otro Tapia, que figura en ediciones posteriores del* Cancionero general, *ni con el Juan de Tapia del* Cancionero de Stúñiga.

CMP, pág. 206.
MENÉNDEZ PELAYO, Marcelino, *Antología*, III, págs. 157-159.

Texto según *CG 1511*, f. 122v.c; f. 175v.a; f. 175v.c-176r.a.

119

OTRA SUYA

Ausencia puede mudar
amor en otro querer,
*mas no que tenga poder
para hazer olvidar.*

Porque siendo yo cativo 5
d'una dama que no veo,
tengo tan nuevo el desseo

que no sé cómo me bivo.
Y por esto es de pensar
que ausencia mude querer,   10
mas no que tenga poder
para poder olvidar.

120

OTRAS SUYAS A DON DIEGO LÓPEZ D'AYALA ESTANDO EN ALHAMA. DÍZELE CÓMO AMOR LE ESCALÓ LA ESTANCIA Y LE HIRIÓ D'UNA LLAGA MORTAL*

Capitán, gentil señor,
la prima de los de Ayala,
el Amor escalador
m'ha dado la noche mala
por defendelle el escala.   5
Que mirando d'una almena
del estancia donde estava,
víale que se llegava,
y mientra más le mirava,
temor me dava más pena.   10

Y porqu'el moro y Amor
hazen la guerra d'un arte,
estava con gran temor
mirando parte por parte
cómo la gente reparte.   15
Y después llegó muy quedo,
passo a passo, hazia el muro,
y como hazía escuro,
ni yo estava bien seguro
ni tenía perdido el miedo.   20

---

* Cfr. núm. 82.

Fin
Y puesto cabe la torre,
como hombre que la sabía,
ni su gente lo socorre,
ni menos a mí la mía,
aunque vien que me subía. 25
Mas al fin quedé forçado
de sus fuerças y vencido,
y cuan presto fue subido,
tan presto m'havié herido
heridas d'enamorado. 30

121

OTRAS SUYAS A UNA DAMA MUY HERMOSA

Gentil dama muy hermosa,
en quien tanta gracia cabe,
quien os hizo que os alabe,
que mi lengua ya ni osa
ni lo sabe. 5
Y pues nombre de hermosa
os puso como joyel,
¿quién osará sino Aquél
cuya mano poderosa
hizo a vos cual hizo a Él? 10

Compara
Que la rica febrería
quien la haze es quien la'smalta,
pues hermosura tan alta,
que la loe quien la cría
tan sin falta. 15
Y si alguno acá quisiere
pensar que puede loaros,

---

1. y ss. Cfr. núm. 30, vv. 51-56.

vaya a veros, y si os viere,
cuando acabe de miraros
no sabrá sino adoraros.   20

Porque aunque haga la cara
en perfectión el pintor,
siempre tiene algún temor
que la hiziera, si mirara,
muy mejor.   25
Mas quien a vos os crió
no tiene temor d'aquesto,
porque en todo vuestro gesto
las figuras qu'Él pintó
gran gentileza les dio.   30

Fin
Assí que hallo que Dios
y su Madre gloriosa
no criaron tan preciosa
hermosura como vos,
ni tan hermosa.   35
Y pues tanta perfectión
os dieron sin diferencia,
a vuestra gran excelencia
escrivo por conclusión:
«Dios haga vuestra canción.»   40

---

33. *tan: ta* en el texto.

CARTAGENA

El poeta de este nombre debe ser identificado con Pedro de Cartagena (1456-1486), nieto del hermano del obispo de Burgos, don Alonso de Cartagena, y descendiente, por tanto, de uno de los linajes conversos más poderosos de Castilla. Su padre, García Franco, pertenecía a una familia, también conversa, de extraordinaria riqueza e influencia. De manera que la vida del poeta tiene que haberse desarrollado en un ambiente de refinamiento intelectual y de opulencia, no exento, sin embargo, de dificultades, ya que ni su posición ni su dinero le ponían a salvo de los ataques antisemitas. Fernández de Oviedo dice de él que fue «gracioso e bien quisto caballero», y alaba su muerte, ocurrida en combate frente a los moros, en el cerco de Loja.

AVALLE-ARCE: Juan Bautista, «Tres poetas del *Cancionero general* (I); Cartagena», *BRAE,* XLVII (1967), págs. 287-310. Ahora en su libro *Temas hispánicos medievales. Literatura e historia,* Madrid, Gredos, 1974, págs. 280-315.

— «Más sobre Pedro de Cartagena, converso y poeta del *Cancionero general», MLS,* XI (1981).

CANTERA BURGOS, Francisco, «El poeta Cartagena del *Cancionero general* y sus ascendientes los Franco», *Sef,* XXVIII (1968), págs. 3-39.

Textos según *CG 1511,* f. 87v.b-88r.a; f. 88r.c; f. 122v.c.

122

OTRAS SUYAS A LA REINA DOÑA ISABEL

De otras reinas diferente,
princesa, reina y señora,
¿qué'smalte porné que assiente
en la grandeza excelente
que con su mano Dios dora?   5
Que querer yo comparar
vuestras grandezas reales
a las cosas temporales
es como la fe fundar
por razones naturales.   10

Comparación
Cuando más s'ensobervesce,
el río en la mar no mella;
qu'echen agua no la cresce,
ni tampoco la descresce
porque saquen agua d'ella.   15
Pues si hombre humano quiere
vuestra grandeza loar,
no la puede acrescentar;
si lo contrario hiziere,
tampoco puede apocar.   20

En historias hay famadas
reinas de la nación nuestra,
mas, al cotejar llegadas,
las crónicas passadas
serán sombra de la vuestra.   25
Usaron con gran prudencia

1-10. Cfr. núm. 30, vv. 51-56.
26-30. El pasaje no es claro, pero parece indicar una superioridad de las buenas cualidades innatas sobre las adquiridas. Esa idea podría relacionarse con ciertos planteamientos aristotélicos que oponen naturaleza a prudencia (cfr. fray Martín de Córdoba, *Compendio de la Fortuna*, ed. Fernando Rubio, El Escorial, La Ciudad de Dios, 1958, págs. 67 y ss.).

de las virtudes morales;
¡oh notoria diferencia,
qu'estas a vuestra excelencia
todas vienen naturales!   30

Que loaros, a mi ver,
en vuestra y ajena patria,
silencio devéis poner,
que daros a conoscer
haze la gente idolatria.   35
Mas en mi lengua bien cabe,
porqu'el peligro en que toco
nascerá cuand'os alabe
persona que mucho sabe,
y no en mí, que alcanço poco.   40

Que sea poco, en la verdad,
ser reina vuestro renombre,
oiga vuestra majestad,
daré por auctoridad
las seis letras de su nombre.   45
Que la *i* denota imperio,
la *s* señorear
toda la tierra y la mar,
y la *a* alto misterio
que no se dexa tocar.   50

Y la *b e l* dizen
lo natural, no compuesto,
qu'en vuestra alteza está puesto;
ellas no se contradizen,
lo que declaran es esto: 55
pronuncian vuestra belleza,
qu'es sin nombre en cantidad,
mas es de tanta graveza

---
31. Tal vez haya que leer *Qu'en loaros*.
41-45. «Daré las seis letras de vuestro nombre, como prueba y confirmación *(por auctoridad)* de que es poco que seais conocida sólo como reina *(ser reina vuestro renombre).»* Estos juegos son frecuentes en la poesía de la época.

qu'en mirar a vuestra alteza
da perpetua honestidad.   60

Tan alta materia es ésta
que no sé cómo m'atreva,
que si a la tierra s'acuesta
no me alcança la ballesta,
y si al cielo, sobrelleva.   65
Mas carrera verdadera,
que sin defecto se funda,
es que sois mujer entera,
en la tierra la primera,
y en el cielo la segunda.   70.

Una cosa es de notar,
que mucho tarde contesce:
hazer que temer y amar
estén juntos sin rifar,
porqu'esto a Dios pertenesce.   75
Miren cuán alto primor,
fuera de natural quicio,
en la gente qu'hay bullicio,
qu'el que os tiene más temor
ama más vuestro servicio.   80

Porque se concluya y cierre
vuestra empresa començada,
Dios querrá sin que se yerre
que rematés vos la *R*
en el nombre de Granada.   85
Viendo ser causa por quien
llevan fin los hechos tales,
no'starés contenta bien
hasta qu'en Jerusalem
pinten las armas reales.   90

81-100. Este mesianismo podría quizá relacionarse con la condición de cristiano nuevo del autor. Se trata, no obstante, de un rasgo general en la época.

Cabo
Lo que alcanço y lo que sé,
lo que me paresce y veo,
lo que tengo como fe,
lo qu'espero y lo que creo
es lo que agora diré: 95
que si Dios sella y segura
lo que yo firmo y assiento,
y qu'el mundo entre en el cuento
será pequeña ventura
según el merescimiento. 100

123

OTRA SUYA, PORQUE LE DIXERON UNAS DAMAS QUE POR QUÉ DEZÍA ÉL Y OTROS COMPAÑEROS SUYOS QUE ESTAVAN TRISTES, QU'EN SU VESTIR PUBLICAVAN EL CONTRARIO, PORQUE IVAN VESTIDOS DE GRANA, Y CARTAGENA RESPONDE POR TODOS*

No juzguéis por la color,
señoras, que nos cobría,
qu'a las vezes el amor
haze muestras d'alegría
con qu'encubre su dolor. 5
Por do nuestro colorado
en su ser será muy cierto
al sepulcro comparado,
que de fuera está dorado
y de dentro el cuerpo muerto. 10

---

* La autoría de Cartagena es dudosa. *LB1* atribuye el poema al «Condestable», que acaso deba identificarse con don Bernaldino de Velasco. De ser así el texto londinense coincidiría con Garci Sánchez de Badajoz, quien también cita estos versos como obra de don Bernaldino (Gallagher, págs. 218-219). Sobre el simbolismo de los colores, véanse núms. 136 y 137.

124

OTRA SUYA

No sé para qué nascí,
pues en tal estremo estó,
qu'el bevir no quiero yo
y el morir no quiere a mí.

Todo el tiempo que biviere
terné muy justa querella
de la muerte, pues no quiere
a mí, queriendo yo a ella.
¿Qué fin espero d'aquí,
pues la muerte me negó,
pues que claramente vio
qu'era vida para mí?

COMENDADOR ESCRIVÁ

Valenciano, fue Maestre Racional de Fernando el Católico y embajador suyo ante la Santa Sede en 1497. Poeta en catalán y en castellano, debe su fama a la canción «Ven muerte tan escondida», recogida por Cervantes y glosada infinidad de veces. Es también notable su Queja que da a su amiga ante el dios de Amor, *prototipo de un grupo de obras, los* autos de amores, *a medio camino entre lo lírico y lo propiamente dramático.*

LÁZARO CARRETER, Fernando, *Teatro medieval*, 3ª ed., Madrid, Castalia, 1970, págs. 66-71 y págs. 75-77.
MENÉNDEZ PELAYO, Marcelino, *Antología*, III, págs. 161-164.

Para el primer poema sigo el texto de *CG 1511*, f. 128v. b-c. Los otros tres corresponden al *Suplemento*, pág. 56a (núm. 77), pág. 56 (núm. 78); pág. 95b (núm. 154).

125

CANCIÓN DEL COMENDADOR ESCRIVÁ

Ven, muerte, tan escondida
que no te sienta comigo,
porqu'el gozo de contigo
no me torne a dar la vida.

Ven como rayo que hiere,
que hasta que ha herido
no se siente su ruido,

    por mejor hirir do quiere.
    Assí sea tu venida;
    si no desde aquí me obligo 10
    qu'el gozo que havré contigo
    me dará de nuevo vida.

126

OTRA DEL COMENDADOR ESCRIVÁ PARTIENDO

    No saben ni sé dó 'stoy,
    ni partiendo partir puedo,
    ni do quedo no me quedo,
    que tras mis sospiros voy.

    Tras vos voy doquier que vais, 5
    con vos me quedo si parto,
    y del alma me departo
    si me parto do quedáis.
    Nunca estoy adonde estoy,
    ni do 'stáis partirme puedo, 10
    ni do quedo no me quedo,
    que tras mis sospiros voy.

127

OTRA SUYA

    Vos me matáis de tal suerte,
    con pena tan gloriosa,
    que no sé más dulce cosa
    que los trances de mi muerte.

    Y d'ella só tan ufano, 5
    tan penado y tan contento,

que no trocaré un tormento
por mil bienes de otra mano.
Y pues que quiso mi suerte
darme pena gloriosa,   10
no quiero más dulce cosa
que los trances de mi muerte.

128

OTRA SOLA SUYA PORQUE TORNANDO LAS DAMAS A CAÇA NO FUE SU AMIGA

Fue la caça d'este día
no de unicornios aosadas,
que para tal montería
más vuestra vista cumplía
que de mil otras juntadas.   5
De suerte que quiso Dios
que no yendo vos con ellas,
quedaron seguros d'ellas,
y ellas quexosas de vos.

1-9. Cfr. núm. 108, vv. 49-54. Esas cacerías de unicornios parecen haber sido una realidad en los ambientes cortesanos de la época.

SORIA

Es poco más que un nombre entre los poetas del Cancionero general. *Su etapa de madurez parece corresponder a los años finales del siglo XV: será, por tanto, un autor distinto al Soria cuyas composiciones recoge el* Cancionero de Gallardo.

Cancionero de Gallardo, ed. José María Azáceta, Madrid CSIC, 1962, págs. 63-67.

Texto según *CG 1511*, f. 146r.a-b; f. 182r.a-b; f. 182v.c.

129

OTRO MOTE

Contento con padescer

GLOSA SUYA

Pudo tanto mi querer,
siendo vos desgradescida,
que soy, porque sois servida,
contento con padescer.

Y este tal contentamiento   5
nasce de doble ocasión,

pues nasce de mi afición
y vuestro merescimiento.
Ved si terná más poder
el querer que no la vida,   10
pues soy, pues que sois servida,
contento con padescer.

130

ESPARSA SUYA A UN AMIGO SUYO

Clara está mi desventura,
mi descanso está encubierto,
el esperança está escura,
no duerme el alma segura
donde está el amor despierto.   5
Pues remediad el dolor
d'esta carne qu'está enferma,
con tal remedio, señor,
qu'el alma cuitada duerma
sin peligro del amor.

131

OTRAS SUYAS

A contemplar vuestro gesto
todos venimos forçados,
y luego junto con esto,
el engaño manifiesto
se halla a passos contados.   5
Que de la contemplación
ha de nascer la passión,
y vos sois de tal manera

que quien más merced espera
halla menos compassión.   10

El no sabio y el que sabe,
todos saben este aviso,
mas la gracia qu'en vos cabe
danos muerte tan suave
que lo passamos en riso.   15
Mas tal dissimulación
presto será essecución
de la más cruel sentencia,
porque tan grave dolencia
no tiene consolación.   20

QUIRÓS

De él sabemos que residía, probablemente, en Valencia, y que fue contemporáneo de Juan Fernández de Heredia y de Gabriel Mena, cantor de capilla del Rey Católico. El Cancionero general *de 1511 incluye unas cuarenta composiciones suyas. Mc Pheeters sugiere que tal vez nuestro poeta, Núñez, Diego Núñez y Nicolás Núñez, sean una misma persona, Diego Núñez de Quirós.*

CMP, pág. 208.
Mc Pheeters, D. W., *El humanista español Alonso de Proaza*, Madrid, Castalia, 1961, págs. 176-178.

Textos según *CG 1511:*
núm. 132: f. 129r.b
núm. 133: f. 148r.a-b.
núm. 134: f. 149v.b-c
núm. 135: f. 149v.c

132

CANCIÓN DE QUIRÓS

Dos enemigos hallaron
las hadas, y a mí los dieron:
mis ojos, que me perdieron,
los vuestros, que me mataron.

---

2. *las hadas:* los hados.
3-4. Cfr. núm. 72.

Y siendo yo maltractado,　　　5
muestra Amor esta crueldad,
que pidiendo yo amistad,
ni sólo soy escuchado.
Contra mí solo se armaron,
assí que me destruyeron,　　　10
mis ojos, que me prendieron,
los vuestros, que me mataron.

133

VILLANCICO DE QUIRÓS

¡Ay, que ya morir no puedo,
que perdí
la vida después que os vi!

Es mi mal muy sin medida,
no podrá jamás matarme,　　　5
que veros y vos mirarme
m'han robado de la vida.
¡Ay, qué muerte conoscida,
que perdí
la vida después que os vi!　　　10

La muerte m'ha despedido
por que la vida no hallo,
remedio no oso pensallo,
que va mal sobre vencido.
¡Ay, que fue bien merescido,　　　15
que perdí
la vida después que os vi!

Esta es la passión más cierta
que dura a cualquier penado,
que hezistes mi cuidado　　　20
bivo, y a mí cosa muerta.

¡Ay, qu'es ya la muerte incierta,
que perdí
la vida después que os vi!

134

OTRO VILLANCICO DE GRAVIEL, CANTOR DE LA CAPILLA DEL REY*

Mira qué mal es el mío,
que me consuelo con él,
porque no hay remedio en él.

Las coplas son de Quirós.
Tanto mi dolor me duele
d'este mal que yo padezco, 5
que remedio no meresco
porque con él me consuele.
Cuanto más da lo que suele,
más me consuelo con él,
porque no hay remedio en él. 10

Ni con muerte, ni con vida,
no m'asegura remedio,
porque nunca tuvo medio
la causa de mi herida.
Mira qué mal sin medida, 15
que me consuelo con él
porque no hay remedio en él.

Si algún remedio tuviera,
fuera no ser yo nascido,

---

* *Graviel:* Gabriel Mena, cantor de capilla del Rey Católico.
1-15. *Mira:* tal vez haya que entender *mirá*, es decir, *mirad*. El tratamiento de *vos* reaparece en el v. 20; pero la alternativa tú/vos no es rara en los cancioneros.

374

pues haveros conoscido 20
no s'escusa porque muera.
Y assí bivo de manera,
que me consuelo con él,
porque no hay remedio en él.

135

OTRO VILLANCICO DE GRAVIEL*

Dad albricias, coraçón,
que la muerte es ya venida
por remedio de la vida.

Las coplas son de Quirós
Agora descansaréis,
coraçón tan lastimado, 5
pues lo que havéis desseado
en las manos lo tenéis.
Dad albricias, no miréis
si yo muero en su venida,
pues se remedia la vida. 10

A la vida que tal fuere,
dexalla porque bivamos,
ni mejor bevir queramos,
pues en tal ventura muere.
Y a quien tanto bien os quiere 15
que dio causa a su venida,
dad en albricias la vida.

---

* *Graviel:* cfr. poema anterior.
6. *pues lo que havéis desseado:* es decir, la muerte.
11-14. No comprendo bien estos versos. Tal vez haya que entender: «A la vida que fuera tan desdichada, dejadla, para que vivamos; y no prefiramos vivir, pues en tal ventura muere la vida.»

NICOLÁS NÚÑEZ

Poco sabemos de Nicolás Núñez, autor de una continuación de la Cárcel de Amor, *aparecida en Burgos en 1496. Cfr. Quirós.*

WHINNOM, Keith, «Nicolás Núñez's continuation of the Cárcel de Amor (Burgos, 1496)», *Studies in Spanish Literature of the Golden Age presented to Edward M. Wilson*, ed. R. O. Jones, Londres, Tamesis, 1973, págs. 357-366.
—— *La poesía amatoria cancioneril en la época de los Reyes Católicos*, University of Durham, 1981, págs. 41-43 y 51-53.

Sigo el texto de *CG 1511*, f. 122 v.a-b y f. 124 v.c.

136

CANCIÓN DE NÚÑEZ|PORQUE PIDIÓ A SU AMIGA UN LIMÓN

Si os pedí, dama, limón,
por saber a qué sabía,
no fue por daros passión,
mas por dar al coraçón
con su color alegría.   5

4-5. El amarillo es, habitualmente, el color de la tristeza (cfr. M. García Blanco, «El pleito de los colores y la iniciación de un tema poético», *Asom*, 6 [1950], págs. 33-38). Nos encontraríamos, por consiguiente, ante la formulación indirecta de una paradoja tópica: el galán obtiene alegría de su propio sufrimiento. Sobre el simbolismo de los colores, cfr. núms. 123 y 137.

    El agro tomara yo
    por más dulce que rosquillas
    para sanar las manzillas,
    que al gesto que me las dio
    de miedo no oso dezillas.   10
    Y pues vuestra perfectión
    en darme pena porfía,
    no me doble la passión,
    porqu'el triste coraçón
    no muera sin alegría.   15

                       137

OTRA DE NICOLÁS NÚÑEZ PORQUE SU AMIGA LE DIO UNA ROSA

    Rosa, si rosa me distes,
    tan grande gloria me dio,
    qu'en tomalla se perdió
    la muerte qu'en verme distes.

    Lo verde me dio esperança,   5
    lo blanco me la negó,
    el sabor me seguró
    el temor de mi mudança.
    El olor vos lo posistes
    cuando el alma me bolvió,   10
    mas el coraçón sintió
    el dolor que vos le distes.

---

1. *si rosa me distes:* el poeta «no sabe si su amiga le ha ofrecido sólo una flor —el objeto concreto— o más bien un símbolo, en el que está encerrado un mensaje que no sabe cómo interpretar» (Keith Whinnom, *La poesía amatoria...*, ob. cit., págs. 52-53).

6. El blanco como color del amor contrariado es raro en la poesía de cancionero. No obstante, no es este el único ejemplo de ese valor simbólico (cfr. Battesti-Pelegrin, págs. 403 y ss.). Sobre los colores, cfr. el poema anterior, así como el núm. 123.

FLORENCIA PINAR

Varios cancioneros de finales del XV y comienzos del XVI —entre ellos el General de 1511— *recogen poemas de Florencia Pinar, una de las pocas escritoras del siglo XV. Sus composiciones, «flojas e insustanciales» según Serrano Sanz, han sido objeto de una reinterpretación que ve en ellas la expresión indirecta de un deseo sexual.*

DEYERMOND, Alan, «The worm and the partridge. Reflections on the poetry of Florencia Pinar», *Mester,* 7 (1978), págs. 3-8.
— «Spain's first women writers», en el colectivo *Women in Hispanic literature. Icons and fallen idols,* ed. Beth Miller, Berkeley, University of California Press, 1983, págs. 27-52.
SERRANO SANZ, Manuel, *Apuntes para una biblioteca de escritoras españolas,* II, primera parte, Madrid, Atlas, 1975, págs. 129a-130b (BAE, CCLXX).

Texto según *CG 1511,* f. 125v.c-126r.a.

138

OTRA CANCIÓN DE LA MISMA SEÑORA A UNAS PERDIZES QUE LE
EMBIARON BIVAS*

D'estas aves su nación
es cantar con alegría,
y de vellas en prisión

---

* La perdiz figura en los bestiarios de la época casi como emblema de la lujuria. Es posible, por tanto, que la composición tenga un segundo sentido sexual (cfr. Alan Deyermond, «Spain's First Women Writers», ob. cit., págs. 46 y ss.

siento yo grave passión,
sin sentir nadie la mía. 5

Ellas lloran que se vieron
sin temor de ser cativas,
y a quien eran más esquivas
essos mismos las prendieron.
Sus nombres mi vida son, 10
que va perdiendo alegría,
y de vellas en prisión
siento yo grave passión,
sin sentir nadie la mía. 14

PINAR

No sabemos casi nada de este poeta, probablemente hermano de Florencia Pinar.

AGUIRRE, José María, «Reflexiones para la construcción de un modelo de la poesía castellana del amor cortés», *RF*, XCIII (1981), págs. 54-81.
SERRANO SANZ, Manuel, *Apuntes para una biblioteca de escritoras españolas*, II, primera parte, Madrid, Atlas, 1975, págs. 129a-130b (BAE, CCLXX).

Texto según *CG 1511*, f. 126v.a.

139

OTRA DE PINAR

Es la boz de mi canción
d'un dolor qu'al alma toca,
qu'el tenor lleva la boca,
las contras el coraçón.

Las palabras son dolores 5
qu'andan en el pensamiento,
penadas del sufrimiento
que las haze ser mayores.
Van notadas de tal son
que su boz al alma toca, 10
y el tenor lleva la boca
las contras el coraçón.

POEMAS ANÓNIMOS
(Cancionero general, 1511)

Sigo el texto de *CG 1511:*
núm. 140: f. 127v.a-b
núm. 141: f. 141v.b
núm. 142: f. 145v.a
núm. 143: f. 172

140

OTRA DE UN GALÁN, PORQUE ESTANDO CON SU AMIGA, ELLA LE PUSO LA MANO SOBRE EL CORAÇÓN, Y HALLÓ QUE ESTAVA SEGURO, Y DÍXOLE QUE ERA DE POCO AMOR QUE LE TENÍA

>N'os parezca desamor
>el coraçón sossegado,
>qu'es d'estar muerto, cansado,
>*quexoso del disfavor*
>*que siempre en vos ha hallado.*   5

>Y de verse entristescido
>de vuestra obras y sañas,
>da golpes en las entrañas,
>do'l querer está metido.
>Sintiendo su gran dolor,   10
>llorando vuestro desgrado,
>está el coraçón llagado,
>*quexoso del disfavor*
>*que siempre en vos ha hallado.*

141

OTRO GALÁN SACÓ EL INFIERNO Y DIXO:

Señora, védesme aquí:
dond'estó ya vos espero,
yo por lo mucho qu'os quiero,
vos por lo poco que a mí.

142

OTRO MOTE

Yo en vos y vos en Dios.

GLOSA

Después qu'estó en la prisión
en que me posistes vos,
contemplo con afición,
yo en vos y vos en Dios.   5

Vos con pensamiento santo
contempláis en Dios de cielo,
yo en vos contemplo tanto
cuanto bivo sin consuelo.
Y en la casa d'oración,   10
donde nos vemos los dos,
contemplo con afición,
yo en vos y vos en Dios.

2-4. El galán se halla ya en el infierno metafórico de su sufrimiento amoroso, y espera ir al real «por lo mucho qu'os quiero». La dama, a su vez, se condenará por su crueldad.

143

OTRAS COPLAS DE UN GALÁN A UNA SEÑORA QU'ÉL SERVÍA, POR-
QUE SALLÓ DE SU POSADA, Y FUE POR UNA CALLE DONDE HAVÍA
MUCHOS OFICIALES QUE LA MIRAVAN

>Tan gentil os vieron ir,
>que después, en el tornar,
>unos hezistes morir,
>y a otros maravillar.
>Todos estavan atentos,
>todos d'una voluntad,
>maravillados, contentos,
>heridos de pensamientos
>de vuestra mucha beldad.

>Las damas hezistes mustias
>y a los hombres sin denuedos,
>los amantes con angustias,
>los oficios estar quedos.
>Y todos los que labravan
>de su arte y jumetría,
>con sus ojos os miravan
>y de las lenguas loavan
>la vuestra gran loçanía.

>*Fin*
>Y tras vos, yo, sospirando,
>iva cual nunca os halléis,
>aquella tierra adorando
>do poníades los pies.
>Iva con mucha tristura,
>puestos mis ojos en vos,
>quexando por mi ventura
>del valer y hermosura
>que vos quiso poner Dios.

---

10. Se insinúa aquí el motivo tópico de la envidia que la belleza de la dama despierta en las demás mujeres. Cfr. núms. 4, 31.

JUAN DE PADILLA EL CARTUJANO

Nació en Sevilla, quizá en 1467, y realizó desde muy joven numerosas lecturas humanísticas. Tras entrar en religión, fue prior de Aniago y El Paular, y jugó un papel importante en la fundación de la Cartuja de Granada. En 1514 pasó a regir la Casa de Cazalla, y de allí a la Cartuja de Sevilla. Murió en 1520.

Conservamos de él un Retablo de la vida de Cristo, *y* Los doce triunfos de los doce apóstoles, *terminados en 1500 y 1518, respectivamente. En el primero divide en cuatro tablas el relato evangélico, deteniéndose en episodios como el de San Juan Bautista y la visita de Santa Isabel. Siguiendo las* Coplas de los pecados mortales *de Juan de Mena, el autor rechaza toda poesía que no esté al servicio de la religión. En* Los doce triunfos *imagina un viaje al modo de Dante, guiado por San Pablo. A cada apóstol le corresponde un signo del zodiaco, y una parte del mundo, precisamente aquella que evangelizó. También en este caso es evidente la influencia de Juan de Mena, tanto en el plano temático como en el lingüístico (acumulación de relativos, abuso de participios y gerundios, etc.). Pero Padilla hace aún más compleja la maquinaria alegórica, lo que da a su obra un carácter decididamente medieval.*

PADILLA, Juan de, *Los doce triunfos de los doce apóstoles,* vols. I y II; ed. Enzo Norti Gualdani, Messina-Florencia, D'Anna-Universidad de Florencia, 1975-1978.

GIMENO CASALDUERO, Joaquín, «Sobre el Cartujano y sus críticos, *HR,* XXIX (1961), págs. 1-14. Ahora en su libro *Estructura y diseño en la literatura castellana medieval,* Madrid, José Porrúa, 1975, págs. 217-233.

— «Castilla en *Los doce triunfos* del Cartujano», en su *Estructura y diseño...,* ob. cit., págs. 235-259 (previamente en *HR,* XXXIX [1971]).

Lida de Malkiel, María Rosa, *Juan de Mena, poeta de Prerrenacimiento español*, México, El Colegio de México, 1950 págs. 427 y ss.
Vries, Henk de, *Materia mirabile. Estudio de la composición numérico-simbólica en las dos obras contemplativas de Juan de Padilla el Cartujano (1467-1520) [...]*, Groningen, V. R. B. Offsetdrukkerij, 1972.

Sigo el texto de FD, I, pág. 433.

144

[SEGÚN EXPLICA EL PROPIO «ARGUMENTO DE TODA LA OBRA», LA PRIMERA TABLA DEL RELATO «COMIENZA DEL PRINCIPIO HASTA EL BAUTISMO DE CRISTO». SU CÁNTICO XIII RELATA EL VIAJE A BELÉN Y EL NACIMIENTO DEL NIÑO]

Vuelve a la historia
Iba María, la muy delicada,
a pie, con sus grávidas santas entrañas,
subiendo las ásperas altas montañas,
por no fatigar el asnilla cansada.
Contempla, cristiano, la Reina preñada,   5
cual iba propincua del parto del Rey;
y el viejo tras ella, con un flaco buey,
para el tributo, y dispensa gastada.

Llegaron los pobres a la ciudad:
buscaban por ella mesón y posada;   10
fueles de todos allí denegada,
considerando su gran pobredad.
Andaba la Virgen, con grande humildad,
por calles y plazas, asaz vergonzosa,
sus ojos en tierra, la más que graciosa,   15
muy más honesta que la honestidad.

A Nuestra Señora
¡Oh Madre preciosa de Dios verdadero!
Tú eres del mundo la propia Señora.

¿Y cómo te falta mesón a tal hora,
viéndote pobre con el carpintero? 20
¡Oh si yo fuera en Betlem mesonero!
Cierto, Señora, por buena manera,
a todos echara, a ti recibiera,
sin que pagaras un solo dinero.

¿Y cómo no vistes, oh ciegos pintores, 25
la gran hermosura de aquesta doncella?
Pudiérades cierto sacar por aquella
alguna figura de grandes primores.
¡Oh hembras preñadas, y nobles señores!
¿Cuál ya crueza os pudo tener, 30
viendo preñada tan tierna mujer
y no recibilla con muchos honores?

Andando confusos buscando el hostal,
allegan a un pobre cevil portalejo:
la Virgen cansada reposa, y el viejo 35
ata el asnilla y el buey animal.
Este, que digo, muy pobre portal
era el establo de muchos ganados,
y a las de veces de muchos cuitados,
cuando no hallan algún hospital. 40

Estaba la Virgen, asaz encogida,
en tierra, sin otro colchón, acostada;
la lumbre, de flaca, toda apagada,
y más la cabaña muy escurecida.
Vino la hora que fuese parida 45
la reina del cielo, en aquellos estrados,
el suelo pajizo por seda y brocados:
¡mira qué pompa tan esclarecida!

Oración
¡Oh Señora consagrada,
cuán humilde te mostraste, 50
cuando fuiste apresurada,
preñada, mas no obligada,

al tributo que pagaste!
A Betlem, Virgen, llegaste
con tu viejo muy leal;
y en aquel portal posaste
según pobre lo hallaste,
do pariste al Eternal.
¡Líbrame de todo mal!

55

Cancionero de todas las

obras de Juan del enzina: con otras cosas nueuamente añadidas.

Portada del «Cancionero de Juan del Encina»
(edición de Zaragoza, 1516).

JUAN DEL ENCINA

Nació en Salamanca o sus alrededores en 1468, y estudió en la Universidad, donde probablemente hizo amistad con Antonio de Nebrija. En 1492 entró al servicio de los Duques de Alba, en cuyo palacio se representaron sus primeras églogas. Despechado quizá al no obtener el cargo de cantor de la Catedral, se trasladó a Roma, ciudad por la que sintió siempre una gran simpatía, y en la que supo granjearse la protección de los Papas Alejandro VI y Julio II. Viajó varias veces entre España e Italia, y en 1519, tras ordenarse sacerdote, emprendió una peregrinación a Tierra Santa. En 1523 residía ya en León, donde murió a finales de 1529 o comienzos del 30.

Es bien conocida la importancia de Encina en el nacimiento del teatro español, pero también como poeta gozó de gran popularidad entre los contemporáneos. Sus composiciones más ambiciosas, escritas con frecuencia en verso de arte mayor, reflejan un influjo claro del Laberinto de Fortuna *y resultan poco atractivas para el lector moderno. Más próximos al gusto actual están sus canciones, villancicos y romances, de tema fundamentalmente amoroso. En ellos, el autor toma motivos e incluso estribillos de origen folklórico, pero los desarrolla de acuerdo con las convenciones de la lírica culta. De hecho, el mundo de los rústicos aparece con frecuencia como motivo cómico, y los poemas de Encina no ceden en ingeniosidad y refinamiento cortesano a los de los restantes poetas de la época. Sus ideas poéticas se hallan recogidas en su* Arte de poesía castellana.

ENCINA, Juan del, *Poesía lírica y cancionero musical*, ed. R. O. Jones y Carolyn R. Lee, Madrid, Castalia, 1975.
— *Obras completas*, 4 vols., ed. Ana M. Rambaldo, Madrid, Espasa-Calpe, 1978-1983.

ANDREWS, J. R., *Juan del Encina. Prometheus in search of prestige,* Berkeley, University of California Press, 1959.
GARCÍA BLANCO, Manuel, «Juan del Encina como poeta lírico», *RUO,* 19-20 (1944), págs. 5-36.
JONES, R. O., «Juan del Encina and Renaissance lyric poetry», *Studia Iberica. Festschrift für Hans Flasche,* Berna, 1973, págs. 307-318.

Sigo el texto de Jones-Lee:
núm. 145: pág. 74 (núm.3)
núm. 146: págs. 96-97 (núm. 34)
núm. 147: págs. 144-145 (núm. 73)
núm. 148: págs. 145-146 (núm. 74)
núm. 149: pág. 149 (núm. 76)
núm. 150: págs. 186-188 (núm. 88)
núm. 151: págs. 221-222 (núm. 108)
núm. 152: pág. 227 (núm. 116)
núm. 153: págs. 231-232 (núm. 121).

145

MOTE

Quien no aventura no gana.

GLOSA

Pues que mi grave dolor
nunca mejora ni sana,
quiero perder el temor,
que en la aventura de amor 5
quien no aventura no gana.

Que ya no puedo encubriros
el mal del mal que me dais.
Pues no os mueven mis sospiros,
quiero atreverme a pediros 10
el bien del bien que negáis.
Y pues mi pena es mayor

en servir con tanta gana,
¿qué aprovecha haver temor?:
que en la aventura de amor
quien no aventura no gana.

15

146

ROMANCE

Yo me estava reposando,
durmiendo como solía.
Recordé, triste, llorando
con gran pena que sentía.
Levantéme muy sin tiento   5
de la cama en que dormía,
cercado de pensamiento,
que valer no me podía.
Mi passión era tan fuerte
que de mí yo no sabía.   10
Comigo estava la Muerte
por tenerme compañía.
Lo que más me fatigava
no era porque muría,
mas era porque dexava   15
de servir a quien servía.
Servía yo una señora
que más que a mí la quería,
y ella fue la causadora
de mi mal sin mejoría.   20
La media noche passada,
ya que era cerca el día,
salíme de mi posada
por ver si descansaría.
Fui para donde morava   25
aquélla que más quería,

1-4. Sobre el insomnio de amor, cfr. núm. 161, vv. 40-41, y núm. 164, v. 7.

  por quien yo triste penava,
  mas ella no parecía.
  Andando todo turbado
  con las ansias que tenía,   30
  vi venir a mi Cuidado
  dando bozes, y dezía:
  «Si dormís, linda señora,
  recordad por cortesía,
  pues que fuestes causadora   35
  de la desventura mía.
  Remediad mi gran tristura,
  satisfazed mi porfía,
  porque si falta ventura
  del todo me perdería.»   40
  Y con mis ojos llorosos,
  un triste llanto hazía
  con sospiros congoxosos,
  y nadie no parecía.
  En estas cuitas estando,   45
  como vi que esclarecía,
  a mi casa sospirando
  me bolví sin alegría.

147

VILLANCICO

No te tardes que me muero,
carcelero,
no te tardes que me muero.

Apressura tu venida
porque no pierda la vida,   5
que la fe no está perdida:
carcelero,
no te tardes que me muero.

---

2. Para la prisión de amor, cfr. núm. 61.

Bien sabes que la tardança
trae gran desconfiança;
ven y cumple mi esperança:
carcelero,
no te tardes que me muero.

Sácame d'esta cadena,
que recibo muy gran pena
pues tu tardar me condena:
carcelero,
no te tardes que me muero.

La primer vez que me viste,
sin te vencer me venciste;
suéltame pues me prendiste:
carcelero,
no te tardes que me muero.

La llave para soltarme
ha de ser galardonarme,
proponiendo no olvidarme:
carcelero,
no te tardes que me muero.

Fin

Y siempre cuanto bivieres
haré lo que tú quisieres
si merced hazerme quieres:
carcelero,
no te tardes que me muero.

148

VILLANCICO

Floreció tanto mi mal
sin medida
que hizo secar mi vida.

Floreció mi desventura
y secóse mi esperança, 5
floreció mi gran tristura
con mucha desconfiança.
Hizo mi bien tal mudança
sin medida
que hizo secar mi vida. 10

Hase mi vida secado
con sobra de pensamiento;
ha florecido el cuidado,
las passiones y el tormento.
Fue tanto mi perdimiento 15
sin medida
que hizo secar mi vida.

Fin
Secóse todo mi bien
con el mal que floreció.
No sé cúyo soy ni quién, 20
qu' el plazer me despidió.
Tanto mi pena creció
sin medida
que hizo secar mi vida.

149

VILLANCICO

Ojos garços ha la niña:
¡quién ge los namoraría!

Son tan bellos y tan bivos
que a todos tienen cativos,
mas muéstralos tan esquivos   5
que roban el alegría.

Roban el plazer y gloria,
los sentidos y memoria;
de todos llevan vitoria
con su gentil galanía.   10

Con su gentil gentileza
ponen fe con más firmeza;
hazen bivir en tristeza
al que alegre ser solía.

Fin
No hay ninguno que los vea   15
que su cativo no sea.
Todo el mundo los dessea
contemplar de noche y día.

150

VILLANCICO

Ay triste, que vengo
vencido de amor
maguera pastor.

1-2. Sánchez Romeralo recoge como populares estos dos versos (cfr. *El villancico...*, ob. cit. pág. 427).

Más sano me fuera
no ir al mercado
que no que viniera
tan aquerenciado:
que vengo, cuitado,
vencido de amor
maguera pastor.

Di jueves en villa
viera una doñata,
quise requerilla
y aballó la pata.
Aquélla me mata,
vencido de amor
maguera pastor.

Con vista halaguera
miréla y miróme.
Yo no sé quién era,
mas ella agradóme;
y fuese y dexóme
vencido de amor
maguera pastor.

De ver su presencia
quedé cariñoso,
quedé sin hemencia,
quedé sin reposo,
quedé muy cuidoso,
vencido de amor
maguera pastor.

Ahotas que creo
ser poca mi vida
según que ya veo
que voy de caída.
Mi muerte es venida,
vencido de amor
maguera pastor.

Fin

Sin dar yo tras ella
no cuido ser bivo, 40
pues que por querella
de mí soy esquivo.
Y estoy muy cativo,
vencido de amor
maguera pastor. 45

151

Pues que jamás olvidaros
no puede mi coraçón,
si me falta galardón,
¡ay qué mal hize en miraros!

Será tal vista cobrar 5
gran dolor y gran tristura.
Será tal vista penar,
si me fallece ventura.
Mas si vos, por bien amaros,
queréis darme galardón, 10
no dirá mi coraçón
¡ay qué mal hize en miraros!

152

Los sospiros no sosiegan
que os envío,
hasta que a veros llegan,
amor mío.

No sosiegan ni descansan 5
hasta veros,

    y con veros luego amansan
    en teneros,
    y mis tristes ojos ciegan
    hechos ríos,   10
    hasta que a veros llegan,
    amor mío.

    Sin vuestra vista no puedo
    tener vida,
    y en veros ponéisme miedo   15
    sin medida,
    y mis sentidos me niegan
    do los guío,
    hasta que a veros llegan,
    amor mío.   20

    Por amar, tales tormentos
    vos me distes,
    qu' envío mis pensamientos
    siempre tristes:
    do más tristuras navegan   25
    los envío,
    hasta que a veros llegan,
    amor mío.

153

Caldero y llave, madona,
jur'a Di, per vos amar
je voleu vo'l adobar.

Je vos pondré una clave
dentro de vostra serralla,   5

---

1. En su edición del texto, Jones (Jones-Lee, pág. 231) observa que el poema presenta «tal confusión de lenguas que el intentar anotarlo adecuadamente resultaría pedantesco». En este caso, mantengo inalterada la ortografía.

que romperá una muralla
nin jamay no se destrave.
Per mo foy, que donde trave,
según es mon ferramén,
que vos quedar ben contén,   10
que no me posa olvidar.

J'he a tapar los agujer
de toda la casa vostra
con la ferramenta nostra,
sin que me donar diner.   15
No trovaréis calderer
que vos sirva como a mí,
que, juro a la cor de Di,
ge faroy lo que mandar.

Juro a la san de Di,   20
si la mia pena conortas,
de serrar las vostras portas
sin que des maravedí.
Per ma foy, que ge me oblí
de vos fazer tal visoña,   25
qu'en lo país de Borgoña
non trovéis otro mi par.

Y pondrás en la clavera
un gros y gentil ponsón,
qu'en lo país de Aviñón   30
non la haya tal fuslera;
y para la delantera,
porque vai ben solsada,
que aunque dé gran martillada,
que non se pose doblar.   35

Je farás con mis martillos,
señora, si ben escoltas,
clave que de cuatro voltas
bien cierre vostros pestillos,
j'he l'abrito sin sentillos,   40

399

y que dé la volta entera,
y en la vostra espetera
je vos pondrás una cuchar.

Mo he clavar vostro molín
y untar ben el batán, 45
sin que despedás de pan
nin torresne de tosín.
Y mon criate Joanín
portarávos cosas tan bellas
qu'entre todas las donzelas 50
vos serés más de mirar.

JUAN FERNÁNDEZ DE HEREDIA

Hijo de los señores de Andilla, nació en Valencia entre 1480 y 1485. Fue hombre de armas y de corte, miembro brillante del círculo literario de la reina Germana de Foix y combatiente en la guerra de las Germanías, del lado del Emperador. Murió en 1549.

Como muchos de los poetas de su tiempo, Fernández de Heredia se siente atraído por la poesía de tipo tradicional, que recoge y glosa acomodándola a los gustos cortesanos. El amor es el tema más frecuente en sus poemas, pero escribió también obras de burlas más o menos atrevidas y composiciones devotas. Sus piezas teatrales —en un sentido muy amplio del término— cuentan entre lo mejor de su producción, y reflejan una observación aguda y cuidadosa de la realidad cotidiana.

Las obras de Fernández de Heredia aparecieron póstumas en Valencia en 1562. No obstante, ya el Cancionero general *de 1511 recoge una quincena de composiciones suyas, entre las que se encuentran las dos que reproduzco aquí.*

Fernández de Heredia, Juan, *Obras*, ed. Rafael Ferreres, Madrid, Espasa-Calpe, 1955.

Sigo el texto de *CG 1511*, f. 126r.c; f. 147v.b-c.

154

OTRA DE JUAN FERNÁNDEZ D'HEREDIA

Hiz' os Dios merescedora,
y en tanto grado hermosa,

qu'es el mundo poca cosa
para ser vos d'él señora.

Y por esto es de creer 5
que Dios, para contentaros,
mundo y mundos para daros
de nuevo querrá hazer.
Que aqueste mundo de agora
es vuestro, y darse no osa, 10
por ser tan poquita cosa
para ser vos d'él señora.

155

OTRO VILLANCICO SUYO A UNA MORA LLAMADA HAXA*

Ay Haxa ¿por qué te vi?
No quisiera conoscerte
para perderme y perderte.

Que si el perder la vida
de tu merescer no es pago, 5
mira que por ti más hago,
que tengo el alma perdida.
Haxa, tente por servida,
pues más no puedo ofrescerte
para perderme y perderte. 10

---

* Sobre el motivo del amor a una mora, cfr. núms. 6 y 156.

3. *para perderme:* 'para condenarme'; y *perderte:* 'perder tu amor'. Pero quizá también 'contribuir a tu condenación'. O incluso 'deshonrarte' (para una interpretación semejante del término en un poema de San Pedro, cfr. Keith Whinnom, *La poesía amatoria...*, ob. cit., págs. 76 y ss.).

PEDRO MANUEL XIMÉNEZ DE URREA

Pedro Manuel Ximénez de Urrea (1486-c.1530), pertenecía a una noble familia aragonesa. Segundón, su vida transcurre en un forzado apartamiento de la Corte, del que se queja en varias de sus obras, y del que se consuela por medio de la poesía. Como Encina, al que sigue en muchos aspectos, Urrea cultiva el poema extenso de carácter alegórico, pero también el villancico, la canción y el romance, con los que consigue sus mayores aciertos. Son de gran interés sus cartas, en las que recoge su doctrina poética, y, para la historia del teatro castellano, sus églogas dramáticas. Es autor también de una versión en verso de La Celestina.

XIMENEZ DE URREA, Pedro Manuel, *Cancionero*, ed. Martín Villar, Zaragoza, Diputación de Zaragoza, 1878.
— *Églogas dramáticas y poesías desconocidas*, ed. Eugenio Asensio, Madrid, 1950.
— *Villancicos from the «Cancionero» of Pedro Manuel Jiménez de Urrea*, ed. Robert L. Hathaway, Exeter, University of Exeter, 1976.

BOASE, Roger, «Poetic theory in the dedicatory epistles of Pedro Manuel Ximénez de Urrea (1486-c.1530)», *BHS*, LIV (1977), págs. 101-106.
— «Imagery of love, death and fortune in the poetry of Pedro Manuel Ximénez de Urrea (1486-c.1530)», *BHS*, LVII (1980), págs. 17-32.

Textos según la edición de Martín Villar:
núm. 156: págs. 190-195
núm. 157: págs 269-270
núm. 158: pág. 287
núm. 159: Hathaway, págs. 66-67.

156

OTRAS SUYAS PORQUE MURIÓ UNA GENTIL MORA*

El engaño que tuviste
ya lo vees,
gentil mora, pues partiste
do no dexarás lo triste
que posees.   5
Péname a mí tu dolor
tan sobrado,
aunque con tu desamor
era yo, siendo amador,
desamado.   10

¡Oh qué mal tan fatigoso
para mí,
que tu cuerpo tan gracioso
esté en lugar tan dañoso
para ti!   15
Tuvieras la fe que yo he,
y no esquivo;
que no lo hizieras yo sé,
por no bivir en la fe
que yo bivo.   20

No se alegrarán jamás
ya mis días,
cuando pienso que do estás,
ya levar no me podrás
como podías.   25
No holgavas con mis canciones
de tormento,
ni agora mis oraciones
no quitarán tus prisiones,
que yo siento.   30

---

* Sobre el motivo del amor a una mora, cfr. núms. 6 y 155.

15-20. El poeta juega con los dos sentidos del término *fe*: 'creencia en las verdades de la religión', pero también: 'constancia en el amor'.

29. *prisiones*. Para referirse a los tormentos eternos de la mora, Urrea utiliza

¡Qué tan triste y cuán en calma
fue tu ida!
Mis ojos limpia mi palma,
que lo que siente tu alma
siente mi vida.   35
Mi amor no pudo crecer,
mas creció
cuando no te pudo ver;
mi mal con tu fenecer
se dobló.   40

Ciertamente cuando vi
tu morir,
tan gran trabajo sentí
que no supe si era en mí
el bivir.   45
Pero, triste, a quien lo digo
pues no sabes;
mas este dolor que sigo,
razón es, pues me fatigo,
que lo acabes.   50

El mismo poder llevaste
que tuviste;
con vida me cativaste,
y con muerte me dexaste
muy más triste;   55
y aunque el daño que tenido
tú consientes,
el huego que te ha venido
sentiré, siento y sentido
lo que sientes.   60

¡Oh, si yo fuera Orfeo,
cómo entrara

---

los mismos términos que sirven para designar el sufrimiento amoroso: *prisiones*, *huego* (v. 58).
61. Referencia al mito de Orfeo, que desciende a los infiernos para sacar a Eurídice.

405

    con este fuerte deseo,
    a sacarte do te veo
    cuerpo y cara! 65
    Y las furias infernales
    pararía;
    si entrase yo con mis males,
    entre todos los mortales
    te vería. 70

    Queda tan atribulada
    mi persona
    como tu triste morada;
    viéndote tan desdichada,
    se baldona 75
    mi vida con el pensar
    dónde moras;
    con tu gracia singular,
    ahí, do te veo estar,
    me enamoras. 80

    Mi travajo en esta vida
    no te tuvo
    a ti nada dolorida;
    mi mal, sin ser complazida,
    se sostuvo. 85
    Mas yo de tu desventura
    me fatigo:
    ver que dio poder natura,
    en tu gracia y hermosura,
    al enemigo. 90

    ¡Cuánto holgava mi tormento
    con hablarte,
    cuando en este apartamiento,
    do te veo tan sin tiento,
    te doy parte! 95
    Ahora, triste, en sentir

---

90. *al enemigo:* al demonio.

no me sientes.
¡Mira cuál fue tu morir!
No dexa estar mi bivir
con los vivientes.   100

Pues esta causa se ha hallado,
tu sujeto
ha quedado condenado
por el falso renegado
Mahometo.   105
A él vayan mis clamores
tan crecidos;
a él, pues de sus ardores
hizo parte de dolores
a sus nacidos.   110

A él maldigo y denuesto,
que engañava,
pues ese tan claro gesto
se llevó tan mal y presto
donde estava.   115
Su falsa capitanía
renegada
ha juntado en compañía
lo qu'él nunca merecía
ver juntada.   120

Y pues que tú, tan hermosa
y tan honesta,
alcanças tan triste cosa
¿quién tendrá vida gozosa
por bien puesta?   125
Ya no quiero aquí do estoy
alegrarme,
pues que no puedo ver hoy
aquélla, por quien yo soy,
con matarme.   130

---
102. *tu sujeto:* el propio poeta.

Si supiesse estás oyendo
y me vieses,
¡oh qué bozes tan gimiendo
echaría, y no fingiendo,
porque oyeses! 135
Mas pues tú oír no puedes,
mal se sigue,
que en verte a ti en esas redes,
tú concediste y concedes
me fatigue. 140

Fin
No sé qué pueda dezirte,
ni se mide
el mal de acá no sentirte,
sino que tu despedirte
me despide. 145
Pues tu gracia y perfición
fue con cordura,
en darte a ti esa passión
hizo Dios gran sinrazón
a natura. 150

157

ROMANCE

En el plaziente verano,
do son los días mayores,
acabaron mis plazeres,
començaron mis dolores.
Cuando la tierra da yerva, 5
y los árboles dan flores;
cuando aves hazen nidos
y cantan los ruiseñores;
cuando en la mar sosegada
entran los navegadores; 10

cuando los lirios y rosas
nos dan los buenos olores;
y cuando toda la gente,
ocupados de calores,
van aliviando la ropa   15
y buscando los frescores;
do son las mejores horas
las noches y los albores;
en este tiempo que digo,
començaron mis amores   20
de una dama que yo vi,
dama de tantos primores;
de cuantos es conoscida
de tantos tiene loores.
Su gracia, por hermosura,   25
tiene tantos servidores
cuanto yo, por desdichado,
tengo penas y dolores;
donde se me otorga muerte
y se me niegan favores;   30
mas yo nunca olvidaré
estos amargos dulçores,
porque en la mucha firmeza
se muestran los amadores.

158

CANCIÓN

Razón manda que yo quiera
perdonarte, aunque te fuiste,
coraçón, pues que te diste
a quien yo también te diera.

Dasme mal, y bien te quiero;   5
mas pues es bien empleado,
siempre serás de mí amado

mucho más que de primero.
Y así que es razón te quiera
aunque sin licencia fuiste,   10
coraçón, pues que te diste
a quien yo también te diera.

159

VILLANCICO

Ayer vino un cavallero,
mi madre, a me namorar;
no lo puedo yo olvidar.

Soy d'él servida y amada,
él es de mí muy amado;   5
tan cortés y bien criado
que me tiene sojuzgada.
Juró en la cruz de su espada
nunca jamás me dexar;
no lo puedo yo olvidar.   10

Su vista ya me consuela
tanto cuanto lo consuelo,
que si él tiene desconsuelo
lo mismo a mí desconsuela;
que viene con su vihuela   15
cada noche aquí a cantar;
no lo puedo yo olvidar.

Su manera es tan discreta
cuanto esté en ninguno bivo,
que si le tengo cativo   20
él me tiene a mí sujeta.
No es cosa que esté secreta
ambos y dos nos amar;
no lo puedo yo olvidar.

11-12. Cfr. núms. 51, 60.

Es tal su disposición
que me tiene tan contenta,
que me pondré yo en afrenta
por sacalle de pasión.
De su linda condición
no m'he podido librar;
no le puedo yo olvidar.

Él es tan cuerdo y sabido
que no esperava esperança;
que yo creo que él no alcança
que es de mí tanto querido.
No devo poner yo olvido
en quien bien me quiere amar;
no le puedo yo olvidar.

Fin
Si tarda en venir a verme
yo le quiero hazer saber,
cómo de su gran querer
no he podido defenderme.
Yo quererle y él quererme
ha de ser sin sospirar:
no le puedo yo olvidar.

GARCI SÁNCHEZ DE BADAJOZ

Debió de nacer en Écija hacia 1480, miembro de un linaje favorecido por los primeros Trastámara, pero en decadencia desde los años de Juan II. Parece cierto que en 1511 el poeta había perdido la razón, y que pasó varios años en cadenas por ese motivo. El testimonio de Francesillo de Zúñiga permite deducir que siguió durante algún tiempo a la corte imperial, probablemente al servicio de los condes de Feria. Acompañando a sus señores debió de establecerse en Zafra, donde alcanzó a conocerlo Gregorio Silvestre en 1534. No existe ningún apoyo documental para confirmar o rechazar el relato de su suicidio, del que tenemos noticia sólo desde el siglo XVII.

GALLAGHER, Patrick, *The life and works of Garci Sánchez de Badajoz*, Londres, Tamesis Book, 1968.
ROUND, NICHOLAS, G., «Garci Sánchez de Badajoz and the revaluation of cancionero poetry», *FMLS*, VI (1970), págs. 178-187.

Sigo el texto establecido por Gallagher:
núm. 160: pág. 56 (núm. 12)
núm. 161: págs. 67-69 (núm. 23)
núm. 162: págs. 72-73 (núm. 28)
núm. 163: págs. 77-78 (núm. 34)
núm. 164: págs. 116-119 (núm. 57)

160

UNA COPLA SOLA SUYA

Como el que en hierros ha estado,
y después se vee suelto,
y se halla tan atado
para andar, que aprisionado
estava más desembuelto;   5
assí yo, que os he mirado,
soy tan vuestro, tan no mío,
tan subjecto a os adorar,
que aunque me fuesse tornado
mi libre, franco alvedrío,   10
no podrié libre quedar.

161

GLOSA SUYA AL ROMANCE QUE DIZE «POR MAYO ERA POR MAYO»*

Si de amor libre estuviera,
no sintiera mi prisión,
y si fuera donde os viera,
fuera gloria mi passión;
lo que más me desespera,   5
más de todo mi dolor,
cuando siento más desmayo,
*por el mes era de mayo,
cuando haze la calor.*

El que tiene lastimado   10
el coraçón de pesar,
en el tiempo aparejado

1-11. Para un motivo semejante, cfr. núm. 61, por ejemplo.
* Gallagher omite la rúbrica, que tomo del *Suplemento*, pág. 59a.

para más plazer tomar
bive más desesperado;
tal estó en llamas d'amor, 15
bivo como salamandria,
cuando canta la calandria
y responde el ruiseñor.

Y de verme [assí] cativo,
en todo sin libertad, 20
es la vida que yo bivo
menos de mi voluntad
que la pena que rescibo:
qu'en pesares y dolor
veo mis días gastados, 25
cuando los enamorados
van a servir al amor.

En el tiempo que las flores
cubren los campos suaves
d'estrañas, lindas colores, 30
y comiençan ya las aves
a cantar por los alcores,
todos biven sin passión,
todos andan sin cuidado,
sino yo, triste cuitado, 35
que bivo en esta prisión.

En la cual la luz no veo
no viéndoos a vos, señora;
y, sin veros, no la creo,
ni la noche sola un hora 40
no la duermo de desseo;

---

16. Garci Sánchez retoma la comparación en «A la hora en que mi fe», versos 395-398 (Gallagher, pág. 131). Se trata de un motivo relativamente frecuente (cfr., por ejemplo, *CG 1511*, f. 196v.c.).

2. Cfr. núm. 61.

40-41. Sobre el motivo del insomnio de amor, cfr. núm. 146 y 164, v. 7. Se trata de una situación frecuente en la poesía cortesana, que aparece también en la lírica tradicional.

y de aquesta ocasión
tal estó, señora mía,
que ni sé cuándo es de día
ni cuándo las noches son. 45

No sé de mí qué hazer
si el morir no me socorre:
¿quién podrá al preso tener,
el cuerpo en aquesta torre,
y el alma en vuestro poder? 50
D'estas penas la menor
fuera impossible sufrilla,
sino por una avezilla
que me cantava al alvor.

Fin
Esta es la breve esperança 55
que en vos, señora, he tenido,
que ya por mi malandança
l'ha tirado vuestro olvido
y, muerto en vuestra membrança
ya no espero redención, 60
qu'en su muerte desespero:
matómela un vallestero,
déle Dios mal galardón.

162

OTRO VILLANCICO SUYO

Lo que queda es lo seguro,
que lo que conmigo va,
desseand'os morirá.

Mi ánima queda aquí,
señora, en vuestra prisión, 5
partida del coraçón

del dolor con que partí;
mas los ojos con qu'os vi,
y el cuerpo que n'os verá,
desseand'os morirá. 10

Los ojos que van comigo,
aquel que de vos los parte,
razón es que de mal arte
lo miren como a enemigo;
y el coraçón sin abrigo 15
del alma que queda acá,
desseand'os morirá.

163

CANCIÓN SUYA

Argúyese una cuistión
sobre vuestra fermosura:
si podría otra figura
ser en tanta perfeción.

Unos dizen que no hay cosa, 5
otros algunos porfían
que los ángeles podrían
tomar forma tan hermosa.
Mas la común opinión
es que, siendo criatura, 10
no podría otra figura
ser en tanta perfeción.

11-17. El *Cancionero general* de 1511 omite esta última estrofa. Por el contrario, otros cancioneros añaden una o varias estrofas adicionales (Gallagher, páginas 72-73).

164

OTRA OBRA SUYA RECONTANDO A SU AMIGA UN SUEÑO QUE SOÑÓ

    La mucha tristeza mía
que [causa] vuestro desseo,
ni de noche, ni de día,
cuando estoy donde n'os veo
no olvida mi compañía: 5
yo los días no los bivo,
velo las noches cativo,
y si alguna noche duermo,
suéñome muerto en un yermo
en la forma qu'aquí escrivo: 10

    yo soñava que me iva,
desesperado d'amor,
por una montaña esquiva
donde si no un ruiseñor
no hallé otra cosa biva;   15
y del dolor que levava,
soñava que me finava,
y el Amor que lo sabía,
y qu'a buscarme venía,
y al ruiseñor preguntava: 20

    «Dime, lindo ruiseñor,
¿viste por aquí perdido
un muy leal amador
que de mí viene herido?»
«¿Cómo? ¿sois vos el Amor?»   25
«Sí, yo soy a quien seguís,
y por quien dulces bevís
todos los que bien amáis.»
«Ya sé por quién preguntáis:
por Garci Sánchez dezís.   30

---

7. Sobre el insomnio de amor, cfr. núm. 147, vv. 40-41, y núm. 152.

»Muy poco ha que passó
solo por esta ribera,
y como le vi y me vio,
yo quise saber quién era
y él luego me lo contó, 35
diziendo: "Yo soy aquel
a quien más fue amor cruel,
cruel que causó el dolor,
qu'a mí no me mató amor,
sino la tristeza de él." 40

»Yo le dixe: "¿Si podré
a tu mal dar algún medio?"
Díxome: "No, y el porqué
es porqu'aborrí el remedio
cuando d'él desesperé." 45
Y estas palabras diziendo,
y las lágrimas corriendo,
se fue con dolores graves.
Yo con otras muchas aves
fuemos empos de él siguiendo, 50

»hasta que muerto cayó
allí entre unas acequias,
y aquellas aves y yo
le cantamos las obsequias,
porque d'amores murió, 55
y aún no medio fallescido,
la Tristeza y el Olvido
le enterraron de crueles,
y en estos verdes laureles
fue su cuerpo convertido. 60

»D'allí nos quedó costumbre,
las aves enamoradas,
de cantar sobre su cumbre
las tardes, las alvoradas,
cantares de dulcedumbre.» 65
«Pues y'os otorgo indulgencia

de las penas qu'el ausencia
os dará, amor y tristura,
a quien más su sepoltura
servirá con reverencia.»   70

       Fin
Vime alegre, vime ufano
d'estar con tan dulce gente;
vime con bien soberano,
enterrado honradamente
y muerto de vuestra mano.   75
Assí estando en tal concierto,
creyendo qu'era muy cierto
que veía lo qu'escrivo,
recordé, y halléme bivo,
de la cual causa soy muerto,   80

POEMAS ANÓNIMOS
(Cancionero Musical de Palacio)

Sigo el texto de *CMP*:
núm. 165: págs. 322-323a (núm. 155)
núm. 166: pág. 342a-343b (núm. 194)
núm. 167: pág. 348 (núm. 202)
núm. 168: págs. 385b-386a (núm. 279)
núm. 169: págs. 456b-457a (núm. 388)
núm. 170: págs. 462b-463 (núm. 397)
núm. 171: págs. 490b-491a (núm. 452)

165

—Ya cantan los gallos,
buen amor, y vete;
cata que amanece.

—Que canten los gallos,
¿yo cómo me iría, 5
pues tengo en mis braços
la que yo más quería?
Antes moriría
que de aquí me fuese,
aunque amaneciese. 10

1-3. El refrán es tradicional, aun cuando el poema se desarrolle dentro de las convenciones del amor cortés. El motivo de los amantes que se separan al amanecer es frecuente también en la poesía culta, ya desde las albas de la lírica provenzal.

—Dexa tal porfía,
mi dulce amador,
que viene el arbor,
esclarece el día.
Pues el alegría   15
por poco fenece,
cata que amanece.

—¿Qué mejor vitoria
dar me puede amor,
que el bien y la gloria   20
me llame al albor?
¡Dichoso amador
quien no se partiese
aunque amaneciese!

—¿Piensas, mi señor,   25
que só yo contenta?
¡Dios sabe el dolor
que se m'acrecienta!
Pues la tal afrenta
a mí se m'ofrece,   30
vete, qu'amanece.

166

Si no piensas remediar
mis males y mis fatigas,
¡ay, por Dios, no me lo digas!

Más quiero bevir penoso,
gozando de sólo verte,   5
qu'el descanso y el reposo
que me profiere la muerte.
Pues si no piensas dolerte
de mis males y fatigas,
¡ay, por Dios, no me lo digas!   10

Aunque tu grave prisión
tiene poder de matarme,
no quieras sentenciarme
por doblar más mi pasión;
dilata mi perdición   15
porque piedad consigas.
¡Ay, por Dios, no me lo digas!

El menos bien que me dieres
es la mayor gloria mía.
Mi plazer y alegría   20
tienen ser cuando tú quieres.
Si te enojan mis plazeres
y te alegran mis fatigas,
¡ay, por Dios, no me lo digas!

Consiento mi perdición,   25
si callas tu crueldad,
aunque tu gracia y beldad
resucita mi pasión.
Renueva tu condición,
que tus obras enemigas,   30
me matan sin que lo digas.

Siendo muerto en tu olvido
mi querer nunca sin vida,
viva en su tú servida,
yo, muerto por no querido.   35
Ansí, perdido el sentido,
con mis males y fatigas
sofriré no me lo digas.

167

De vosotros he manzilla,
ojos tristes,
pues tanta gloria perdistes.

Perdistes de contemplar
vuestra gloria y vuestro bien.   5
Pues ya no tenéis a quién
ni savéis a quién mirar,
con razón devéis llorar,
ojos tristes,
pues tanta gloria perdistes.   10

Quedastes para sentir
pena de gloria perdida;
tuviérades mejor vida
pudiendo luego morir.
Más muerte será bevir,   15
ojos tristes,
pues que tanto bien perdistes.

No busquéis más alegría,
pues que veis cuán poco dura;
soledad, lloro y tristura   20
tened ya por compañía.
Mirad cómo se os desvía,
ojos tristes,
todo cuanto bien tuvistes.

Pues murió ya vuestra gloria,   25
feneciáredes los dos;
dichosos fuérades vos
en alcançar tal vitoria:
no os quedara la memoria,
ojos tristes,   30
de tal vien como perdistes.

168*

Andad, pasiones, andad,
acabe quien començó,
que nunca os diré de no.

¿Qué mal me podéis hazer,
sino que pierda la vida? 5
Yo la tengo tan perdida,
que no puedo más perder.
Entrad a vuestro plazer,
tomad cuanto tengo yo,
que nunca os diré de no. 10

Vengan, lleguen a porfía
pasiones que son mi gloria,
pues será cierta vitoria
acabar por esta vía.
¡Oh mundo!, quien en ti fía 15
sé que oirá lo que yo,
que nunca os diré de no.

Podéis sin temor entrar
en mi mal recebimiento,
pues sabéis que soy contento, 20
si venís para acabar.
La priesa será tardar,
pues el remedio tardó,
que nunca os diré de no.

Dése fin en mi bevir, 25
de cualquier suerte que sea,
porque ya no posea

---

* En el *Cancionero general* de 1511 este poema figura, fragmentariamente, como anónimo, pero a continuación de otro del Vizconde de Altamira. A él lo atribuye Romeu *(CMP,* pág. 386a).

27. *porque ya no posea*: «Falta una sílaba. Barbieri añadió *yo* entre *ya* y *no*» *(CMP,* pág. 386a).

424

el tormento de sentir,
que lo tengo de sofrir
pues que ventura lo dio,   30
que nunca os diré de no.

Hallaréis mi coraçón
sin portero, a puerta abierta,
esperando nueva cierta
de muerte por galardón.   35
Cierta sale su intención
de quien tal seguro dio,
que nunca os diré de no.

169

El bivo fuego de amor
donde prende,
quien lo mata más lo enciende.

El coraçón encendido
mal se puede socorrer: 5
es por fuerça que ha de ser
abrasado y consumido.
Toda defensa es peor:
más ofende
al triste que se defiende.   10

Su tormento no s'espera
que jamás se mudará;
en el alma quedará
para siempre que no muera.
Es tan dulce su dolor   15
donde prende,
que, aunque mata, no se enciende.

---

29. *que lo tengo de sofrir:* «pues tengo que sobrellevarlo».
34-35. Cfr. núm 1, v. 36.

Y a quien esta ley condena,
de ser libre se despida.
Pues bive vida sin vida, 20
quedando biva la pena,
de sí mesmo es matador.
No lo entiende:
por soltarse más se prende.

170

Al Señor crucificado,
Redentor,
yo lo vi resucitado
sin dolor.

Llorando desconsolada, 5
mis ojos tornados fuente,
yo salí de mi posada
al alvor resplandeciente,
con una caxa de ungüente
oledor, 10
para ungir al Redentor.

Con amor, pena y tristura
caminé por despoblado.
Demostró mi desventura
ser el sepulcro cerrado. 15
Crecióme amor tal cuidado
con dolor
de congoxa y disfavor.

Vi abierto el monumento,
que cerrado parecía, 20
y vi estar sentado
un ángel que reluzía;
y tanto resplandecía
su claror,
que me puso gran pavor. 25

Hablóme muy mesurado:
«María, no hayas miedo
al Señor crucificado.
Jesú Cristo, rey del cielo,
que buscas en este suelo,   30
sin dolor
resucitó, vencedor.

»A Pedro y a sus amigos
dirás qu'esto cierto era,
que, todos siendo testigos,   35
lo verán en Galilea.
No tardará que no sea
mediador
con vosotros el Señor.»

Yo bolviendo, huyendo, a un huerto,   40
con temor que me aquexava,
y entréme, qu'estava abierto,
y vi un hombre qu'escardava.
Su vista me asegurava
del pavor   45
del ángel y resplandor.

Lleguéme junto cab' él,
por mejor asegurarme.
Comencé de hablar con él
y él a mí de consolarme;   50
y díxome: «¿Quieres tocarme?»
«¡Ay Señor!
¡Tú eres mi Redentor!»

---

27. Por consiguiente, el relato está puesto en boca de María Magdalena.
40. Como el gerundio *bolviendo* no hace sentido, Barbieri propone *volvíme (CMP,* pág. 463b). A no ser que se entienda *y* (v. 42) en la acepción de «allí».

¡Oh dulce y triste memoria!
¡Oh pena con alegría
d'aquella pasada gloria
de que yo gozar solía!

Aunque la pena d'ausente
me fatiga en tanto grado,
memoria del bien pasado
da consuelo al mal presente.
Venga, pues benir debría,
la fin para mayor gloria,
que morir con tal memoria
doblada vida sería.

7-8. El motivo contrario es también habitual en la poesía de cancionero, que repite con frecuencia el dantesco: «Nesun maggior dolore / che ricordarsi del tempo felice / nella miseria.»

A LA DUQUESA DE SOMA

He miedo de importunar a vuestra señoría con tantos libros. Pero ya que la importunidad no se escusa, pienso que havrá sido menos malo dalla repartida en partes. Porque si la una acabare de cansar, será muy fácil remedio dexar las otras. Aunque tras esto me acuerdo agora que el cuarto libro ha de ser de las obras de Garcilasso, y éste no solamente espero yo que no cansará a nadie, mas aún dará muy gran alivio al cansa[n]cio de los otros. En el primero havrá vuestra señoría visto essas coplas (quiero dezillo assí) hechas a la castellana. Solía holgarse con ellas un hombre muy avisado y a quien vuestra señoría deve de conocer muy bien, que es don Diego de Mendoça. Mas paréceme que se holgava con ellas como con niños, y assí las llamava las redondillas. Este segundo libro terná otras cosas hechas al modo italiano, las cuales serán sonetos y canciones, que las trobas d'esta arte assí han sido llamadas siempre. La manera d'estas es más grave y de más artificio y (si yo no me engaño) mucho mejor que la de las otras. Mas todavía, no embargante esto, cuando quise provar a hazellas no dexé de entender que tuviera en esto muchos reprehensores. Porque la cosa era nueva en nuestra España y los nombres también nuevos, a lo menos muchos d'ellos, y en tanta novedad era impossible no temer con causa, y aun sin ella. Cuanto más que luego en poniendo las manos en esto topé con hombres que me cansaron. Y en cosa que toda ella consiste en ingenio y en juizio, no tiniendo estas dos cosas más vida de cuanto tienen gusto, pues cansándome havía de desgustarme, después de desgustado, no tenía donde passar más adelante. Los unos se quexavan que en las trobas d'esta arte los consonantes no andavan tan descubiertos ni sonavan tanto como en las castellanas. Otros dezían que este verso no sabían si era verso o si era prosa. Otros argüían diziendo que esto principalmente havía de ser para mujeres y que ellas no curavan de cosas de sustancia sino del son de las palabras y de la dulçura del consonante. Estos hombres con estas sus opiniones me movieron a que me pusiesse a entender mejor la cosa, porque entendiéndola viesse más claro sus sinrazones. Y assí cuanto más he querido llegar esto al cabo, discutiéndolo conmigo mismo, y platicándolo con otros, tanto más he visto el poco fundamento que ellos tuvieron en ponerme estos miedos. Y hanme parecido tan livianos sus argumentos, que de sólo haver parado en ellos poco o mucho me corro, y assí me correría agora si quisiesse responder a sus escrúpulos. Que ¿quién ha de responder a hombres que no se mueven sino al son de los consonantes? ¿Y quién se ha de poner en pláticas con gente que no sabe qué cosa es verso, sino aquél que calçado y vestido con el consonante os entra de un golpe por el un oído y os sale por el otro? Pues a los otros que dizen que estas cosas no siendo sino para mujeres no han de ser muy fundadas, ¿quién ha de gastar tiempo en respondelles? Tengo yo a las mujeres por tan sustanciales, las que aciertan a sello, y aciertan muchas, que en este caso quien se pusiesse a defendellas las ofendería. Assí que estos hombres y todos los de su arte, licencia ternán de dezir lo que mandaren. Que yo no pretiendo tanta amistad con ellos que, si hablaren mal, me ponga en trabajo de hablar bien para atajallos. Si a éstos mis obras les parecieren duras y tuvieren soledad de la multitud de los consonantes, ahí tienen un cancionero que acordó de llamarse general para que todos ellos bivan y descansen con él generalmente. Y si quisieren chistes también los hallarán a poca costa. Lo que agora a mí me queda por hazer saber a los que quisiere[n] leer este mi libro es que no querría que me tuviessen por tan amigo de cosas nuevas que pensassen de mí que por hazerme inventor de estas trobas, las cuales hasta agora no las hemos visto usar en España, haya querido provar a hazellas. Antes quiero que sepan que ni yo jamás he hecho professión de escrivir esto ni otra cosa ni, aunque la hiziera, me pusiera en trabajo de provar nuevas invinciones. Yo sé muy bien cuán gran peligro es escrivir y entiendo que muchos de los que han escrito, aunque lo hayan hecho más que medianamente bien, si cuerdos son, se deven de haver arrepentido hartas vezes. De manera que si de escrivir, por fácil cosa que fuera la que huviera de escrivirse, he tenido siempre miedo, mucho más le tuviera de provar mi pluma en lo que hasta agora nadie en nuestra España ha provado la suya. Pues si tras esto escrivo y hago imprimir lo que he escrito y he querido ser el primero que ha juntado la lengua castellana con el modo de escrivir italiano, esto parece que es contradecir con las obras a las palabras. A esto digo que, cuanto al escrivir, ya di d'ello razón bastante en el prólogo del primer libro. Cuanto al tentar el estilo de estos sonetos y canciones y otras cosas de este género, respondo: que assí como en lo que he escrito nunca tuve fin a escrivir, sino a andarme descansando con mi spíritu, si alguno tengo, y esto para passar menos pesadamente algunos ratos pesados de la vida, assí también en este modo de invención (si assí quieren llamalla) nunca pensé que inventava ni hazía cosa que huviesse de quedar en el mundo, sino que entré en ello descuidadamente como en cosa que iva tan poco en hazella, que no havía para qué dexalla de hazer haviéndola gana. Cuanto más que vino sobre habla.

Porque estando un día en Granada con el Navagero, al cual por haver sido varón tan celebrado en nuestros días he querido aquí nombralle a vuestra señoría, tratando con él en cosas de ingenio y de letras y especialmente en las variedades de muchas lenguas, me dixo por qué no provava en lengua castellana sonetos y otras artes de trobas usadas por los buenos autores de Italia, y no solamente me lo dixo assí livianamente, mas aún me rogó que lo hiziesse. Partíme pocos días después para mi casa, y con la largueza y soledad del camino discurriendo por diversas cosas, fui a dar muchas vezes en lo que el Navagero me havía dicho. Y assí comencé a tentar este género de verso, en el cual al principio hallé alguna dificultad por ser muy artificioso y tener muchas particularidades diferentes del nuestro. Pero después, pareciéndome quiçá con el amor de las cosas proprias que esto començava a sucederme bien, fui poco a poco metiéndome con calor en ello. Mas esto no bastara a hazerme passar muy adelante, si Garcilasso con su juizio, el cual no solamente en mi opinión, mas en la de todo el mundo, ha sido tenido por regla cierta, no me confirmara en esta mi demanda. Y assí alabándome muchas vezes este mi propósito y acabándomele de aprovar con su enxemplo, porque quiso él también llevar este camino, al cabo me hizo ocupar mis ratos ociosos en esto más fundadamente.

Y después, ya que con su persuasión tuve más abierto el juizio, ocurriéronme cada día razones para hazerme llevar adelante lo començado. Vi que este verso que usan los castellanos, si un poco assentadamente queremos mirar en ello, no hay quien sepa de dónde tuvo principio. Y si él fuesse tan bueno que se pudiesse aprovar de suyo, como los otros que hay buenos, no havría necessidad de escudriñar quiénes fueron los inventores d'él. Porque él se traería su autoridad consigo y no sería menester dársela de aquellos que le inventaron. Pero él agora ni trae en sí cosa por donde haya de alcançar más honra de la que alcança, que es ser admitido del vulgo, ni nos muestra su principio con la autoridad del cual seamos obligados a hazelle honra. Todo esto se halla muy al revés en estotro verso de nuestro segundo libro. Porque en él vemos dondequiera que se nos muestra una disposición muy capaz para recebir cualquier materia: o grave o sotil o dificultosa o fácil, y assimismo para ayuntarse con cualquier estilo de los que hallamos entre los autores antiguos aprovados. De más d'esto ha dexado con su buena opinión tan gran rastro de sí, por dondequiera que haya passado, que si queremos tomalle dende aquí, donde se nos ha venido a las manos y bolver con él atrás por el camino por donde vino, podremos muy fácilmente llegar hasta muy cerca de donde fue su comienço. Y assí le vemos agora en nuestros días andar bien tratado en Italia, la cual es una tierra muy floreciente de ingenios, de letras, de juizios y de grandes escritores. Petrarcha fue el primero que en aquella provincia le acabó de poner en su punto, y en éste se ha quedado y quedará, creo yo, para siempre. Dante fue más atrás, el cual usó muy bien d'él, pero diferentemente de Petrarcha. En tiempo de Dante y un poco antes, florecieron los proençales, cuyas obras, por culpa de los tiempos, andan en pocas manos. D'estos proençales salieron muchos autores ecelentes catalanes, de los cuales el más ecelente es Osias March, en loor del cual, si yo agora me metiesse un poco, no podría tan presto bolver a lo que agora traigo entre las manos. Mas basta para esto el testimonio del señor Almirante, que después que vio una vez sus obras las hizo luego escrivir con mucha diligencia y tiene el libro d'ellas por tan familiar como dizen que tenía Alexandre el de Homero. Mas tornando a nuestro propósito, digo que, aun bolviendo más atrás de los proençales, hallaremos todavía el camino hecho d'este nuestro verso. Porque los endecasílabos, de los cuales tanta fiesta han hecho los latinos, llevan casi la misma arte, y son los mismos, en cuanto la diferencia de las lenguas lo sufre. Y porque acabemos de llegar a la fuente, no han sido d'ellos tampoco inventores los latinos, sino que los tomaron de los griegos, como han tomado muchas otras cosas señaladas en diversas artes. De manera que este género de trobas, y con la autoridad de su valor proprio y con la reputación de los antiguos y modernos que le han usado, es dino, no solamente de ser recebido de una lengua tan buena, como es la castellana, mas aún de ser en ella preferido a todos los versos vulgares. Y assí pienso yo que lleva camino para sello. Porque ya los buenos ingenios de Castilla, que van fuera de la vulgar cuenta, le aman y le siguen y se exercitan en él tanto, que si los tiempos con sus desasossiegos no lo estorvan, podrá ser que antes de mucho se duelan los italianos de ver lo bueno de su poesía transferido en España. Pero esto aún está lexos, y no es bien que nos fundemos en estas esperanças hasta vellas más cerca. De lo que agora los que escriven se pueden preciar es que para sus escritos tengan un juizio de tanta autoridad como el de vuestra señoría, porque con él queden favorecidos los buenos y desengañados los malos. Pero tiempo es que el segundo libro comience a dar ya razón de sí y entienda cómo le ha de ir con sus sonetos y canciones. Y si la cosa no sucediera tan bien como él dessea, piense que en todas las artes los primeros hazen harto en empeçar y los otros que después vienen quedan obligados a mejorarse*.

---

* Texto según Juan Boscán: *Obras poéticas,* ed. Martín de Riquer, A. Comas y J. Molas, Barcelona, Facultad de Filosofía y Letras, 1957.

Glosario

aballar; aballar la pata: marcharse.
abarrisco: desordenadamente.
abastado: dotado, abastecido.
abusión: engaño.
acordado: a veces concertado, armonizado.
acostarse: acercarse.
acreer: dar en crédito.
actor: autor, autoridad digna de ser imitada.
acucia: solicitud, fervor.
adama: cariño, confianza.
adolecer: enfermar.
adolecerse: compadecerse.
adolescer: como *adolecer*.
adonado: gracioso, colmado de dones.
Adonaý: el Señor.
afortunado: que tiene buena o mala fortuna.
aguaducho: avenida de agua.
aguilando: aguinaldo.
ahotas: ciertamente.
ál: otra cosa.
albaquía: resto de una deuda o cuenta.
alcandora: túnica a modo de camisa.
alcorque: zapato con la suela de corcho.
alcuña: linaje.

almagrar: marcar las reses con almagre.
alongar: alejar.
allozar: lugar poblado de allozos o almendros silvestres.
amatar: matar, apagar.
aosadas: por cierto.
aparcero: socio, compañero.
aprovezer: crecer.
ardideza: valentía.
ardido: valiente.
argentada: especie de afeite.
armento: cabeza de ganado.
arrear: adornar, engalanar.
arreo: gala.
asesar: entrar en razón.
asmar: pensar, creer.
asseo: belleza, gracia.
atender: esperar.
atincar: afrodisiaco.
auto: acto.

baladro: aullido, grito.
balandrán: vestidura talar ancha.
balax: especie de rubí.
baltrueto: hombre desordenado.
barbada: cadena que fija el freno en la boca del caballo.
bestión: estatua, relieve.
blao: azul.
blasmar: maldecir.

brama: voz que forman los ciervos y otros animales en la época de celo.
brial: túnica de seda.
brío: dignidad; altivez.
brioso: orgulloso.
broslar: bordar.
bueltas; a bueltas de: junto con.
bullón: pan grande (?); cuchillo (?).

cabe: junto.
cabeçón: cuello de un vestido o camisa.
cabo: final, extremo.
cabo; de cabo: de nuevo.
cadañero: anual.
çafí: zafiro.
çahareño: arisco.
caler: convenir.
camurra: cibelina.
capelo: sombrero.
cardiamo: corazón mío.
carlear: jadear.
carrera: camino, viaje.
castigar: reprehender, aconsejar, corregir.
cava: foso, trinchera.
caves: capucha.
cedo: rápido.
cender: bajar.
cerilla: afeite elaborado a base de cera.
coldre: carcaj.
comedir: pensar, reflexionar.
compeçar: comenzar.
complida: dotada.
comportar: soportar, sobrellevar.
comunal: mediano, corriente.
comunaleza: justicia.
concierto: pacto.
confación: medicamento compuesto de varias sustancias.
conferir: tener trato o conversación.
connotado: obra.
conorte: alivio.
conseguir: seguir.
consejar: aconsejar; deliberar.
constubre: corrupción.
continente: aspecto, disposición del cuerpo.
continente; de continente: inmediatamente.
coraje: rabia, saña.
coro; de coro: de memoria.
corsante: como *cosaute*.
corredor: soldado destacado en avanzada.
cos: cuerpo.
cosaute: tipo de composición poética.
coser: caballo.
coso: carrera.
cospanço: cuerpo.
costero: relativo a la cuesta o pendiente.
cras: mañana.
cudar: como *cuidar*.
cuesta; de cuesta: de espaldas.
cuidado: preocupación, sufrimiento.
cuidar: pensar.
cumplir: ser necesario o conveniente, bastar.
cúpido: ambicioso.
cura: preocupación, atención.
curarse: preocuparse, pensar.
curial: perteneciente o relativo a la corte.

chapado: reforzado con planchas de metal; bordado con láminas.
chotuno; mal chotuno: enfermedad de las ovejas.

desatentar: perder la razón.
defender: prohibir.
departir: partir, apartar.
deporte: entretenimiento, diversión.
desatentado: que carece de tiento.
desconoscer: ser ingrato, faltar a la fe debida.
desfecha: composición breve que sirve de terminación a algún romance o decir.
desí: después.
desigual: desmedido.
deslay: especie de desfecha del lay.
despartir: como *departir*.
despender: gastar.
desportarse: entretenerse.
desque: a veces, cuando.
devisa: como *divisa*.
discor: composición poética.
divisa: lema, mote.
divisar: compartir.
doliente: enfermo.
dólo: ¿dónde está?
doneguil: amable, elegante.
doñata: dama.

embair: engañar.
empescer: dañar.
empresa: mote.
endevido: indebido.
enfengido: presumido, envanecido; fingido.
engrifar: encrespar, erizar.
enhuziado: confiado.
enojar: hartar, cansar.
enrique: moneda de oro.
entremés: juego, minucia.
envanescer: desvanecerse.
envisado: avisado.
escombrar: limpiar.
escontra: hacia.
escucha: centinela, espía.

escusero: furtivo.
esfuerço: valor, entereza.
esguarde: amparo, protección.
esmerar: escoger, comparar.
esperavanda: bufanda que sujeta el sombrero.
esquero: bolsa.
esquivo: desdeñoso, cruel.
estinco: lagarto.
estoraque: bálsamo oloroso.
estraño: excepcional.
estremo: extremadamente.
estremuloso: temeroso.
estrena: aguinaldo que se da al principio del año.
evat: he aquí, ved aquí.

fabrido: trabajado con esmero.
fallescer: faltar, abandonar; cometer falta.
fallimiento: falta, culpa.
faraute: heraldo.
feble: débil, frágil.
femencia: vehemencia, ahínco.
figura: a veces, facciones.
fincar: quedar.
firmalle: broche.
flagante: brillante.
folgança: alivio, descanso, placer.
folgura: como *folgança*.
fortuna: a veces, tormenta.
fosco: oscuro.
franco: moneda francesa de oro y plata.
franco: generoso.
franqueza: generosidad.
fuer; a fuer de: a la manera de.

gagadear: balbucear.
galán: a veces, cortesano.
galocha: especie de chancla.
garço: azul.
garguero: gaznate.

gasajado: regalo; placer.
gesto: cara, aspecto.
gollorías: aves raras.
gona: túnica.
gormar: vomitar.
graveza: pesadumbre, tristeza.
guadramaña: disputa.
guarir: curar.
guay: ay.
guisa: sin guisa: desmesurado.

hanço: placer.
hazán: cantor de la sinagoga.
hemencia: como *femencia.*
hipnal: serpiente cuya mordedura produce un sueño letal.
homenaje: a veces, promesa.
hopa: especie de túnica.
hopalanda: falda amplia.
huélfago: enfermedad del pulmón.

igualeza: justicia.
invención: ardid; mote.
invinción: como *invención.*

jamás: nunca; siempre.
jaqués; dobla jaqués: moneda aragonesa.
jornada: viaje, camino.
jornea: prenda que se llevaba sobre las armas.

lapidario: conocedor de las propiedades de las piedras.
lazerio: tormento, sufrimiento.
ledo: alegre, contento; bello.
librante: el que expide o espera una libranza.
librar: salir bien o mal parado.
lonja: en cetrería, correa larga.
luego: inmediatamente.
luengo: largo.

luzentora: afeite para enlucir el rostro.

maestrado: dispuesto o fabricado con arte.
maguer: aunque.
mamparar: amparar, proteger.
mandadero: mensajero.
mandra: rebaño.
mantillo: toca.
manzilla: compasión, lástima; vergüenza.
marrido: apenado.
matizar: combinar los colores de forma agradable.
membrar: recordar.
membrarse: acordarse.
mena: modo de ser.
mengua: deshonor.
mesta: rebaño; pasto común.
meter: apostar.
miera: aceite de enebro que se aplica a la roña del ganado.
milgrana: granada.
morterada: lo que se machaca en el mortero.
mote: dicho ingenioso o hiriente; tipo de composición.
muda: afeite.

natío: planta, semilla.
neto: puro, limpio.
nuzir: dañar, perjudicar.

pagado: contento, satisfecho.
pagano: a veces, musulmán.
palaciano: cortesano.
paramento: adorno.
parar: dejar, poner.
peal: la parte de la calza que cubre el pie.
pelote: como *pellote.*

438

pellote: ropa larga hecha habitualmente de pieles.
pesgo: piel.
pestorejada: golpe dado en la cerviz.
pihuela: correa con que se aseguran los pies de los halcones.
pintado: adornado; falsamente bello.
plática: conversación; práctica, comportamiento.
poçal: mina.
policía: belleza, cortesía.
polido: hermoso.
posar: detenerse, hospedarse.
postura: pacto, acuerdo.
potaje: veneno.
potista: bebedor.
presupuesto: propósito, intención.
prez: gloria.
prieto: negro, oscuro.
prima; la prima de: la flor y nata de.
profazar: reprochar.
proferir: prometer.
prosa: a veces, composición poética.
proveza: pobreza.
pues; pues que: aunque.
puma: manzana.
punto: nota musical.

queça: camisa.
querella: lamento; acusación, disputa.
querellar: quejarse; disputar.

rabadán: mayoral.
rafez: rahez, miserable.
rasura: la hez del vino.
rebato: alarma.
rebello: rebeldía.
recabdo: solución.
receptar: acoger.
recordar: despertar.
recuesta: petición, súplica, pregunta.
redargüir: criticar.
regañar: rechinar.
regordido: gordo.
relevamiento: acción de levantar.
remescer: mover, agitar.
renuevo: usura.
reparo: protección, consuelo.
retir: fundir.
romper; romper batalla: empezar una batalla.
ropero: sastre.

sabor: placer, satisfacción.
sal rapina: condimento preparado a base de rábano rusticano.
salud: salvación.
saludador: embaucador que pretende curar ciertos males.
salva; hacer salva: hacer prueba.
salvando: excepto.
salvar: saludar.
saterión: especie de orquídea a la que se atribuyen propiedades afrodisíacas.
senguil: fronterizo.
sentido: prudente, avisado.
señero: solitario.
signoga: como sinoga.
sinoga: sinagoga.
soblimado: ascendido en la jerarquía social.
sobreseñales: blasones que decoran la cota de armas.
solimán: afeite.
soluto: suelto, libre.
son; por tal son: por tal modo.
sueno: sonido.
sufrir: sobrellevar con paciencia, tolerar.
susaño: reprensión.

tablaje: garito.
tablajero: dueño de garito.
tacar: manchar, marcar.
tarde: a veces, raramente.
társica: relativo a la piedra tharsis.
tema: temor.
tiento: moderación, discreción.
tirar: quitar.
todavía: siempre.
toller: quitar.
topaza: topacio.
trabajo: a veces, penalidad, esfuerzo.
transido: hambriento.
trasijado: hambriento.
travado: embarazado; reñido.
travar: aferrar.
travesero: almohada.
trebajo: como *trabajo*.
trepada: ropa con un adorno alrededor de su orillo.
troça: mochila.

unturilla: tipo de afeite.

vagar: calma, sosiego.
valedor: ayudante.
valiente: gallardo, fuerte.
vanda: costado de la nave.
vandero: banderizo, parcial.
vaquilla: grasa de vaca.
piedades medicinales.
vegada: vez.
vejaire: gesto.
vela: centinela.
vellud: terciopelo.
venadriz: cazadora.
verano: primavera y comienzos del verano (opuesto a estío). Más genéricamente, buen tiempo.
vicio: placer.
virtud: fuerza, energía.
visaje: cara; *falso visaje:* máscara.
visso: cara.

xamete: tejido de seda.

zarzaganillo: mal viento.

Índice de primeros versos*

A contemplar vuestro gesto 131
A la una, a las dos 43
Abela, cibdat de grant fermosura 14
Adiós, mi libertad 42
Al Señor crucificado 170
Alta reina de Castilla 94
Amigo Joan Sánchez de los de Bivanco 17
Amor cruel e brioso 1
Amos desque no te vi 52
Amor, en nuestros trabajos 56
Andad, passiones, andad 68
Ante la muy alta corte 11
Aquel árbol que buelbe la foxa 10
Aquestos y mis enojos 85
Argúyese una cuistión 163
Aunque sé qu'eres amada 47
Aunque soy cierto que peco 49
Aunque sufro enoxos asaz 50
Ausencia puede mudar 119
Ay de vos después de mí 67
Ay Haxa, por qué te vi 155
Ay, que ya morir no puedo 133
Ay, triste, que vengo 150
Ayer vino un cavallero 159

Bien amar, leal servir 24
Bive leda, si podrás 25

Caldero y llave, madona 153
Capitán, gentil señor 120
Cerrada estava mi puerta 107
Clara está mi desventura 130
Como cuando las loçanas 89
Como el que en hierros ha estado 160
Como ya mi mal es viejo 95
Con dos cuidados guerreo 113
Con la belleza prendéis 76
Con tristesa e con enojos 2
Contento con padescer (Cfr. «Pudo tanto mi querer»)
Contra la regla galana 58
Cual se mostrava la gentil Lavina 39
Cuando de vos me partiere 118
Cuidado nuevo venido 22

D'estas aves su nación 138
D'onde sois gentil galana 63
Dad albricias, coraçón 135
De los más el más perfeto 78
De Madrit partiendo con el rey en febrero 18
De otras reinas diferente 122
De vosotros he manzilla 167
Desnuda en una queça 66
Después qu'esto en la prisión 142

---

* El número corresponde al poema en esta antología.

Desque vos miré 28
Desterrado parte el Niño 105
Dexadme mirar a quien 75
Dezís: «Casemos los dos 99
Dime, Señora, di 102
Donde yago en esta cama 27
Donzella, diez mil enojos 79
Dos cosas no alcanço yo 117
Dos enemigos hallaron 132

El bivo fuego de amor 169
El coraçón se me fue 80
El engaño que tuviste 156
El gentil niño Narciso 20
El que arde en biva llama 74
El seso turvio pensando 109
Embiastes mandar que vos ver quisiesse 13
En el plaziente verano 157
En la Pascua del nascer 116
En mi fe, señora mía 48
En un fermoso vergel 15
En un vergel deleitoso 16
Entre Torres y Canena 34
Es la boz de mi canción 139
Esperança mía, por quien 111

Floreció tanto mi mal 148
Fue la caça d'este día 128
Fuego del divino rayo 26
Fui a ver este otro día 19

Gentil dama muy hermosa 121
Gran belleza poderosa 96
Grant sonsiego e mansedubre 12
Guardas puestas por concejo 93
Guay de vos si non pensáis 60

Ham, ham, huid que ravio 21
Hame tan bien defendido 82
Hiz'os Dios merescedora 154
Horas eres hablestana 100

Iba María, la muy delicada 144

La grandeza de mis males 108
La inmensa turbación 77
La mucha tristeza mía 164
Las aves andan bolando 110
Las trompas sonavan al punto del día 65
Linda, desque bien miré 8
Linda sin comparación 5
Lo que queda es lo seguro 162
Los rabíes nos juntamos 3
Los sospiros no sosiegan 152

Llegando a Pineda 45

Más clara que non la luna 30
Más quiero contigo guerra 46
Mingo Revulgo, Mingo 88
Mira, mira, rey muy ciego 101
Mira que mal es el mío 134
Moça tan fermosa 35
Moçuela de Bores 33

N'os parezca desamor 140
Ninguno sufra dolor 97
No juzguéis por la color 123
No le des prisa dolor 98
No lo consiente firmeza 91
No saben ni sé dó'stoy 126
No sé cuáles me prendieron 72
No sé para qué nascí 124
No tardes, Muerte, que muero 84
No te tardes que me muero 147
Noble rey, yo adorando 9
Non es el rayo del Febo luziente 40
Non teniendo qué perder 57

Oh dulce y triste memoria 171
Oh, quién pudiesse deziros 115
Oh, rabiosas temptaciones 32
Oh, ropero amargo, triste 90

442

Oiga tu merced y crea 29
Ojos garços ha la niña 149

Passando por la Toscana 64
Pídote, por tu venida 103
Por la fin del quien bien ama 44
Por una floresta escura 7
Por una gentil floresta 36
Presumir de vos loar 31
Pudo tanto mi querer 129
Pues que jamás olvidaros 151
Pues que me queréis matar 69
Pues que mi grave dolor 145

Qué mayor desaventura 114
Quien de linda se enamora 6
Quien no aventura no gana (Cfr. «Pues que mi grave dolor»)
Quien no 'stuviere en presencia 83

Razón manda que yo quiera 158
Recuérdate de mi vida 37
Recuerde el alma dormida 87
Robadas havían el Austro e Borea 38
Rosa, si rosa me distes 137

Saliendo de un olivar 59
Secreto dolor de mí 55
Señora de hermosura 112
Señora, flor de açucena 4
Señora, grand sinrazón 54
Señora, no preguntés 71

Señora, védesme aquí 141
Si d'esta scapo (Cfr. «Soy garridilla e pierdo sazón»)
Si de amor libre estuviere 161
Si deliberado tenéis 73
Si me quieres entender 53
Si no piensas remediar 166
Si nunca te ha de menguar 51
Si os pedí, dama, limón 136
Sin Dios y sin vos y mí (Cfr. «Yo soy quien libre me vi»)
Sólo por ver a Macías 23
Soy garridilla e pierdo sazón 68

Tan gentil os vieron ir 143
Tanto la vida me enoja 92
Toda se buelve en manzilla 106

Ven muerte tan escondida 125
Vi tesoros ayuntados 41
Vos cometistes traición 81
Vos me matáis de tal suerte 127
Vos miráis a mí y a ella 72
Vos partís e a mí dexáis 61

Ya cantan los gallos 165
Ya son vivos nuestros tiempos 104
Ya tanto bien parecéis 70
Yo en vos y vos en Dios (Cfr. «Después qu'estó en la prisión»)
Yo me estava reposando 146
Yo soy quien libre me vi 86

Índice

Introducción

Los cancioneros 9
Concepción de la poesía 12
La concepción del amor 15
El galán y la dama 20
La religión de amor 22
El conceptismo 23
Imágenes 25
Los géneros 26
Las serranillas 28
La poesía religiosa 29
La poesía moral 33
La poesía política y satírica 36
Preguntas y respuestas 38
Elementos populares en los cancioneros 40
Elementos semíticos en los cancioneros 44
El verso de arte mayor y su poética 46
Evolución de los cancioneros 47
Evolución de la lengua 51
Pervivencia de los cancioneros 52

Bibliografía 55

Siglas y abreviaturas 61

Nota previa 65

Poesía de Cancionero

Prologus Baenenssis 69
Macías 75
Pero Ferrús 78
Alfonso Álvarez de Villasandino 81
Diego Hurtado de Mendoza 90
Francisco Imperial 92

Diego de Valencia	103
Pero González de Uceda	105
Ferrán Sánchez Calavera o Talavera	108
Fernán Pérez de Guzmán	117
Juan Rodríguez del Padrón	120
Juan de Mena	127
Íñigo López de Mendoza, Marqués de Santillana	139
Diego de Valera	170
Morana	172
Pedro de Quiñones	174
Francisco Bocanegra	176
Alfonso de Montoro	178
Francisco de Villalpando	179
Fernando de Rojas	181
Juan de Torres	182
Pedro de Santa Fe	184
Lope de Stúñiga	187
Suero de Ribera	191
Carvajal o Carvajales	202
Juan de Dueñas	211
Poemas anónimos (Cancionero de Herberay de Essarts)	213
Gómez Manrique	223
Jorge Manrique	245
Fray Íñigo de Mendoza	269
Antón de Montoro	282
Juan Álvarez Gato	288
Fray Ambrosio Montesino	297
Hernán Mexía	304
Rodrigo Cota	307
Costana	328
Guevara	338
Marqués de Astorga	342
Vizconde de Altamira	348
Luis de Vivero	351
Lope de Sosa	354
Tapia	356
Cartagena	360
Comendador Escrivá	366
Soria	369
Quirós	372
Nicolás Núñez	376
Florencia Pinar	378
Pinar	380

Poemas Anónimos (Cancionero general, 1511)	381
Juan de Padilla el Cartujano	384
Juan del Encina	389
Juan Fernández de Heredia	401
Pedro Manuel Ximénez de Urrea	403
Garci Sánchez de Badajoz.........................	412
Poemas Anónimos (Cancionero Musical de Palacio)	420
A la Duquesa de Soma	429
Glosario	435
Índice de primeros versos	441